中國学術思想 研究輯刊

二五編
林慶彰 主編

第 3 冊

日本江戶時代《詩經》學研究

張小敏 著

花木蘭文化出版社

國家圖書館出版品預行編目資料

日本江戶時代《詩經》學研究／張小敏 著 — 初版 — 新北市：
花木蘭文化出版社，2017〔民106〕
序 4+ 目 2+224 面；19×26 公分
（中國學術思想研究輯刊 二五編：第 3 冊）
ISBN 978-986-404-914-1（精裝）
1. 詩經 2. 研究考訂 3. 日本
030.8　　　　　　　　　　　　　　106000980

ISBN-978-986-404-914-1

9 789864 049141

中國學術思想研究輯刊
二五編　第 三 冊　　　　　ISBN：978-986-404-914-1

日本江戶時代《詩經》學研究

作　　者　張小敏
主　　編　林慶彰
總 編 輯　杜潔祥
副總編輯　楊嘉樂
編　　輯　許郁翎、王筑　美術編輯　陳逸婷
出　　版　花木蘭文化出版社
社　　長　高小娟
聯絡地址　235 新北市中和區中安街七二號十三樓
　　　　　電話：02-2923-1455 ／傳真：02-2923-1452
網　　址　http://www.huamulan.tw 信箱 hml810518@gmail.com
印　　刷　普羅文化出版廣告事業
封面設計　劉開工作室
初　　版　2017 年 3 月
全書字數　209330 字
定　　價　二五編 20 冊（精裝）新台幣 38,000 元　　　版權所有・請勿翻印

日本江戶時代《詩經》學研究

張小敏　著

作者簡介

張小敏，男，1982 年生，山西壺關人。文學博士，現任山西大學國學研究所副教授，碩士生導師。主要研究日本詩經學及東亞經學。出版著作《日本藏先秦兩漢文獻研究漢籍書目》（合著，太原：三晉出版社，2012 年），在《湖南大學學報》、《中國經學》等期刊發表相關論文十餘篇。

提 要

　　日本是海外漢籍保存與漢學研究最豐富的國家。就《詩經》而言，在日本有著長達一千五百餘年的傳播與接收史，產生了大量《詩經》文獻研究漢籍書目。然長期以來，因種種原因，並未得到與其價值相匹配的研究投入。本書截取日本江戶時代（1603 ～ 1867）這段歷史時期，首次對日本詩經學史作斷代研究。

　　江戶時代是日本詩經學史上最輝煌的歷史時期。短短 260 餘年間，產生《詩經》著述近 500 種，不亞於同期的中國。伴隨社會主流文化思潮的變遷，江戶時代詩經學分別經歷了朱子「詩」學的獨尊、日本詩學特質的形成及《詩經》漢學的全面復興三次變遷，從中不僅能看到日本詩學更迭中的中國印記，而且能感受到《詩經》在江戶時代的文化建構中所扮演的重要角色。

本書獲
「山西省高等學校哲學社會科學研究項目」
資助

序

　　《詩經》是一部影響中國歷史數千年的文化經典，同時也是古代東亞國家的經典。因而古代東亞如日本、朝鮮、越南等國家，都留存下了大量《詩經》研究的著作。17 世紀後半葉到 18 世紀末，正是中國歷史上所謂的「康乾盛世」時期。這個盛世的外在表現之一，便是文化事業與經學研究的大繁榮。在其強大影響下，日、朝、越，也出現了不同程度的經學研究高峰。特別是日本，其研究成果之豐碩尤其引人注目。當時正值日本江戶時期（1603～1868）中期。江戶學者慕華成風，以通漢文爲尚，故其著作多用漢文書寫，被人稱作「準漢籍」。據不完全統計，在江戶二百多年間，產生研究《十三經》的著作多達四千餘種。據日本學者江口尙純先生的調查，江戶時期《詩經》著述近 500 種，是《四庫全書》與《續修四庫全書》所收詩類總和的近四倍。筆者按圖索驥進行盤查，今可見到的約尙有 150 種（大多是江戶中後期的著作），這無疑是一個驚人的數字。從這批《詩》學著作中，我們看到了《詩經》在江戶時代的文化建構與變遷中所扮演的重要角色。

　　日本江戶時代的《詩經》研究，大略可分爲三個時期。

　　第一個時期——江戶初期，這是朱子《詩》學獨霸的時期。江戶時期《詩經》已傳入日本一千多年。像毛氏的《毛詩故訓傳》、鄭玄的《毛詩箋》、孔穎達的《毛詩正義》、朱熹的《詩集傳》，在日本皆有傳本。德川幕府統治日本後，決定借鑒鄰國經驗，採取文教政治。朱子學說憑藉其強大的文化影響力，迅速壓倒日本本土的神道教、印度佛教、西方洋學，以官學的身份，承擔起了構建意識形態話語系統的使命。作爲朱子學思想體系重要載體之一的《詩集傳》，迅速以絕對優勢壓倒了《毛傳》、《鄭箋》，成爲日本學人重點研

討的對象。仁井田好古曰:「明氏科舉之制,於〈詩〉獨取朱一家,著爲攻令,於是天下無復他學。此風延及皇國,毛鄭雖存,皆絀而不講,古義湮晦莫甚於此。〔註1〕」江戶朱子「詩學」的發生,林羅山起到至關重要的作用。羅山是藤原惺窩的大弟子,惺窩早期公開宣講朱子學,影響甚廣。羅山深受德川家康將軍青睞,被拜爲五經博士,以後一直做到最高學政官。羅山治《詩》,倍加推崇《詩集傳》,他的選擇代表了幕府的政策,影響了江戶初期數十年的《詩》學研究。其子林恕接替父職,受明朝《詩經大全》啓發,撰《詩經私考》等五經教材,方便國人學習朱子學。與林恕訓詁義理兼得有所不同,來自民間的中村之欽,著有《筆記詩集傳》等五經筆記,偏重於從義理上豐富朱子學。還有松永昌易的《頭注詩經集注》,採用高頭講章的說經模式,總結概括篇章主旨,以羽翼《詩集傳》。他們一方面根據朱子《詩集傳》編寫教材,在更廣闊的領域傳播朱子學思想;一方面不斷引用最新傳入的明朝《詩》學成果,完善朱子《詩》學理論。

　　第二個時期——江戶中期,朱子「詩學」獨尊的時代一去不返,《詩》學由「一元」轉向「多元」。江戶中期町人文化的崛起,宣揚情慾、張揚個性成爲這個時期的文化主流。《詩經》研究也出現任情解詩,多元闡釋的新局面。西山拙齋致柴野栗山的信中說:「方今海內之學,四分五裂,各自建門戶胥,失統歸久矣。有黜六經廢《學》《庸》,歧堯舜孔子爲二致者。有外性理混王霸蔑視思孟程朱者,有陽儒陰佛妄唱心學者,有稱神道而薄湯武者。或枯單說道,或雜博論學。或抵掌談經濟,或抗顏騁詞壇。惟新奇是竟,異言百出,疊相驅扇。動輒著書炫世,以自欺欺人,釣名罔利,遺毒後昆,實繁有徒。青衿子弟,悵悵乎無所適從,逐臭吠聲,不陷於此,必陷於彼,滔滔者天下皆是。噫學之失統,未有甚於此時也。〔註2〕」具體到《詩經》學,朱子「詩」學獨尊的時代一去不返,代之而起的是各種流派的齊頭並進。如伊藤仁齋主「《詩》道性情」論,繼之太宰純提出「詩無古今」說,奠定了《詩經》文學研究的理論基礎。岡白駒尊序補傳《毛詩》,赤松弘兼採漢宋自成一家,開啓了《詩經》漢學研究的先河。中井積德重新編列三百篇,諸葛蠡自立新序,

---

〔註1〕仁井田好古,上金紫光祿大夫伏原清公書∥仁井田好古,樂古堂文集〔H〕,國立國會圖書館藏寫本。

〔註2〕朱謙之,日本的朱子學〔M〕,朱謙之文集,福州,福建教育出版社,2002,245。

掀起《詩經》異學研究的高潮。日本《詩經》名物學也於此時誕生並迅速走向繁榮。總之，江戶中期的《詩經》學，以人情《詩》學爲契機，不僅湧現出大量新《詩》著，新觀點，新派別，而且促成了日本《詩》學自覺時代的全面到來，開闢出一個嶄新的《詩》學時代。

第三個時期——江戶末期，《詩經》漢學的復興。這是在清代漢學回歸的影響下而出現的《詩》學新轉向。時至江戶末期，清代前中期的《詩經》著作逐漸成爲日本《詩》學者關注的焦點，如陳啓源、毛奇齡等人的著作都曾引起轟動效應。日本漢學之風隨之興起。八田縠《詩經古義解》把《詩序》比作君，自己比作臣，挑戰《詩序》猶如無禮於君，自己必「誅之如鷹鸇之逐鳥雀」，稱「不若是不足以致愚忠」〔註3〕。龜井昱撰《古序翼》，力駁朱熹《詩序辨說》對《詩序》的否定。又撰《毛詩考》，爲重建《詩序》的價值體系作努力。諸葛晃《詩序集說》彙輯各家學說，力求全面發揮《詩序》的意義。藍澤祇在《詩經講義序》中爲《詩序》鳴冤不平，說：「序文古奧，細繹之，詩人之原意，歷歷可觀焉……後人從毛鄭朱之解以觀序文，謂其意不過如此，是眼隨意移，以白爲黑，何其冤乎！〔註4〕」冢田虎《冢注毛詩》帶有鮮明的史家觀照的特徵，對《詩序》的歷史考察不遺餘力。《詩序》所涉人物關係、事件經過務求考辨明晰。仁井田好古著《毛詩補傳》，他在給伏原清的信中寫到成書的來由。曰：「蓋聖門傳詩，莫古於毛，又莫善於毛。唯其說簡深古奧，後儒推衍雖勤也，義歸或乖，異論逢起，無復全學。僕爲此發憤，皇牟諸家而折其衷，綴修補合以成其義，名曰《毛詩補傳》。〔註5〕」日本《詩經》學集大成之作安井息軒的《毛詩輯疏》，以考據見長，絲毫不懷疑《毛傳》的訓詁，而是在尊毛的前提下多有所發揮，進一步佐證《毛傳》的正確性。就連有朱子學統成長起來的一批學者，也將目光投向漢學，形成兼採的特色。如豬飼彥博《詩經集說標記》、東條弘《詩經標識》、古賀煜《朱子詩傳思問續編》、日尾瑜《毛詩諸說》等，無不將漢學作爲其學術的有力支撐。

日本江戶時代《詩》風的三次轉變，跟中國明清兩代文化思潮的變遷息息相關，不可分割。彼我之間形成此消彼長的連鎖反應模式。其間有一個時

〔註3〕八田縠，詩經古義解〔O〕，築波大學中央圖書館藏寬政十二年（1800）刊本，條目。

〔註4〕藍澤祇，詩經講義〔H〕，尊經閣文庫藏寫本。4。

〔註5〕仁井田好古，上金紫光祿大夫伏原清公書 // 仁井田好古，樂古堂文集〔H〕，國立國會圖書館藏寫本。

間差，大約是二百年。古賀煜在《侗庵新論》中說：「本邦學術文風大率仿象西土而爲之，故西土盛行之後，百年內外方罩被乎本邦，洵時執之自然也。李伯王李復古之說，袁鍾清新空靈之見，錢牧齋混唐宋爲一之論，以及王新建之張主良知，顧閻胡毛之馨力於考證，皆經百年而始行乎我……」

序

前　言 ……………………………………………………… 1

第一章　詩學東漸與日本朱子「《詩》學」的獨尊 ‥ 9

　　第一節　朱子「《詩》學」的傳入 ……………… 10

　　第二節　朱子「《詩》學」的興盛 ……………… 18

　　第三節　朱子「《詩》學」的走向 ……………… 34

第二章　日本《詩》學的獨立及其特色的形成 …… 53

　　第一節　町人文化與《詩經》研究的多元化 …… 54

　　第二節　《詩》言性情說與《詩經》的文學研究 … 62

　　第三節　《詩》言修道說與《詩經》的道學詮釋 … 74

　　第四節　經典還原與《詩經》的社會學闡釋 …… 81

　　第五節　背景還原與《詩經》的史學考釋 ……… 88

第三章　清代考據學影響下的日本《詩》學變遷 … 95

　　第一節　江戶末期文化環境與《詩經》漢學的興起

　　　　　　 …………………………………………… 96

　　第二節　尊序派的《詩經》研究 ………………… 101

　　第三節　折衷派的《詩經》研究 ………………… 133

　　第四節　考據派的《詩經》研究 ………………… 151

　　第五節　《詩經》名物學研究 …………………… 175

第四章　江戶《詩》風的餘聲 ……………………… 195

結　語 …………………………………………………… 205

參考文獻 ………………………………………………… 211

附錄　日本現存江戶時代《詩經》著述目錄
　　　（共 144 種）………………………………… 217

後　記 …………………………………………………… 223

目次

前　言

　　經學作為中國學術與文化的源頭，它不僅僅是一個知識體系，更重要的是一種價值判斷，運載的是中國人的道德精神和理想追求。歷史上它塑造了中華民族的精神，而且輻射到整個東亞世界，成為日本、朝鮮、越南等國建構本國文化的思想母體。尤其在日本，這一點表現的格外突出。

　　早在隋以前，倭國主要通過朝鮮半島接受中國文化的間接影響。《論語》、《千字文》等最早就是輾轉朝鮮傳入倭國的。倭國不惜通過交換領地的方式，換取百濟的儒生，制定定期的更換制度。古代中日之間的交往以隋唐時期為最盛，日本向中國派遣了大批的遣隋使和遣唐使。不論其最初出於怎樣的意圖，後來學習經書、接受經學卻成為出使的重要內容之一。遣唐使的官員，大多選拔通曉經史，擅長詩文的好學之士充任，入唐後「謁孔子廟堂」，「請儒士授經」，「所得錫賚，盡市文籍」而歸，因獲「好讀經史」、「好書籍」等佳譽（《舊唐書·日本傳》）。今天看來，當時所購之書中經書佔了很大比重。並仿照唐代學制設立官學，制訂學令，規定：「凡經，《周易》、《尚書》、《周禮》、《儀禮》、《禮記》、《毛詩》、《春秋左氏傳》，各為一經，《孝經》、《論語》學者兼習之。〔註1〕」大化革新後，以經學為核心的中國經典文化正式植根日本，並由此催生了日本的民族文化，實現了日本文化的獨立。

　　時至江戶，朱子學被奉為官方意識形態話語。知識由貴族向貧民下移，出現了大批注疏經典的著作。據不完全統計，在江戶二百年間，產生研究《十三經》的著作多達四千餘種。據日本學者江口尚純先生的調查，江戶時期《詩

〔註1〕　王獻玲，遣唐使與日本的漢字教育〔J〕，鄭州大學學報08年第4期，100。

經》著述近五百種，是《四庫全書》與《續修四庫全書》所收詩類總和的近四倍。甚至出現了與中國爭奪「正統」的聲音，安井息軒曰：

> 古本乃隋唐之舊本，其傳於我，在《正義》未作之前……阮每有意於抑《考文》，故動輒古本云，采《正義》誤刪，據《釋文》妄增，不知我古博士之法，傳授謹嚴，不敢增損一畫，不如漢人恣意竄改也。彼之疑我乃所以自訛也。〔註2〕

市野迷菴《正平本論語札記》曰：

> 恭惟皇國質素成風，古訓是由，守而不失，眞本永傳。〔註3〕

他們儼然已經把經書視作本國的遺產，反過來對中國的經學指手畫腳。因此，在一定程度上講，日本學者似乎比中國學者把經學看得更重。

日本學者何以如此狂熱地闡釋經典，這與經學獨有的文化精神魅力息息相關。經學凝練著中華民族幾千年的文明智慧，經過近千年的薰染，深刻地影響到日本學人，得到他們精神上的高度認同。他們要通過經典注疏的方式，從中汲取智慧，建構本民族的文化意識形態話語系統，從而寄託自我的治世理想與價值追求。故小山愛司在其《倭滿漢三合詩經》的封面上，赫然題曰：「修身齊家之聖典」，「經世安民之聖訓」。如此義正辭嚴的表述，不難看出經書在日本學人心中的至高位置。

同樣面對《詩經》這部文化經典，日本學人的闡釋與中國學人有何不同呢？就作家群而言，中國的治《詩》者或者出身官員，或者是爲科舉而皓首群經的貧民子弟。日本的治《詩》者則多出身貧賤。因爲德川幕府實行士農工商嚴格的身份等級制度，他們永遠沒有進階官位的機會。至多通過自己的努力，爭取一個「藩儒」的資格，獲得謀生的手段。「藩儒」不是官位，只是地方官員聘請的爲子弟授業的先生。如齋藤高壽、諸葛晃、仁井田好古、冢田虎等。畢竟藩校的教師崗位是有限的，其餘大部份人只能靠給人治病或開設私塾謀取生活的資本。因此，從這個角度分析，中國學人治《詩》帶有一定的功利色彩，而對日本學人僅僅是他們日常生活中的一個興趣。

注疏《詩經》的出發點不同，直接決定了《詩經》注本價值觀的不同。中國學人注經受到兩個因素的制約，一是自古而來的經學傳統，另一個就是

〔註2〕安井息軒，毛詩集說〔H〕，國立國會圖書館藏寫本。
〔註3〕市野迷菴，正平本論語札記〔M〕關儀一郎，日本名家四書注釋全書，東京，鳳出版，1973，3。

科舉，無論是已經通過科舉獲取一官半職，還是正在科舉的道路上孜孜以求的中國傳統文人，他們的注經行爲始終與科舉功名脫不開干係。經學傳統要求他們尊師尊古，科舉考試又要求他們與官方意識形態保持高度一致。兩個因素共同作用的結果，勢必造就中國《詩經》注本的相對歸一、保守，而缺乏鮮明的個性特色。日本學人則不同，由於出身卑賤，注《詩》只是他們個人興趣所趨。他們不受科舉的羈絆，又極少受到經學傳統的束縛，盡可能在注《詩》的過程中闡述自我的理解，寄託個人的理想。日本《詩經》學因此呈現出多元、開放的狀態。異域文化下兩種不同的經學形態，難免產生碰撞。皆川願曰：

> 漢人之於六義也，説皆粗雜多牴牾，強以是立其學焉，而以屈
> 天下之士。天下之士，不肯屈者，不能得其利祿。凡西土之人，自
> 漢迄今，其立學屈士，大率皆然。是謂用利閉義，六藝何又得其道
> 之純邪？且夫六藝不純，則異端雜弊，異端雜弊則害乎明義。蓋漢
> 之後，唐宋爲稍隆。而唐俗尚詞藻，士皆溺焉，其言道率繁説而寡
> 要，噫！泛泛乎浮華者也。宋時俗尚浮屠之道，士皆溺焉，其言貴
> 己性而塞天命，噫！硜硜乎固者也。明人睹二代之污者，時排而訐
> 之，噫！亦瑣瑣乎雜著也。由是觀之，凡彼土之於學，雖百世可知
> 也。難矣其得見六藝之純也。今我邦人之於學，坦途大開，士無所
> 屈首。六藝之純明，其將終在我邦乎！〔註4〕

井上金峩言：

> 要之，郡縣爲政，科舉爲習，其所言不如其所爲，何以能不與
> 古背馳也。伏惟我邦不設科舉之制，無利害切於身，則人各由性所
> 近，以成其德，知先王孔子所以垂仁於萬世，又何難之有。〔註5〕

他們認爲中國經學長期「以利閉義」、「與古背馳」，日本經學反而「坦途大開」、「人各由性所近」，得「六藝之純」。這顯然是在與中國爭奪經學正統的勢位，強調日本才是聖人之道眞正的承傳者。同時也披露出以經學爲核心的中國經典文化滲透古代日本之久遠、深刻。

〔註4〕皆川願，詩書繹解〔O〕，國立國會圖書館藏文化九年（1812）平安書肆刊本，
　　　　序2。
〔註5〕井上金峩，讀學則〔M〕//關儀一郎，日本儒林叢書，東京，鳳出版，1929，
　　　　1。

　　日本《詩經》學的研究還處於起步階段，成果寥寥。上個世紀末，與海外《詩經》研究者頻繁的學術交流，使中國學者了解到一些國外《詩經》學片段，並沒有形成深刻的印象。之後又出現了一些介紹海外《詩經》學的專題論文，這種認知在不斷強化。但依然沒有引起中國學人研讀日本《詩經》著述的濃厚興趣。直到由天津師範大學王曉平先生撰寫的中日第一部《日本詩經學史》的面世，才打破了一千餘年來《詩經》單向傳播的沉悶局面，向中日《詩經》學的深度交流邁出了堅實的一步。中國學者對日本《詩經》學興趣的缺失，無疑有地理和語言造成的顯性障礙，更爲關鍵的是長期以來不言自明的輕視心理在作祟。趙沛霖說：「大陸學者在研究工作和對外學術交流中，國界和政治的障礙雖然已經不復存在，但學術上的封閉心態並沒有完全破除。〔註6〕」正如王曉平先生在書中所提到的，「只有充分理解日本《詩經》學發展的語境，才會擺脫單純「借鑒」的思路，給異國的學術成果以恰當、合理的評價。〔註7〕」「只有眞正摒棄文化偏見，眞正平等地對待本土和外來的文學遺產，才能切實做到對世界文學的重新發現。」退一步評價日本《詩經》學，即使從學術層面而言，其「借鑒」大於「創新」，或有「創新」也不免「臆測」，但是從文化層面觀照由《詩經》學展開的學術討論進而影響到的日本政治和社會文明，也是我們不能忽視日本《詩經》學的重要理由之一。

　　前期成果主要有兩種值得一提，一是日本學者江口尚純先生的《江戶時期〈詩經〉關係書目》〔註8〕，另一部就是王曉平先生的《日本詩經學史》。《江戶時期〈詩經〉關係書目》是全面考察日本江戶《詩經》研究文獻最早的成果。著錄總數約 460 種，有 260 餘種可證實其現存。由於它是抄錄各種古今目錄而成，未曾一一核對原書，所以失誤之處在所難免。筆者依照江口先生的書目，遠赴日本按圖索驥，生成最新的目錄。證實如今尚可見到的約 150 種，詳細情況請參見文末的附錄。這樣就產生了一個疑問，何以江口先生的統計和筆者的聞見會出現如此大的懸殊？主要有以下三個原因。

　　江口先生的《江戶時期〈詩經〉關係書目》有三點值得注意。其一，同書異名的著作分別予以列舉。如安藤龍的《詩經》與《詩經辨話器解》實爲

〔註6〕趙沛霖，海外詩經研究對我們的啟示〔J〕，學術研究 06 年第 10 期，139。
〔註7〕王曉平，日本詩經學史〔M〕，北京，學苑出版社，2009，8。
〔註8〕該成果以附錄形式轉載於張寶三、楊儒賓，日本漢學研究續探：思想文化篇〔C〕，上海，華東師範大學出版社，2008，49～73。

一書，而作者誤作兩書分別羅列。中井履軒的《詩經逢源》與《詩經雕題》是同一內容的不同行文格式。冢田虎的《冢注毛詩》、《冢注詩經》、《冢注毛詩正文》、《毛詩》等，都是同一著作的不同題名。其它又如安井息軒的《毛詩集說》和《毛詩輯疏》，齋藤高壽的《復古毛詩序錄》和《復古毛詩別錄》，小野蘭山的《詩經名物解》和《詩經名物辯解說》，藍澤南城的《三百篇原意》和《詩經講義》，八田縕的《詩經古義解》和《詩古義解》，宇野東山的《朱注詩經標解》和《詩經古注標記》等，都可作一書對待。其二，與《詩》無關誤歸入《詩》類的。如岡本保孝《叶韻考》、神林弻《叶韻醒言》、雨森牛南《詩訟蒲鞭》、大江荊山《詩韻國字解》、柏木如亭《詩本草》，其它如《詩經和歌》、《詩左右》等，它們都與詩歌相關卻與《詩經》毫無關係。其三，明治以後的著作錯認作江戶時代著述。如山本章夫《詩經新注》、竹添光鴻《毛詩會箋》、小宮山綏介《詩經講義》、大江文城《詩經通考》、長允文《詩書評釋》、根本通明《詩經講義》、林英吉《詩經講義》等。另外矩堂的《詩述》原本是韓國學者的著作也誤認作日人的成果。

　　儘管如此，《江戶時期〈詩經〉關係書目》對於日本《詩經》學的開創之功不容質疑。從紛繁的文獻中檢索《詩經》著述，是一項基礎而又重要的工作。江口尚純是對日本《詩經》文獻學貢獻最大的一位學者。《江戶時期〈詩經〉關係書目》不僅夯實日本《詩經》學研究的基礎，更爲可貴的是發現了《詩經》研究中一大盲點。

　　另外一部重要成果則是王曉平的《日本詩經學史》。《日本詩經學史》是《詩經》學史上第一部海外《詩經》學專著。《詩經》在日本一千六百餘年的流播中，經過日本先民的再創造，產生出形式多樣的詩經現象。面對數量驚人的零散材料，如何在一書中集中展現，是作者首先要解決的難題。通過組織材料、體系建構而表現出的理論思辨能力，則成爲衡量一位學者學識深淺的重要標準之一。《日本詩經學史》長達十章的內容組合，線點結合的敘述方式，向我們全面上演了千年日本《詩經》學的異文化變奏。該書將日本《詩經》學的演變進程大致劃分爲三個歷史時期：江戶時代以前的《詩經》學，江戶時代的《詩經》學以及明治以後的《詩經》學。前江戶時代現存資料有限，作者集中考察日本現存寫本的文獻價值，重點介紹了清原宣賢的《毛詩抄》。江戶時代《詩經》學是我們今天能看到的內容最爲豐富，也最能體現日本本土文化心理特徵的一段《詩》學歷程，它標誌著日本《詩經》學自覺時

代的全面到來。不僅產生了數百部代表不同學派風格的注疏本,而且還深刻地影響到江戶時期的文藝創作和文藝理論。作者分別用「江戶時代的《詩經》研究」「詩經論、詩論、歌論與俳論」「《詩經》與日本文學」「《詩經》的異文化變奏」四章內容予以討論。明治以後《詩經》學的重大變遷主要表現在突破傳統注疏的研究思路,吸收西方文化人類學的新方法,用異文化、跨文化的視點,比較系統地對《詩經》進行新的探索。圍繞「文化人類學」闡釋的諸問題,作者重點介紹了如青木正兒、松本雅明、白川靜等一批近現代《詩經》研究名家。縱觀全書,既有歷史的縱向評述,又有重點的橫向突顯。將一部紛繁複雜的日本《詩經》文化史有機地濃縮到一個舞臺上集中呈現。

　　一般意義上的《詩經》學史研究大多是以《詩經》著述為主要觀照對象的解讀與闡釋,而《日本詩經學史》卻是以《詩經》為原點的相關文化現象的全面考察。因此,與其說它是一部日本《詩經》學史,不如稱之為一部日本《詩經》文化史。文化視閾下的《詩經》觀照是貫穿全書的主要研究理念。如古代語言文學、藝術思想、人名物名中存在的或隱或顯的《詩經》元素,江戶隨筆中的瑣碎的《詩經》條目,江戶文學藝術對《詩經》有形的借鑑和無形的參考等等,作者皆專設章節予以探討,旨在用大量的材料作為基礎來還原日本《詩經》學的全貌。另外,還從文化的視角解讀日本《詩經》學史上的一切「詩經現象」。如站在中日寫本文化比較研究的立場上分析日本《詩經》寫本多存的歷史原因〔註9〕。又如日本古人學習漢籍過程中發明的一種特殊的閱讀方式——訓讀。自清代以來,訓讀研究一直被我國學人所忽略,作者從文化接受的角度立論,用事實證明訓讀中飽含著豐富的文化內涵,是我們了解日本古人心理路程的重要途徑。訓讀直到今天依然被延用〔註10〕。再如作者通過對文化人類學研究方法的深入思考,具體評價日本近現代詩學研究的功與過等〔註11〕。總之,純粹的材料羅列一定程度上也能展現一個時期的詩經學進程,而生發於文化肥沃之壤上的學術史研究,才能夠更多地體現出作者的研究能力和作品的創新價值。

　　由具體問題的探討而引發的作者對當下《詩經》研究的一系列思考,同樣值得我們深思。歸結起來,筆者以為主要有以下兩點:《詩經》研究的國際

〔註 9〕 王曉平,日本詩經學史〔M〕,北京,學苑出版社,2009,13～14。
〔註10〕 王曉平,日本詩經學史〔M〕,北京,學苑出版社,2009,389～393。
〔註11〕 王曉平,日本詩經學史〔M〕,北京,學苑出版社,2009,346。

化視野和比較文學眼光。唯有具備了比較文學的堅實基礎才有可能最終實現不同於以往漢學、宋學、清學的國際《詩經》學。《詩經》在國內外的意義差別，促使我們必須用比較文學的方法去鑒別《詩經》的文化精神哪些是世界共有的屬性，哪些是其產生民族的特有屬性。搞清楚以上問題，才有可能採取適當的翻譯語言將中國的經典文化順利地推介到世界各地，才有可能超越學術研究的藩籬去追問《詩經》的人類文化意義。在「《詩經》的重寫」一章中，作者站在接受對方的立場上，對《詩經》未來走向世界的翻譯策略作出有益的探討〔註 12〕。今天的《詩經》研究者越來越將目光投向世界，吸收西方人類文化學研究方法，研究成果形態各具，普遍將《詩經》作為了解中國古代社會的一扇窗戶。但是，與傳統的經學相比，似乎缺少了一點關注現實社會的人文關懷。我們期待著一個不同於漢學、宋學、清學的國際化的《詩經》學時代的早日到來。趙沛霖說：「20 世紀末出現的這種廣泛的《詩經》國際學術交流是《詩經》學已經走向世界，成為一門世界性學術的標誌。對於一門世界性的學術來說，重要的是應當具有與之相應的世界觀念。所謂《詩經》研究的世界觀念，就是把《詩經》研究的學術視野由一個地區、一個國家擴大到世界，建立世界《詩經》研究的整體觀念。〔註 13〕」《詩經》研究視野國際拓展的呼聲日漸高漲。

　　正如北京大學費振剛先生在山西大學的一次講演上所言：學術研究不是一代人的事情，每代人都是站在前輩的肩膀上向前推進的。王先生的《日本詩經學史》已經為日本《詩經》學研究打造了高的平臺，後生晚輩需要做的是在此基礎上的不斷深入和完善。正是基於江口尚純、王曉平二位先生的啟發，筆者才決定選擇《日本江戶時代〈詩經〉學史》作為一生學術的起點，在海外詩經學研究領域繼續探索。王先生的《日本詩經學史》側重於多視角宏觀描述一千六百餘年的日本詩經文化現象。筆者的論題則側重於日本斷代《詩經》學史研究，通過對江戶時代百餘部《詩經》著述的微觀解析，來考察《詩經》在日本文化建構與變遷中所扮演的重要角色。

〔註 12〕王曉平，日本詩經學史〔M〕，北京，學苑出版社，2009，388。
〔註 13〕趙沛霖，海外詩經研究對我們的啟示〔J〕，學術研究 06 年第 10 期，138。

第一章　詩學東漸與日本朱子「《詩》學」的獨尊

　　江戶時期《詩經》已傳入日本一千多年。像毛氏的《毛詩故訓傳》、鄭玄的《毛詩箋》、孔穎達的《毛詩正義》、朱熹的《詩集傳》，在日本皆有傳本。德川幕府統治日本後，決定借鑒鄰國經驗，採取文教政治。朱子學說憑藉其強大的文化影響力，迅速壓倒日本本土的神道教、印度佛教、西方洋學，以官學的身份，承擔起了構建意識形態話語系統的使命。作為朱子學思想體系重要載體之一的《詩集傳》，迅速以絕對優勢壓倒了《毛傳》、《鄭箋》，成為日本學人重點研討的對象。仁井田好古曰：「明氏科舉之制，於〈詩〉獨取朱一家，著為攻令，於是天下無復他學。此風延及皇國，毛鄭雖存，皆絀而不講，古義湮晦莫甚於此。〔註1〕」今人王曉平言：「由於朱子學享有幕府官方學術的地位，《詩經》研究受宋學的影響自然無以比擬。朱熹《集傳》成為最重要的教材，也是學人解詩的基本依據。〔註2〕」江戶朱子「詩學」的發生，林羅山起到至關重要的作用。羅山是藤原惺窩的大弟子，惺窩早期公開宣講朱子學，影響甚廣。羅山深受德川家康將軍青睞，被拜為五經博士，以後一直做到最高學政官。羅山治《詩》，倍加推崇《詩集傳》，他的選擇代表了幕府的政策，影響了江戶初期數十年的《詩》學研究。其子林恕接替父職，受明朝《詩經大全》啓發，撰《詩經私考》等五經教材，方便國人學習朱子學。

〔註1〕仁井田好古，上金紫光祿大夫伏原清公書 // 仁井田好古，樂古堂文集〔H〕，
　　　　國立國會圖書館藏寫本。
〔註2〕王曉平，日本詩經學文獻考釋〔M〕，北京，中華書局，2012，380。

與林恕訓詁義理兼得有所不同，來自民間的中村之欽，著有《筆記詩集傳》等五經筆記，偏重於從義理上豐富朱子學。還有松永昌易的《頭注詩經集注》，採用高頭講章的說經模式，總結概括篇章主旨，以羽翼《詩集傳》。他們一方面根據朱子《詩集傳》編寫教材，在更廣闊的領域傳播朱子學思想；一方面不斷引用最新傳入的明朝《詩》學成果，完善朱子《詩》學理論。

第一節　朱子「《詩》學」的傳入

江戶前《詩經》在日本一千餘年的傳播，受中國經學思想的影響，基本依據毛氏的《毛詩故訓傳》、鄭玄的《毛詩箋》、孔穎達的《毛詩正義》學習、引用《詩經》。江戶初期大儒林羅山曰：「本朝詞人博士，振古講五經者，唯讀漢唐諸儒之注疏，未能知宋儒之道學。故世人皆拘於訓詁，不能窮物理者，殆數百年千歲。〔註3〕」直到十六世紀末期，朱子《詩》學才漸漸冒頭，受到部份學人的關注與追捧。德川幕府統一全國後，確立了朱子學的意識形態地位。在林羅山的極力倡導下，江戶初期朱子《詩》學的氛圍最終形成。

要深入了解江戶初期朱子《詩》學發生的歷史背景，需要先對江戶之前《詩經》在日本的流播作一回顧。由於相關文獻資料嚴重缺乏，以下主要採用史料鉤沈的方法，粗線條勾勒江戶前日本對《詩經》的接受情況。大致可分為三個階段，第一階段是南朝時期，第二階段是隋唐時期，第三階段是元明時期。

南朝時期，《詩經》傳入日本的時間還不長，日本貴族主要中轉朝鮮半島間接學習儒家文化。《詩經》傳入日本的精確時間難以考定，以史料為證，公元478年，倭王武（雄略天皇（457～479）致中國劉宋順帝表載：「封國偏遠，作藩於外，自昔祖禰，躬擐甲胄，跋涉山川，不遑寧處。……」〔註4〕其中即引用了《詩經·國風·殷其靁序》中「不遑寧處」。據此，我們推測《詩經》傳入日本的時間可能在五世紀或者更早。

上表語言簡潔明瞭，語勢流暢，可能非日人所作，而由流寓日本的漢人或者百濟人所作。因為直到公元6世紀初，仍由精通經典的百濟儒生教授日本貴族。據《日本書紀》記載，繼體天皇六年（512），百濟曾請求日本將其

〔註 3〕林羅山，羅山文集〔M〕，平安考古學會，大正七年（1918）版，卷五三 175。
〔註 4〕〔梁〕沈約，宋書〔M〕，北京，中華書局，1974，2395。

在朝鮮半島南端的任那四縣屬地轉讓給百濟，日本答應了這一請求。作爲交換，七年（513），百濟應天皇之請，派五經博士段楊爾攜儒家五經《易經》、《書經》、《詩經》、《禮記》、《春秋》從百濟來日，五經得以在日本傳授。可見日本對於儒家文化的渴望。十年（516），又派五經博士漢高安茂代段揚爾。高安茂前加一「漢」字，可見高安茂乃遷住於百濟的中國人。且百濟派五經博士渡日普及儒家經典，實行輪換制，既不曾間斷又有新的思想傳入。欽明天皇十五年（555），百濟又派五經博士王柳貴、易博士王道良渡日。王柳貴是替換固德（百濟官位第九階）馬丁安的。由於五經博士的陸續東渡，儒家經典漸傳播於日本貴族之間。時代久遠，我們無從得知這些百濟儒生依據哪些注本來教授日本貴族。不過，考慮到南朝時期三家詩式微毛詩獨興的情況，大約不出《毛傳》、《鄭箋》的範圍。

隋唐時期，日本派遣大批遣隋使、遣唐使，全面傚仿中國的政治、經濟等制度，構建日本式的中央集權制國家。以《詩經》爲代表的中國經典文化精神，充斥於日本的律令制度和官方文書之中。《鄭箋》成爲太學的重要教學內容之一。而且《詩經》的詩歌理論深刻地影響到日本的漢詩與和歌創作，推動了日本民族文化的發展，加速了日本本土文化的獨立。

推古十二年（604），日本聖德太子爲規範官僚群臣的行爲，制定《十七條憲法》作爲政治準則。其中有十三條二十一款的文字，取自漢籍《周易》、《尚書》、《左傳》、《論語》、《詩經》、《孝經》、《韓詩外傳》、《禮記》、《莊子》、《韓非子》、《史記》、《說苑》及《昭明文選》等。安井小太郎說：「聖德太子所定的憲法十七條，除第二條述崇敬三寶外，其餘十六條述君臣的名分、政治要旨和安民等事，都和儒教的大精神完全一致。又往往採用經書中的語句，如「以和爲貴」（《禮記・儒行》）、「上下和睦」（《孝經》）、「懲惡而勸善」（《左傳・成公十四年》）、「克念作聖」（《尚書・多方》）、「王事靡盬」（《詩・小雅・四牡》）、「使民以時」（《論語・學而》）等是。」〔註5〕自《詩經》傳入日本，引進百濟五經博士傳授，一百餘年後，日本統治者已經開始採用儒家經典制定法律，熟練掌握並引用《詩經》等經典。

在聖德太子爲加強中央集權統治進行一系列政治改革後，日本全面傚仿中國的氛圍業已形成。天皇心慕隋唐國力強盛，長期向中國派遣遣隋使和遣

〔註 5〕轉引自朱雲影，中國文化對日韓越的影響〔M〕，南寧，廣西師大出版社，2007，23。

唐使，學習中國的思想和制度。終於於孝德天皇（645～654）時期，實行了日本史上著名的大化改新。大化改新的內容是仿傚唐朝的政治經濟制度建立本國的制度。天武天皇（671～686）首設太學僚（676），至文武天皇（697～706）頒《大寶令》（701）。大化改新後，元正天皇（715～723）訂《養老令》（718），學制始漸整備。學令規定太學僚設太學頭，置博士、助教教授經學。太學以九經爲教材，分必修和選修。必修者，《孝經》、《論語》二經，選修者，《周易》、《尚書》、《周禮》、《儀禮》、《禮記》、《毛詩》、《春秋左氏傳》七經。七經又依卷帙多少，有大經、中經、小經之分，以《禮記》、《左傳》爲大經，《毛詩》、《周禮》、《儀禮》爲中經，《周易》、《尚書》爲小經。七經皆立學官，《毛詩》立鄭玄注，《左傳》立服虔、杜預注。明經考試的內容，也和唐制略同。《令義解考課令》第十四：凡明經試，《周禮》、《左傳》、《禮記》、《毛詩》各四條，餘經各三條，《孝經》、《論語》共三條，皆舉經文及注文。《詩經》至此時，作爲太學教材頒佈實行，屬選修中經，並規定使用鄭玄注，是晉升官階的必考內容。如此一來，《詩經》通過考試的形式由貴族逐漸普及到更廣的統治階層。

八世紀日本貴族的漢學修養，已經能使用漢文寫詩，日本最古漢詩集《懷風藻》就問世於 751 年。其中多引用經語，出自《詩經》的數目最多。說明這個時期已經存在將「經」看作「詩」的現象。例如，以下詩句，皆用到「湛露」一詞：「今日良醉德，誰言湛露恩。」（巨勢多益須《春日應詔》）「湛露重仁智，流霞輕鬆筠。」（安倍首名《春日應詔》）「多幸憶廣宴，還悅湛露仁。」（息長臣足《春日侍宴》）。《湛露》是《詩經・小雅》中一篇目，《小序》曰：「《湛露》，天子燕諸侯也。」重臣受天皇賜宴，賦詩使用「湛露」一詞意，稱頌天皇。漢詩如此，受漢詩影響產生的和歌，亦擺脫不了《詩經》的影響〔註6〕。如萬葉時代著名的和歌詩人山上憶良的《貧窮問答歌》云：「雖云天地廣，何以於我卻狹偏；雖云日月明，何以照我無光焰。」這種悲憤的吶喊，即使人聯想到《詩經・小雅・正月》中的「謂天蓋高，不敢不跼；謂地蓋厚，不敢不蹐」的詩句。出現了和歌詩人化用《詩經》創作的本民族詩歌。《詩經》對於日本文學的影響由此可見一斑。

〔註 6〕 請參考張寶林，《詩經》文化東漸及在《萬葉集》中的文學建構〔J〕，黑龍江社會科學 06 年第 3 期，114～116；王曉平，《萬葉集》對《詩經》的借鑒〔J〕，外國文學研究 1981 年第 4 期，52～56。

　　九世紀的平安時代（802～1179），《詩經》頻繁地出現在天皇與大臣的詔表中。平城天皇時，饑荒遍野，瘟疫流行，特下詔省過，免除受災地方租稅，並派大臣攜醫藥賑災。《日本後記》卷十七：大同三年五月辛卯，詔曰：「朕以寡昧，虔嗣丕基，履薄如傷，黔首之隱是恤，馭奔若歷，紫宸之尊非寧。克己思治，勵精施政，而仁無被物，誠未感天，自從君臨，咎徵斯應。頃者天下諸國，饑餒繁興，疫癘相尋，多致夭折，朕之不德，眚及黎元，撫事責躬，怒焉疢首。或恐政刑乖越，上爽靈心，漫汗煩苛，下貽人瘼，此皆朕之過也，兆庶何辜，靜言念之，無忘監寐。《詩》不云乎：「民亦勞止，汔可小康。」其畿內七道言上饑疫諸國者，今年之調，宜咸免除，仍國司親巡鄉邑，醫藥營救。」語出《詩經・大雅・民勞》，意取百姓苦不堪言，朝廷豈可熟視無睹。清和天皇（858～875）時，詔求直言，右大臣藤原良相上表，引《詩》、《書》力陳任用賢才之重要，有曰：中外之國，小大之政，所以治而不亂者，唯以任得其人也。託非其人，則雖有峻法嚴令，仍是為亂之階，終非為治之備矣。故《詩》曰：人之云亡，邦國殄瘁。《書》曰：都在知人，知人則哲能官人。臣之不敏，深信斯言……。詩出《詩經・大雅・瞻卬》，意為賢人避世不仕，國家的命數也就到了。

　　受中國詩歌影響，日本也產生大量膾炙人口的和歌，905 年，紀貫之完成《古今和歌集》的編纂。《古今和歌集》的漢文序曰：「夫和歌者，託其根於心地，發其華於詞林者也。人之在世，不能無為。思慮易遷，哀樂相變。感生於志，吟形於言。是以逸者其聲樂，怨者其吟悲，可以抒懷，可以發憤。動天地，感鬼神，化人倫，和夫婦，莫宜於和歌。和歌有六義，一曰風，二曰賦，三曰比，四曰興、五曰雅，六曰頌。若夫春鶯之囀花中，秋蟬之吟樹上，雖無曲折，各發歌謠，物皆有之，自然之理也。」《古今和歌集序》是日本史上最早的詩歌理論，顯係受到《詩大序》的深刻影響，甚至照搬原句。並且此時大量《詩經》著述傳入日本，日本現存有平安時代抄錄的鄭玄《毛詩譜》、孔穎達《毛詩正義》、陸璣《毛詩草木鳥獸蟲魚疏》等書的殘卷。據嚴紹璗先生研究：「這一時代（平安時代）傳入日本的漢籍，當以寫本為大宗，後期有少量的宋刊本入境。他們歷經社會滄桑，兵火洗劫，留存於今日者，已為稀世珍寶。」且據先生查考，共有 32 種唐人寫本可以確認為平安時代傳入日本。其中與《詩經》有關者 3 種：東洋文庫藏《毛詩》卷 6，京都市藏《毛

詩正義》卷 6，東京國立博物館藏《毛詩正義》卷 18。分別被日本定爲日本
國寶或重要文化財。〔註7〕

　　元明時期，《毛傳》、《鄭箋》、《孔疏》依然作爲日本學人接受《詩經》的
底本。至明中葉，日本開始出現《詩經》著述，宋元明儒之新說亦間有引用，
起到參照的作用。五山時代（十三至十六世紀），日本國戰亂頻仍，文化遭到
極大破壞，儒家文化僅在寺廟中得以一線傳承。相較以前，日本學者已有《毛
詩》的注本，如景徐周麟的《毛詩聞書》、清原宣賢（1475～1550）的講義《毛
詩聽塵》和《毛詩抄》等。三書皆爲聽、講《詩經》的記錄，是目前所存最
早又較完整的《詩經》講稿。張寶三先生說：「宣賢之《毛詩抄》雖常引述宋
元明儒之說，然其主體仍以《傳》、《箋》、《正義》之說爲據，所引「近注」
乃爲對照或補充「本注」之用，其間有主、從之關係，並非融合漢宋之立場。
由此可以看出日本中世《詩經》學仍延續中國著述傳統，其保守性遠高於中
國本土。」〔註8〕張先生關於《毛詩鈔》漢學抑或宋學的性質界定，並由此認
定日本中世《詩》學的保守性是有道理的。

　　以上不難看出，長達一千一百年的日本《詩經》接受史中，除 16 世紀產
生了幾部聽、講《毛詩》的筆記外，其它能看到的材料有限而零散，且表現
爲顯性的引用和化用，說明江戶前的日本《詩經》學還停滯於學習、模仿的
階段。但不可否認的是，以《詩經》爲代表的中國傳統道德觀念，經過千餘
年的浸染、滲透，已經深深植根於日本民族文化之中，成爲彙聚日本民族文
化的一支重要源流。無論是由朝廷頒佈的政治文書，還是由貴族寫作的最早
的漢詩和和歌，都不難見出其中體現出的中國傳統文化精神。然而眞正意義
上的《詩經》日本化，或者說是建立於《詩經》闡釋之上的日本傳統文化的
大發展、大繁榮，卻發生在本文即將探討的江戶時代。

　　時至江戶初期，日本《詩經》研究發生了千年未有之新變化。原本獨尊
漢學的傳統《詩》學格局，新變爲以《詩集傳》爲重要參考對象的朱子《詩》
學。《詩集傳》以壓倒之勢代替《毛傳》、《鄭箋》、《孔疏》，成爲日本學人解
詩的主要依據。

〔註 7〕　蔡毅，中國傳統文化在日本〔M〕，北京，中華書局，2002，110。
〔註 8〕　張寶三，清原宣賢〈毛詩抄〉研究：以和〈毛詩注疏〉之關係爲中心 // 張寶
　　　　三、楊儒賓，日本漢學研究續探：思想文化篇〔C〕，上海，華東師範大學出
　　　　版社，2008，33。

　　首先由藤原惺窩發微。藤原惺窩（1561～1619），名肅，字斂夫，號惺窩，又號北肉山人、柴立子、廣胖窩，播磨人。著《文章達德錄》、《達德綱領》、《四書大全頭書》、《假名性理》等，有《惺窩文集》。惺窩初年削髮入釋，後棄佛從儒，潛心朱子學。藤原惺窩用宋儒之意加倭訓於四書五經，爲初學者學習朱子學提供了一條捷徑，影響甚廣。林羅山《新版五經白文點本跋》說：「今世往歲妙壽院惺窩先生講學格物之暇，新加訓點於五經，《易》則從程傳兼朱義，《詩》則主朱傳，《書》則原蔡傳，《禮記》則依陳說，《春秋》則據胡傳。〔註 9〕」林信澄《惺窩先生行狀》亦云：「本朝儒者博士自古唯讀漢唐注疏，點經傳加倭訓。然而至於程朱書，未知什一，故性理之學識者鮮矣。由是先生勸赤松氏、使姜沆等十數輩，淨書四書五經，先生自據程朱之意爲之訓點，其功爲大。〔註 10〕」藤原惺窩在《譯語序》中說：「赤松公今新書四書五經之經文，請予欲以宋儒之意加倭訓於字傍，惠後學。日本譯宋儒之解者以此冊爲原本。〔註 11〕」後世歷代學子無不認爲日本朱子學的先聲實源自藤原惺窩，是藤原惺窩開啓了日本翻譯朱子《詩》學的先河。

　　藤原惺窩一生培養了大批優秀的朱子學人才，有「四大天王」之稱的林羅山、堀杏庵、松永昌三、那波活所在當時都是聲名顯赫的人物，爲朱子學的進一步推廣發揮了積極的推動作用。藤原惺窩也因此在日本學術史尤其在江戶學術史中佔有極其重要的地位。荻生徂徠寫給都三近的信中說：「昔在邃古，吾東方之國泯泯乎無知覺。有王仁氏，而後民始識字；有黃備氏，而後經藝始傳；有菅原氏，而後文史可誦；有惺窩氏，而後人人言則稱天語聖。斯四君子者，雖世尸祝乎學宮可也。」〔註 12〕荻生徂徠是將藤原惺窩視作日本朱子學的祖師爺。所以朝鮮使節姜沆說：「日東之人不知有宋賢，惟斂夫表而出之，是無斂夫則無宋賢也。〔註 13〕」其首倡之功，居功至偉。可惜他是一個厭惡官場，崇尚自由，有隱逸情結的人。儘管受到德川家康的禮遇，但爲官的心願絲毫無有，致使他的朱子學造詣無法借助行政的力量影響到更爲廣闊的領域。不過這一遺憾很快在他的弟子林羅山身上得以彌補，林氏將朱子學直接推向官學至高無上的位置。

〔註 9〕　林羅山，羅山文集〔M〕，平安考古學會，大正七年（1918）版，卷五三 175。
〔註 10〕　林信澄，惺窩先生行狀 // 林羅山，惺窩稿〔O〕，寬永四年（1627）刊本，4。
〔註 11〕　藤原惺窩，譯語序 // 林羅山，惺窩稿〔O〕，寬永四年（1627）刊本，卷二 31。
〔註 12〕　原念齋，先哲叢談〔O〕，武阪府書林，文化十三年（1816）刊本，卷一 1。
〔註 13〕　姜沆，五經跋 // 菅玄同，惺窩稿續編〔O〕，寬永四年（1627）刊本，卷三 22。

　　林羅山（1583～1657），名忠，一名信勝，字子信，號羅山，稱又三郎，私諡文敏，平安人。早年登東山入建仁禪寺大統庵古澗稽長老室讀書，三年後方離開寺院。羅山自幼喜好讀書，家貧書不易得，凡有所獲無所不讀。十七歲始專志於經學，既通四書五經之舊注後，又覃思於朱子學。慶長五年（1600），羅山始以朱子學教學。「五年庚子，先生十八歲，學業大進，聲名籍甚。當時清原家儒者講四書，唯《學》、《庸》用朱子章句，而《論》、《孟》猶讀何趙侃皇侃邢昞疏，未見集注。而五經唯僅窺漢唐注疏而已，此時惺窩藤斂夫雖為儒宗，避世不接人。先生獨教徒弟講宋儒之書。本朝道學之興權輿於此。〔註14〕」文中提到的清原家是世襲的明經博士，世代擔任大學的教頭，擔負著為朝廷講經的重任，是官方經學發展形態的代表。雖然距離藤原惺窩講授朱子學的時間已經過去了十二年，朝廷似乎還沒有採納朱子學的跡象，五經授課依然沿用著清原家世代守護的漢唐舊注。林羅山冒天下之大不韙，繼續沿著藤原惺窩的足跡為朱子學助威吶喊。

　　時隔三年後的慶長八年（1603），羅山其人和他的私塾因為一場「官司」名聲稍顯。「八年癸卯，先生二十一歲，聚徒弟開筵講《論語集注》，來聞者滿席。外史清原秀賢忌其才，奏曰：「自古無敕許則不能講書，廷臣猶然，況於俗士乎？請罪之。」遂聞達於大神君。大君菀爾曰：「講者可謂奇也，訴者其志隘矣。」於是秀賢緘口。自是先生講書不休，加訓點於《四書章句集注》，專以程朱之學為主。〔註15〕」表面看來是文人間的私人矛盾，實際上是舊學與新學之間衝突的首次升級，也是官方學術與民間學術的第一次交鋒。最後以朱子學的勝利而告終。相信這次驚動實際的最高統治者的學術之爭，並不是簡單的文人肚量大小的問題，而是關係到德川幕府未來文教政治意識形態選擇的重大現實問題。在這次事件中，德川家康傳遞出承認和接納朱子學的微妙信號。這一年恰好是日本江戶時代的開端之年。次年，林羅山拜藤原惺窩門下，成就了江戶學術史上一段值得稱讚的師生佳話。慶長十年（1605），林羅山奉召拜謁德川家康，拜為博士。朱子學也隨之被帶到幕府，成為官方學術的一支重要力量。以後，羅山愈發受到重用，「大受寵任，起朝儀，定律

〔註14〕　林恕，羅山林先生集附錄 // 林恕，羅山先生詩集〔M〕，平安考古學會，大正
　　　　　十年（1921）刊本，卷一 3。
〔註15〕　林恕，羅山林先生集附錄 // 林恕，羅山先生詩集〔M〕，平安考古學會，大正
　　　　　十年（1921）刊本，卷一 4。

令。大府所須文書，無不經其手〔註16〕」，他所信仰的朱子學成爲實際的政治意識形態。可以說，羅山的命運和朱子學的命運是緊密繃結在一起的。羅山的仕途命運自然會影響到經過戰亂洗禮剛剛平復的文人的心態。加之幕府的推行，上行下效，在全國範圍內掀起一股學習朱子學的熱潮也在情理之中。

　　林羅山作爲江戶初期最高的學政官，他的《詩》學觀很大程度上反映出江戶初期《詩》學發展的一個概況。尤其是羅山本宋儒之意用國字訓點的四書五經流行甚廣，是江戶時期初學者經學入門最通行的教材。佐時貞說：「道春點本行於世者久矣，寒鄉僻村皆用之。〔註17〕」具體至《詩經》學，林羅山對《朱傳》情有獨鍾，讚賞有加。他說：

　　　　毛公亦漢儒之醇而所受有之焉，而其《傳》甚略，鄭《箋》稍詳也，而其據讖緯不若毛之正也，孔氏《疏》兼解二義，粗周覽而後可用朱子《集傳》。〔註18〕

　　　　朱子除訓詁之固陋，稟折中之大才，作《詩集傳》以行於世。且於序則有所援，有所闕疑，有所不取，有所論辯。至如形名度數草木鳥獸有讓於先儒，不悉釋出，千歲之後得六義之旨者乎。〔註19〕

　　　　逮朱子《集傳》出而後群言廢矣，可謂得比興之本旨，合詩人之原志。〔註20〕

這是江戶幕府自設立以來，第一次由全國最高學政官對朱熹《詩集傳》的正面肯定。它就像一個綱領明確了江戶《詩》學發展的走向，在日本《詩經》學史上具有里程碑式的意義。有學生曾向林羅山請教《關雎》之意。他回答說：「朱子謂淑女乃太姒爲處子時也，文王之宮人求得聖女爲聖王之配，及其始至，有幽閑貞靜之德，故作此詩。漢匡衡曰：配至尊而爲宗廟主，綱紀之首，王教之端也。豈嬪妃之稱乎？先儒謂淑者，女德之至者也。太姒，聖女也，詠其德者一言以蔽之，淑而已，不亦然乎！求之不得則不能無寤寐反側

〔註16〕王家驊，儒家思想與日本文化〔M〕，杭州，浙江人民出版社，1990，7。

〔註17〕佐時貞，《詩音示蒙·凡例》，東都書肆享和二年（1717）本。

〔註18〕林羅山，《羅山先生文集》卷七十三，平安考古學會，大正七年（1918），第465頁。

〔註19〕林羅山，《羅山先生文集》卷三十三，平安考古學會，大正七年（1918），第367頁。

〔註20〕林羅山，《羅山先生文集》卷六十四，平安考古學會，大正七年（1918），第324頁。

之憂，然哀而不傷；求而得之，則有琴瑟鐘鼓之樂，然樂而不淫。故人聞之洋洋盈耳。且此詩雖若專美太姒，而實以深見文王之德。先儒多是一以后妃為主而不復知有文王，至朱子謂后妃之內助，亦本於文王之躬化，是所可著眼也。〔註21〕」其以《朱傳》義理為核心的解詩旨趣不容置喙。林羅山無論是其學術地位還是政治地位，都具備足以影響當時《詩》學研究之風的強大號召力，一定程度上，他的《詩》學觀規定著剛剛統一不久的江戶幕府的《詩》學走向。

在中國，宋學自南宋以來逐漸佔據社會的主流意識形態，其文化張力向外無限延展，加快了其東傳日本的步伐。德川幕府的有意借鑒，加之藤原惺窩、林羅山等民間學者由漢學向宋學的學術轉向，朱子學在很短的時間內就成為官方唯一承認的主流意識形態。霍爾的理解是正確的，「對儒家思想在 17 世紀早期發生的新興趣，並不是和中國重新接觸的結果，而是來源於日本社會自己的內部需要。……17 世紀的儒學運動，既是一代人自發的產物，也是官方鼓勵的結果。儒教傳統的迅速發展，證明儒教對德川時代的日本人有新的意義。〔註22〕」不僅培養政治接班人的最高學府和各地藩校，把學習和接受朱子學作為重要的教學目標。而且全國各地興起的私學，也將朱子學作為重要的教學內容。在這個以文教政治為核心的新的統治實體，朱子學的傳播速度和範圍令人驚歎。朱子學勸善懲惡的《詩》學觀，不僅影響到漢詩漢文等漢文學，同時也滲透到諸如和歌、俳句、物語等和文學領域。文學如此，經學自不待言，江戶初期的朱子《詩》學就此發生。

第二節　朱子「《詩》學」的興盛

特殊的文化生態孕育出江戶初期《詩》學特別的生命姿態。江戶初期意識形態領域最大的變化莫過於朱子學官學身份的確立。伴隨著朱子學政治上主導意識地位及社會中主流價值的確認，江戶初期的文化生活中無不滲透著朱子學的理論指導。作為朱子學理論體系重要載體之一的《詩集傳》，自然具

〔註21〕林羅山，《羅山先生文集》卷三十三，平安考古學會，大正七年（1918），第366頁。
〔註22〕王健，儒學在日本歷史上的文化命運：神體儒用的辨析〔M〕，鄭州，大象出版社，2006，128。

有無可比擬的優勢，成爲日本學人爭相注疏的對象，大有從「傳」向「經」角色轉化的趨勢。江戶初期的《詩》學由此呈現出朱子「詩」學獨尊的局面。代表作有林恕的《詩經私考》、松永昌易的《頭注詩經集注》和中村之欽的《筆記詩集傳》等。

　　由上節得知，藤原惺窩把朱子學正式介紹給日本學界，繼而林羅山在幕府的扶持下確立了朱子學的官學地位。林羅山的第三子林恕，繼承父職，作《五經私考》，羽翼宋學，由此朱子學正式扎根日本，開啓江戶初期近百年朱子學稱霸學界的輝煌時期。林恕（1618～1680），一名春勝，字子和，改字之道，稱春齋，號鵝峰，私諡文穆，平安人，襲父職，官治部卿法印。林恕在其父親的幫助下，從小受到良好的教育。九歲隨其父至江戶，轉移名師學習文詞國字，學問日益警拔。二十三歲時便接替父親爲慕名而來的學生講授《五經》。一生致力於學，曾曰：「武人執兵而戰，效死建功。學者讀書立言，爲隕性命。固其所望也。」〔註23〕著述宏富，鮮有能出其右者。有《鵝峰林學士文集》120 卷、《鵝峰林學士詩集》120 卷，其文 2230 餘篇，詩 7760 餘首。竹洞野節稱其有功於學界有「三美」，一是與其父合編的《諸家系圖傳》310卷，二是著《本朝通鑑》310 卷，三是著《五經私考》〔註24〕。《詩》學著作有《詩經私考》、《詩經別考》〔註25〕、《詩訓異同》〔註26〕、《詩書序考》〔註27〕。恕早在寬永十七年（1640）首次設筵講經，時年 23 歲，首講朱子《詩經集傳》。《詩經私考》在《五經私考》中最晚成，凝聚了他一生的學識與思考，

〔註23〕原念齋，先哲叢談〔O〕，東京大學總合圖書館藏文化十三年（1816）慶元堂、玉嚴堂刊本，卷一 9。

〔註24〕林恕，鵝峰文集〔O〕，國立國會圖書館藏元祿二年（1689）刻本，跋 2～3。

〔註25〕引陳暘《樂書》、黃震《黃氏日抄》、王應麟《玉海》、豐坊《申培詩說》、凌濛初《聖門傳詩嫡冢》、鍾惺《詩經備考》、何楷《詩經世本古義》等標新立異之說，及黃文煥《詩經考》、沈萬鈳《詩經類考》、毛晉《毛詩陸疏廣要》等解名物之說，按三百篇順序彙成一書，名曰《別考》，以便於博覽。附《詩考竟宴》一卷，《私考》、《別考》書成，林恕大擺筵席與眾弟子共賀此盛事，由林恕提議，依陸機《草木鳥獸蟲魚疏》中名物順序，出 130 個詩題，每人賦一題，合而編之成《詩考竟宴》一書。內閣文庫藏寬文十二年自筆本。

〔註26〕倣仿《班馬異同》稱名，摘《詩經》字句於其上，以下指明毛鄭朱解之異同，內閣文庫藏寬文庚戌文稿本。

〔註27〕即《毛詩序私考》，林恕以爲子夏作《詩大序》，採用《毛詩正義》、朱熹《詩序辯說》等說低一格書寫於《詩大序》下，名曰《私考》，以備講筵之便。內閣文庫藏稿本。

是五經中最成熟的作品〔註28〕。概言之，《詩經私考》以朱子《詩集傳》爲宗，兼顧毛鄭，旁及各家。

《詩經私考》（以下簡稱《私考》）三十二卷，內閣文庫藏寬文壬子（1672）年寫本。《私考》是江戶時期最早的《詩經》學研究專著，也是日本《詩經》學史上較早的專著。總其特點，大約有三。

首先是疏解《朱傳》詳悉，不遺餘力。凡是有可能成爲日本初學者了解《朱傳》的文字障礙，林恕都不厭其煩地認眞解釋。論林恕的家庭出生而言，宗朱與其家學有著極深的淵源關係。林羅山於林恕影響極大，他在《私考》中常常引用其父的觀點。可見，林羅山早期的《詩經》講義奠定了林恕日後研究《詩經》的基礎。與林恕大致同時代的山崎闇齋偏信程朱，高談性理，指責林恕爲俗儒。林恕回敬說：「彼爲彼，我爲我，道不同不相爲謀者，余唯守家學而已。〔註29〕」林恕治朱子學堅持疏而不作，極少見有理學氣息濃厚的性理之談，反而多了一份文學化的輕鬆自然。所以雖同爲朱子學的追隨者，卻遭到山崎闇齋的批評。他的回應也表明家學在其內心當中的神聖位置。其在《詩經私考發題》中云：

> 揭出《朱傳》所援古事古語以記其出處，且並載諸說便於《朱傳》者。〔註30〕

這便是《私考》的核心宗旨。書中體例先列朱熹《詩集傳》原句，輔助文字低一格書寫，內容詳瞻，不以其簡而不解，亦不以其繁而求簡，故《私考》卷帙浩繁，多達三十二冊。林恕主要從三個方面尋求證據羽翼《朱傳》。一則探源，即援舉朱熹立說的源頭。如《朱傳序》首句云：「《詩》何爲而作也？〔註31〕」林恕低一格引三條材料輔翼朱說，曰：「《史記‧自序傳》曰：孔子何爲而作《春秋》云云。《漢書‧司馬遷傳》「何爲」作「爲何」。朱子《中庸序》曰：《中庸》何爲而作也。」朱熹在《采蘩》篇云：「古者后夫人有親蠶之理。」

〔註28〕 生平參考林恕，自敘譜略 // 林恕，鵝峰林先生集附錄〔O〕，國立國會圖書館藏元祿二年（1689）刻本。

〔註29〕 原念齋，先哲叢談〔O〕，東京大學總合圖書館藏文化十三年（1816）慶元堂、玉嚴堂刊本，卷一 9～10。

〔註30〕 以下凡未標明林恕言論出處者，皆出自《詩經私考》。林恕，詩經私考〔H〕，內閣文庫藏寬文壬子（1672）寫本。

〔註31〕 本文所引朱熹言論未標明出處者皆出自朱熹《詩集傳》，下略。朱熹，詩集傳〔M〕，南京，鳳凰出版社，2007。

林恕舉《穀梁傳》、《孟子》、《月令》、《祭統》四條材料助之。朱熹於《日月》篇云：「憂患疾痛之極，必呼父母。」林恕下列《史記‧屈原傳》證之。顯然林恕是從歷史縱的線索上證明《朱傳》之淵源有自。二則從橫向方面考慮，採用宋以來的觀點與《朱傳》相印證。如朱熹《關雎》篇云：「興者，先言它物以引起所詠之辭也。」林恕引明陳組綬《詩經副墨》、顧夢麟《詩經說約》關於興的論述並論。朱熹釋《兔罝》之「腹心」曰：「同心同德之謂。」林恕舉出何楷《世本古義》、許天贈《詩經講意》與《朱傳》並考。《江有汜》篇曰：「其嘯也歌」，朱熹釋「歌」曰：「則得其所處而樂也。」林恕下舉《黃氏日抄》、《讀詩記》、《詩經講意》三書相互參證。通過橫向比較，《朱傳》變得愈明晰。三則訓解《朱傳》文字。如《朱傳序》曰：「昔周盛時，上自郊廟朝廷，而下達於鄉黨閭巷。」林恕釋「郊廟」曰：「《韻會》曰：郊，祭名。祀天地，在國南北郊，故曰郊。又曰：廟，貌也。所以彷彿先人之容貌。《禮記‧月令注》：凡廟，前曰廟，後曰寢，又廟在公宮南之左。」解「鄉黨閭巷」說：「《韻會》曰：《周禮》百家之內曰鄉，《釋名》五百家為黨。黨，長也。《周禮》五家為比，五比為閭。《說文》巷，中道也。《增韻》直曰街，曲曰巷。」朱熹於《淇奧》篇末曰：「按《國語》武公年九十有五，猶箴儆於國。」林恕釋「箴儆」曰：「《楚語注》曰：箴，刺也。儆，戒也。」這是把《朱傳》當作經文來傳疏的。中國元明以來羽翼《朱傳》的著作還不曾見有類似的現象，江戶中後期也不曾出現。這完全是在朱子學進入日本主流文化行列不久，社會普遍朱子學水平不高的特殊歷史時期的產物。與江戶前講《詩》一依漢唐注疏相比較，《朱傳》的角色確實今非昔比。

　　其次訓詁兼顧毛鄭。林恕推崇朱熹《詩集傳》，但並不代表全盤否定《毛傳》、《鄭箋》，林恕能清楚地洞察到二者的優劣，曰：

　　　　訓詁之詳無如毛鄭及《孔疏》，發明經義者無勝於《朱傳》。

〔註32〕

作《詩經私考》羽翼《朱傳》外，另作《詩經別考》、《詩書序考》、《詩訓異同》以喚起當時學者於漢學的記憶。其在《詩書序考》卷首說：「近世若徒才窺宋儒之義理，至如漢儒之著述，則束高閣而不知其本，可以痛恨焉。〔註33〕」

〔註32〕　林恕，詩經別考〔H〕，內閣文庫藏自筆本，跋。
〔註33〕　林恕，詩書序考〔H〕，內閣文庫藏稿本，卷首。

建議初學者要「溫故而知新」，漢儒之訓詁不可丟。林羅山教授林恕之子即其孫林慤，要先誦《毛詩》《鄭箋》古本，待其年齡稍長才授讀《朱傳》，最終達到訓詁義理兼通的培養目標。林恕對此感同身受〔註34〕。

第三，有選擇地接受明朝新的《詩》學思想。舊學之外，林恕還大量接受傳入日本不久的明代新的《詩》學成果，體現出不拘一格的治學格局。林恕說：「凡明儒放言，大概多如此者。著眼用捨而可也，不可惑其奇說。〔註35〕」明何楷《詩經世本古義》成書於崇禎庚辰辛巳年間，僅僅二十年後，林恕就擁有了自己的一本。當然他不一定是最先擁有此書的人，說明該書傳入日本的時間應該更早，由此可見，至少在明末，中日之間的文化交流速度是相當迅速的。有一客人有意刁難林恕說：解《詩》以《朱傳》為主，考諸毛鄭，詩歌大意既現，為何以近世異說蠱惑大眾？林恕這樣回答：

> 固如子之言，余於此書有所取有所不取也。夫國風大小雅商頌之篇次，古今不易，何氏妄改之，以己意而分夏殷周，以《公劉》詩為壓卷，以《關雎》為殷世之詩，不立十五國風篇目，以為某王某王之世之詩，錯雜雅頌於其中，而恣生新義。而並舉先儒諸說，其是非得失以私意決之。其徒誇言曰：千五百年以來唯一人也，可謂蚍蜉撼大樹蛙尊自居也。永樂諸儒纂修《大全》，以《朱傳》為主，是天下之公論也。何氏生於後世，欲蔑視毛鄭而不滿於朱子，而直繼孔孟者，一家制私言，誰敢信之哉？是余所不取也。然每篇注釋辯論，所引古書舊編，經文異同，訓詁音釋，歷代諸儒說詳載之，各有出處，則其博洽可以知焉。彼所援用之書，余多未藏之者。由是觀之，則其書雖新，其文惟久。然則其訓詁以參考諸注疏，而諸說以會同諸《大全》，則可以學《詩》之小補乎。且近世解《詩》者多多，或僅窺《朱傳》之藩籬，或聊伸各篇之大意，或唯舐韻書之餘涎，或粗敘章句之分段，如此等者亦猶非無益於講說。觀此書行字細小，冊子成堆，紙葉殆二千張，不亦多乎。其中擇而用之，則為多識之助者必矣。是余所取也〔註36〕。

〔註34〕 林恕，毛詩古本〔O〕//林恕，鵝峰文集，國立國會圖書館藏元祿二年（1689）刊本，卷九七 5。

〔註35〕 林恕，詩訓異同〔O〕，內閣文庫藏寬文庚戌（1670）本。

〔註36〕 林恕，詩經世本古義辨//林恕，鵝峰文集〔O〕，國立國會圖書館藏元祿二年（1689）刊本，卷四九 6～7。

其辯證地分析《世本古義》的得失，客觀準確，在今天看來也是非常有見地的。且去粗取精，棄其異說而不聞，擇其博洽而從之，立論之公允，顯示出其開放的知識體系和獨立的學術精神。林恕出身朱子學而不拘泥於朱子學，用辯證的眼光，包容的心態，大量汲取新的《詩》學養分。除何楷《世本古義》外，陳組綬《詩經副墨》、許天贈《詩經講義》、顧夢麟《詩經說約》、陳元亮《鑒湖詩說》、唐汝諤《毛詩微言》、馮元颺《詩經狐白》、黃文煥《詩經考》，佔據了《詩經私考》的半壁江山。爲拓展弟子們的《詩》學閱讀，將與《朱傳》相左的觀點，另彙集一書名曰《詩經別考》，有益於學生全面地了解《詩》學概況。

　　林恕的兩部《詩》學著作《詩經私考》和《詩經別考》，雖極少下按語，缺乏能獨領風騷的個性特色。然而他處在一個特殊的歷史時期，無形中受到多種因素的影響，他的著作被賦予了那個時代特有的多種個性。林恕編纂日本自己的《詩》學教材的創舉，加速了《朱傳》在日本的傳播，爲江戶中後期《詩》學研究高潮的到來貢獻了自己的力量。更爲寶貴的價值是，通過《私考》、《別考》，我們可窺探到《詩》學研究在江戶初期的概況。

　　江戶前期另一部《詩》學代表作是中村之欽的《筆記詩集傳》。中村之欽（1629～1702），字敬甫，小字仲二郎，號惕齋，平安人。七八歲始從鄉師受句讀，少年老成，不喜浮靡，不妄交人。先世住在城市，之欽厭其喧囂，自隱幽地。其淡泊名利，雖出生商人世家，從不過問家事。喜讀書，所學靡不通曉，天文地理尺度量衡，皆頗有研究。尤其精於禮學，平素行事一依古禮。當時達者，莫不欽佩。雨伯陽《橘窗茶花》贊曰：「予少歲時以明經爲志，如中村、半川諸儒，固不可以博學名之。然其少身卓偉，自修謹嚴，亦可以爲篤行鄉先生。今則無斯人矣。〔註37〕」終身信奉性理之學，以誠敬爲本。室鳩巢評價說：「惕齋一生崇信程朱，始終不變，可謂近世之醇儒者。〔註38〕」以朱子學鳴於世，與古義學派的創始人伊藤仁齋齊名，世稱：惕齋難兄，仁齋難弟〔註39〕。著述豐饒，其《筆記詩集傳》後記所著書目達 45 部，共計 318

〔註37〕　原念齋，先哲叢談〔O〕，東京大學總合圖書館藏文化十三年（1816）慶元堂、玉嚴堂刻本，卷四 15～16。

〔註38〕　中村惕齋，筆記詩集傳〔O〕，內閣文庫藏明和元年（1764）再昌軒、平樂寺刊本，序。

〔註39〕　原念齋，先哲叢談〔O〕，東京大學總合圖書館藏文化十三年（1816）慶元堂、玉嚴堂刻本，卷四 16。

卷，主要有《五經筆記》、《惕齋筆錄》、《訓蒙圖彙》、《學規直解》等。《詩》學相關的有《筆記詩集傳》、《詩經叶韻考》〔註40〕、《詩經示蒙句解》〔註41〕。日本現存《筆記詩集傳》有寫本與刊本兩種。據筆者所見，一種是內閣文庫藏享保十五年（1730）初刊明和元年（1764）再昌軒、平樂寺的印本，十六卷，有室直清序和和角維幹序。另一種則是國立國會圖書館藏《五經筆記》寫本，年代不詳，無序，有可能是之欽的親筆稿本。

與林恕的《詩經私考》相比較，志趣與體例大致相同。第一，二書都以朱熹《詩集傳》作爲疏解對象，達到羽翼的目的。第二，皆受到明儒深刻的影響，大段徵引明人的新說闡釋詩義。第三，兩位著者幾乎全部引用前儒之說，極少下按語。不同的地方也有兩點，一是《詩經私考》宗朱的同時兼顧漢學，詩意闡釋與文字訓釋雙管齊下。而《筆記詩集傳》於訓詁用力顯然較弱，將全部的重心置於詩意的疏通上。室鳩巢也覺察到了這一點，他在《五經筆記序》中說：「今觀惕齋所記，解文義，通辭旨，最爲詳密，其賜後學也多矣。雖然惕齋之意，吾知之。夫文辭，得道之筌蹄也。其所爲汲汲於文意辭旨者，蓋欲使學者由是以得聖人之意也。若取足文辭之末，苟利講說而已，亦與古人爲己之學相去遠矣。〔註42〕」意思是說意爲本，言爲末，得意而可以忘言，是君子之學爲己也。如果錙銖必較於文辭，是小人之學爲人也。無怪乎室鳩巢稱之欽爲醇儒，之欽可謂是朱子學忠實的擁護者。二是雖然林恕與之欽都繼承明儒之說甚多，他們對於明儒的選擇還是有差別的，林恕偏向於首肯許天贈的《詩經講意》和陳元亮的《鑒湖詩說》，之欽傾向於黃文煥的《詩經嫏嬛》和何楷的《詩經世本古義》。

但是，不得不承認他們有著一個共同嚴重的弊病——過度引用，鮮有自己的全新觀點，甚至於有時整篇就是引用一兩個前人的觀點。從整個《詩經》學史而言，他們承擔著文獻整理，孕育新學的特別價值。然單就個體而言，於《詩》學確實沒有多少可取的地方。今舉《召南‧行露》爲例，以見其概。

厭浥行露首章。

〔註40〕中村惕齋，詩經叶韻考∥惕齋筆錄〔H〕，國立國會圖書館藏寫本。
〔註41〕中村惕齋，詩經示蒙句解〔O〕，共十八卷，內閣文庫藏享保五年刊天明八年（1788）印本。
〔註42〕中村惕齋，筆記詩集傳〔O〕，皇都書肆再昌軒、平樂寺，享保十五年（1730）序刊本，序3。

《娜嬛》云：夙夜字勿分，只是清晨晦明未分之時。又云：通
章以禮爲主，首節是以禮自守，下二節以禮自伸。又云：不直言強
暴，而託言畏露，是其絕人之意雖嚴，而詞則婉。行文只以行露影
講，方是賦體。《通解》云：注蓋以女子早夜數句，是言外補意，非
女子自言。

誰謂雀無角二章。

《說文》云：穿，通也。《詩緝》云：謂，猶言也。《釋名》云：
獄，確也。確，實人之情僞也。《娜嬛》云：誰謂，何以，皆自人而
言。雖速二句，自述之詞，此正對強暴者橫詞，所謂無其理而有其
事，無其事而有其說者。《通解》云：自訊，猶自暴白，非訴於召伯。

《古義》云：《韓詩外傳》謂行露之女許家矣，然見一物不具，一禮
不備，則不肯往，以著其守貞之至，非謂全無媒妁也。

誰謂鼠無牙卒章。

《說文》云：牙，牡齒也。徐鍇云：比於齒爲牡。《六帖》云：
先室家不足，而後亦不從者，其辭婉，其志決也〔註43〕。

上文所引《通解》指的是明黃佐的《詩傳通解》，全部引文大意不出《朱傳》，
與之相終始。如果與《朱傳》相參看，確實有助於加深對《朱傳》的理解。
與《詩經私考》相較而言，有著眾多共通的價值取向，反映了江戶初期《詩》
學研究的概況。仔細分析造成此時承襲大於創作風氣的原因，一則與明代《詩》
風有著直接的關係，另一方面結合日本特有的民族文化考慮，也存在自身的
原因。

首先，明代學風對江戶前期的《詩》風影響較深。師　劉毓慶先生曾對明
代學風有過中肯的評述。「抄襲前人成果，亦爲有明一代之學風所致。今觀明
人著述，往往相互轉抄而不書姓氏，不知作者爲誰氏的情況比比皆是。如魏
浣的《詩經脈》卷首及陳組綬的《詩經副墨》卷首，與沈守正的《詩經說通》
卷首部份，內容幾乎全同，只是次第、標目略有變動、詳略有大小而已，甚
至連特爲揭櫫作者個人觀點的「愚案」二字，也被相互抄襲。其作者究竟爲
誰，一時也難以弄清。連焦竑那樣在晚明名頭很大的學者，其所著《筆乘》，
也每抄襲前人而沒有名氏。故顧炎武說：「若有明一代之人，其所著書，無非

盜竊而已。」〔註44〕雖有明一代學風絕不可以「剿竊」二字概之，但其抄襲
的學風也無需諱言。日本的江戶前期正處於中國的明末清初，學者接觸到大
量從中國傳入日本的明人著述。朱子學又剛剛受到學界的青睞，明代羽翼《朱
傳》的著述恰恰迎合了社會的需要，自然受到普遍歡迎。尤其是由朝廷官修
的《詩經大全》，雖然在今天看來沒有多少新義，但是在當時因爲它與科舉的
特殊關係，還是對明代《詩》學產生了巨大的影響。故顧炎武說：「八股行而
古學棄，《大全》出而經學亡。〔註45〕」日本自古以來學習中國文化，《詩經
大全》的不良影響同樣波及到一衣帶水的日本。林忠就親自訓點《五經大全》
向日本推介宋學〔註46〕。林恕讚譽《詩經大全》說：

> 永樂諸儒纂修《大全》，以《朱傳》爲主，是天下之公論也。
> 〔註47〕

又說：「至朱文公《集傳》而大成，是以永樂《大全》以《朱傳》爲宗，附諸
說於分注。〔註48〕」《五經私考》其實是他以《大全》爲範本製作的一部日本
化的《大全》。同樣，之欽的《五經筆記》也受到《五經大全》的諸多啓發。
因此《大全》本身自有的抄襲弊病也遺傳給了江戶前期的《詩》學著述。

其次，從朱子學在日本的內在發展進程著眼，疏不破注的現象也不難理
解。江戶前期的日本，朱子學被學界接受的時間並不長，仍處在學習消化的
階段。他們還不具備足夠的功力去自注《朱傳》，並延伸出新的意義。《詩經
私考》和《筆記詩集傳》都是在堅持疏不破注的原則下，彙萃已經成熟的明
儒之說疏通《朱傳》，一是有助於加深理解，另外也拓展了學者的閱讀範圍。
完全符合一種新的學術在新的環境下的成長軌跡。

再次，日本民族固有的尊古思想也決定了其堅守前說。《詩經》最晚在
五世紀就傳入了日本，直至十六世紀，在一千多年的時間裏，日本僅限於
學習模仿，賦詩言志，裝點辭令，居然沒有出現任何解經之作，稱之爲文
化奇跡也不爲過。一千多年的傳播與接受中，相信日本人完全有能力去疏
解《毛詩》，然而他們卻沒有這樣做。這與其在長期的歷史過程中形成的民

〔註44〕劉毓慶，從經學到文學——明代《詩經》學史論〔M〕，北京，商務印書館，
2001，47。
〔註45〕顧炎武〔M〕，日知錄，蘭州，甘肅民族出版社，1997，卷十八807。
〔註46〕林恕，告講經始末文〃鵞峰文集〔H〕，國立國會圖書館藏寫本，卷六六4。
〔註47〕林恕，詩經世本古義辨〃鵞峰文集〔H〕，國立國會圖書館藏寫本，卷四九7。
〔註48〕林恕，詩經私考發題〃詩經私考〔H〕，內閣文庫藏寬文壬子（1672）年寫本。

族的尊古思想不無關係，在日本古人的眼裏，《詩經》是東方的經典，也是其老祖先奉行不悖的寶貴遺產，是不容置疑的，更毋庸說是篡改經義。一字一句的肆意妄改，都被視作是對祖先的大不敬，更不會得到他人的響應。太宰純就曾很不客氣地批評朱熹妄加評論古人，認爲其爲不孝之人。日本也因此留存下大量珍貴漢籍，反過來彌補中國之不足。清人王鳴盛《十七史商榷》云：「近日從彼土傳入中國者，有孔安國《古文孝經傳》，皇侃《論語義疏》，皆中國所無。而彼土又有王段、吉備所得唐宋古本五經，及《論語》、《孝經》、《孟子》正義，有山井鼎爲作《考問》以訂近來之訛，又有物觀等爲作《補遺》。觀此，則此間所存古書，漸復傳入彼中可知也。亦彼是此升平一末事也。〔註 49〕」也披露出日本古人與中國古人在面對經典文本方面的不同心態和作爲。不過，這種情況在中村之欽去世後不久，即大約十八世紀以後發生了重大轉變。我們把它放在這樣一個特殊的異國文化生態背景下考慮，也就不足爲怪了。

　　之欽常年隱居，篤守宋學，傳道授業，《五經筆記》既是自己閱讀的心得，也是爲方便弟子學習朱子學之用的教材。結合整個江戶前期大眾學習《朱傳》的熱情高漲，應時代之需要，因此誕生了《詩經私考》、《筆記詩集傳》一類的《詩》學教編。這是一個接受高於創造的朱子學初級階段。正是因爲有這樣一批著述的出現，才造就了大批的朱子學人才，加速了朱子學日本化進程。

　　松永昌易《頭注詩經集注》爲我們管窺江戶初期《詩經》學提供了又一個範本。松永昌易（1619～1680），號寸雲子。昌易的生平記載鮮見，知之甚少。然而他的父親松永遐年卻聲名顯赫。遐年是藤原惺窩四大高足之一，正保年間（1644～1677）曾以布衣身份被後光明天皇召講《春秋》，因名其居所曰春秋館。當時板倉候擔任京尹，平素喜好問學，傾服遐年，聞聽春秋館狹小，另批宅地重建學問所，名曰講習堂。遐年有二子，昌易是長子，永三爲次子。遐年卒後，昌易居春秋館，永三居講習堂。子孫皆能守父業繼續傳道授業〔註50〕。

　　《頭注詩經集注》書末曰：

〔註49〕尾藤二州，冬讀書餘〔M〕// 關儀一郎，日本儒林叢書，東京，鳳出版，1929，15。

〔註50〕松永昌三生平參考江村北海，日本詩史〔M〕// 關儀一郎，近世儒家史料，東京，井田書店，昭和十八年（1942）刊本，卷三33～34。

　　右詩三百十一篇，朱子《集傳》之考證評注者。余教授之暇，

採摭元明諸儒之說以便同志後學之徒者也。講習堂寸雲子昌易謹書

焉。寬文四甲辰歲九月吉辰。〔註51〕

這是作者留給我們有關此書的唯一線索。該書的成書與講習堂的授課息相
關，透過《頭注詩經集注》可以想見十七世紀中期昌易講授《詩經》的情景。
此書最早刊行於寬文四年（1664），本文依據的是寬政三年（1791）鈴木溫依
據今村八兵衛藏板的校刊本。

　　跟江戶早期眾多傳授《詩經》的人一樣，株守朱熹《詩集傳》，從元明以
來湧出的大量《集傳》注疏本中，選取契合作者心理的幾種，經過重新整合
後，借他人之口表明自己對於《集傳》的認識。雖然難以直觀地判斷昌易的
《詩》學觀，但是依然可以通過他對於元明文獻的取捨，反觀昌易的《詩》
學傾向。我們知道江戶初期《詩經》學還屬於一個積纍、學習、接受、傳播
朱子學的初級階段。朱子學的認識水平仍處於一個低級階段，缺乏自我的觀
照和認識。每一個擔負著《集傳》傳播重任的講授者，難免要根據自己的喜
好選擇合適的教學參考書。昌易也不例外，他的參考文獻集中來源於兩種書，
一種是《衍義》，另一種是《刪補》。昌易不標明作者，也不稱書的全稱，由
於不容易看到原書，推測應該是明王崇慶的《詩經衍義》和徐奮鵬的《詩經
刪補》。由此可見，二書在當時已經流行很廣，不爲人所陌生。從形式到內容，
《頭書詩經集注》都受到二書極深的影響。處於大約同期的三部早期《詩經》
著述，上自大學頭林恕的《詩經私考》，下至地方以中村惕齋、松永昌易爲代
表的私塾主人的《筆記詩集傳》、《頭注詩經集注》，他們都擁有選擇教學參考
書的權利，說明江戶初期的《詩經》講授是不受到制度干擾的。所有人完全
是依據自己的需要選擇不同的注本展開教學。但是朱子學儼然已成爲社會的
意識主流是不容置疑的。

　　《衍義》和《刪補》是明代科舉考試背景下，爲迎合廣大考生寫作八股
文的需要而出現的眾多參考書中的兩種。類似的著作有一些共同的特點，如
形式上採取高頭講章，主在講意，善於總結概括篇章的主旨，大意不出《朱
傳》等。具體到昌易此書，《頭注詩經集注》的標題就表明其採取的是在《集
傳》欄上加注的格式，這是有別於《詩經私考》和《筆記詩集傳》的一點。

〔註51〕松永昌易，新刻頭書詩經集注〔O〕，今村八兵衛，寬政三年（1791），卷八
　　　　40，以下凡出自該書的引文，僅表明卷數。

而《衍義》和《刪補》在《頭注詩經集注》中的功能似乎有著明顯的分工，《衍義》側重對辭章結構的研究，《刪補》側重對篇章主旨的整體理解。如《甘棠》篇，共徵引兩條注釋，《衍義》和《刪補》各一條。《衍義》云：「三章詞有淺深而實一意，勿字就不忍說，不可作相戒之詞也。芰曰草舍者，乃草率舍止之謂。注中或字說得好，謂布告之下或舍於此而自蔽耳，非謂必舍於此而不政也。注愛之愈久愈深，只在於伐敗拜字見之。」《刪補》云：「乃南人深致愛於仁人之所遺，可以見善教得民心，而文王之化之深亦可徵。」（卷一）《召南・羔羊》篇，《衍義》、《刪補》各一條，《衍義》云：「三章一意，各章上二句是燕服無過飾，下二句是燕居有裕容。下二章倒句不過變文叶韻，疏所謂反覆詠歎是也。」（卷一）《刪補》云：「大夫之服得於卑服之風，大夫之容得於敬止之範，此在位之賢皆文王之化也。」《衍義》放在前，《刪補》置於後的有意安排，比比皆是，不一一例舉。《衍義》長於字句訓釋，結構分析，辭氣揣測等微觀解析，而《刪補》更長於對篇章的宏觀把握，這或許就是昌易青睞二書的根源。詩歌鑒賞不外乎兩個過程，首先是內在理路的疏通，然後是中心思想的提煉。《衍義》和《刪補》言簡意賅的概括，恰好滿足了昌易教學和著述的雙重需求。

《衍義》和《刪補》身上攜帶的種種特點也造就了《頭注詩經集注》的特色。其一，理學氣較《集傳》進一步凸現。這一點不難理解，《衍義》和《刪補》簡言之就是用最簡練的語言表述《集傳》同樣的意思，而勸善懲惡又是《集傳》最核心的旨趣，因此二書的精鍊化，務必會使人倫道德之教，治亂興衰之道，政教得失之理更加浮出水面。作為二書的崇拜者昌易，恰恰最欣賞的正是二書對於《集傳》的提綱挈領。以《邶風・谷風》為例，《衍義》曰：「上言室家之當和，重和字。下言己德之可取，重德字。此只論夫婦之常德，以見今日之不然。」（卷二）《刪補》曰：「首章言夫婦宜和而所取當在德，二三章咎夫之棄德而不取，四章正敘其勤勞可取之德，末二章慨歎其德之見拒而情之大變於始也。」（卷二）句句不離德字，似乎無德不成文。《谷風》本寫一女子被丈夫所拋棄，用泣訴的聲調寫就的一篇悼念自己已逝婚姻的歌子。經《衍義》和《刪補》的推演後，凡事被蓋上了道德的印戳，對詩中女子的悲慘命運置若罔聞，陶醉在道德說教之中。一首飽含情感的詩歌因此失去了鮮活的生命，留下的僅僅是冰冷無情，讓人生厭的語調。他們活生生地戕害了《谷風》文學的生命，使之變成一具借題發揮的工具。《集傳》是始作

俑者，但還兼顧到詩中人物的感情，給《詩經》鮮活的生命以一息殘喘的餘地。《刪補》、《衍義》將《集傳》「存理滅欲」的哲學信仰演繹到極致，人倫道德的說教變得理所當然，光明正大，詩人的私情卻得不到絲毫的關注。《新臺》詩本寫女子所嫁非所求。小序以為諷刺衛宣公霸佔兒媳的不倫行為。《集傳》表示懷疑，以為事實未必如此。《衍義》曰：「詩以《新臺》次《靜女》，見衛國淫亂之俗，皆自宣公啓之。後世宋仁宗時，講官不欲講《新臺》，仁宗謂聖人刪詩義，存勸誡，不當有避。可謂得古人垂訓意者也。」又云：「聖人垂此以戒後世，宜有所懲矣。何楚平王納太子建妻，唐明皇納壽王妃，此三君者其惡一也！其後宣公之子伋、壽皆為所殺，惠公奔齊，子懿為狄所滅。楚平王有鞭屍之禍。唐明皇變起漁陽，身竄西蜀，幾失天下。則知淫亂之禍其報如此，可戒哉。」（卷二）《衍義》消除了朱熹的疑慮，借衛宣公之事演繹出一條淫亂事關國家興亡的歷史經驗，突現《新臺》詩對於君主勸善懲惡的作用。事實上，《衍義》的解讀已經偏離了詩歌的本旨。《新臺》詩是以女子的口吻道出的，即便是與衛宣公有關，也是寫齊女原本想嫁給一位王子，不曾想丈夫卻是一相貌醜陋之人。由嫁前美好的願望到嫁後殘酷的現實之間形成的巨大心理落差，成就了詩歌的藝術感染力。而這一切與《衍義》的解讀不啻有天壤之別。《衍義》的說法很大程度上不是從詩歌文本出發的，而是源自於作者橫亙在胸中的理念。因此說《衍義》和《刪補》雖脫胎於《集傳》，卻在理學的道路上愈行愈遠。

其二，《衍義》和《刪補》總結篇章主旨思想的同時，不忘辭章的微觀解析，大多是從詩人的情感和創作筆法上著眼的，對於讀者領會詩篇的藝術結構大有裨益。而昌易對二書接近文學的解讀似乎並不太感興趣，但也保留了許多，為《頭注詩經集注》帶來了一息生命復活的跡象。如《二子乘舟》篇，《刪補》云：「始憂其見害，終疑其見害，皆國人含悲而不忍直言之意。蓋伋尊父命，壽竊兄節，宜其動人傷悼之心也。」（卷二）由詩中的用字揣測詩人的內心活動，有以意逆志的意味。《木瓜》篇，《衍義》曰：「三章一意，總是屢喻贈答之厚，惟欲以久其情意。」（卷二）《君子于役》篇，《衍義》云：「此詩首章言久役因感物而興於思，次章言久役因感物而切於思，二章一意，但下章思之加切耳。」（卷二）《山有扶蘇》篇，《衍義》曰：「二章一意，只是道其戲謔之事，如此非真以為狂狡也。不見乃見，正是戲詞，非所見非所期也。」（卷三）彼此相愛的男女調情的美好畫面經《衍義》描畫出來，詩歌別

具一番情味。《雞鳴》篇,《衍義》云:「不曰君之荒於內,而言己之甘於同夢。不曰以君之故憎我,而言以己之故憎君。其言渾渾和平,深可玩味。」(卷二)《衍義》對辭章、辭氣、辭句具有一種敏感而獨特的領悟能力,常常使詩歌的意境增色不少。昌易極少下按語,在僅有的幾條按語中,不乏拈用後世詩歌與《詩經》歌子相互比較,彼此解釋。《北風》篇按曰:「杜子美《人日》詩云:元日到人日,未有不陰時。永雪鶯難到,春寒花較遲。蓋憂唐亂也。」(卷二)《考槃》篇按曰:「李太白《獨酌》詩云:但得醉中趣,勿與醒者傳。即弗告意。」又曰:「黃山谷詩云:晨雞催不起,擁被聽松風。」(卷二)昌易的以詩解《詩》,與《衍義》、《刪補》等一批明代《詩》著的影響有著不可分割的聯繫。

江戶初期《詩經》研究領域以朱子「詩」學爲核心的學術格局,不是偶然現象,它是特定歷史階段政治文化背景下的一種必然產物。無論是代表官方意識形態的林恕的《詩經私考》,還是代表民間意志的松永昌易的《頭注詩經集注》和中村之欽的《筆記詩集傳》,都表現出大致相同的價值取向。即圍繞大一統局面下朱子學躍居官學的社會背景,積極主動地承擔起江戶幕府意識形態構建,爲現實秩序尋求合理依據的歷史使命。

一、理論建構:借助注釋《詩集傳》完善朱子學的理論體系,以達到服務現實政治的需要。對於初期的德川幕府而言,朱子學是一個全新的思想體系,它的內化需要一個過程。江戶初期的《詩》學者疏而不作的研經行爲正是這一過程的歷史表徵,也是朱子學日本化進程中的必經階段。比如早期的林羅山沒有專門的《詩》學著述,其《詩》學觀零星地散佈在一些隨筆當中,不過足以體現出服務現實政治的朱子學理論構建的宗旨。論「賦」曰,「詩序六義,一曰賦。賦之正者,莫若《離騷》。《離騷》者,悲而不傷,怨而不邪。一句之中,未嘗忘忠也;一章之中,未嘗忘君也。〔註52〕」由《詩》之賦而至《離騷》,由《離騷》而至忠君思想。言外之意,凡賦體皆應傳達忠君愛國的正統思想。曰:「吾曾謂四書六經爲古文,是皆道德之器也。〔註53〕」徑直爲四書六經貼上道德的標籤。曰:「詩云:鳶飛戾天,魚躍於淵。言上下察也。有羽者之所以飛翔,有鱗者之所以泳躍,是何故乎?天地之間,道理炳然。故天尊地卑,上下奠位。君君臣臣,父父子子,其餘亦然。〔註54〕」「天尊地

〔註52〕 京都史蹟會,林羅山文集〔M〕,昭和五十四年(1979)版,卷六六811。
〔註53〕 京都史蹟會,林羅山文集〔M〕,昭和五十四年(1979)版,卷六六813。
〔註54〕 京都史蹟會,林羅山文集〔M〕,昭和五十四年(1979)版,卷六八846。

卑，天高地低。如有上下差別，人亦君尊臣卑，分其上下次第，謂禮義法度。
〔註55〕」詩中之自然描寫，經過「萬物一理」的義理推演，羅山從中讀到的
是封建等級制度的合理性。又曰：「《詩》首《關雎》者，所以齊家也，人倫
始於夫婦，故朝廷正，則天下歸正。〔註56〕」等等。其解讀詩句中，強烈的
關注現實的用世精神昭然若揭。林恕《詩經私考發題》中在談到《詩經私考》
的著述宗旨時說：「揭出《朱傳》所援古事古語以記其出處，且並載諸說便於
《朱傳》者。〔註57〕」顯然，林恕以其學政官身份召集眾人編纂的《詩經私
考》旨在為《朱傳》尋求文獻依據。《頭注詩經集注》和《筆記詩集傳》如出
一轍，皆不惜用力於考索先秦文獻，直接從聖人口中引經據典以佐證《朱傳》
之淵源有自，夯實其權威地位。同時引用明代著述如《詩經刪補》、《詩經衍
義》、《詩經說約》、《詩經古義》等疏解《朱傳》，極大地豐富其理論內蘊。他
們縱向歷史線索的探究和橫向同類題材的拓展，無不是努力建構朱子學理論
體系的表現。

　　二、思想啓蒙：通過開設學校，以《詩》為載體之一，向最廣大的平民
普及朱子學思想。江戶初期的《詩》學著述都具有鮮明的面向初學者的教科
書性質。林恕的理想是在日本編纂一部類似於中國《五經大全》的經學教材，
以幫助初學者學習五經。他參考《五經大全》的體例，結合日本特有的國情，
最終成《五經私考》。具體到《詩經私考》，其教科書性質主要體現在三個方
面，其一，疏解《朱傳》詳悉，不遺餘力。凡是有可能成為日本初學者了解
《朱傳》的文字障礙，林恕都不厭其煩地認眞解釋。其二，林恕徵引的明代
文獻多數注重《詩》意的闡發，有助於初學者在不偏離義理的前提下涵詠詩
意，也便於講師的傳授。其三，《私考》之外，外設《詩經別考》，以廣學生
視聽。松永昌易《頭注詩經集注》書末曰：「右詩三百十一篇，朱子《集傳》
之考證評注者。余教授之暇，採摭元明諸儒之說，以便同志後學之徒者也。〔註
58〕」是作者留給我們有關此書的唯一線索，該書的成書與講習堂的授課息息
相關。中村之欽常年隱居，篤守宋學，傳道授業，《五經筆記》既是自己閱讀
的心得，也是為方便弟子學習朱子學之用的教編。以文教政治為核心，幕府

〔註55〕　王家驊，儒家思想與日本文化〔M〕，杭州，浙江人民出版社，1990，91。
〔註56〕　京都史蹟會，林羅山文集〔M〕，昭和五十四年（1979）版，卷六九862。
〔註57〕　林恕，詩經私考〔H〕，內閣文庫藏寬文壬子（1672）寫本，卷三二。
〔註58〕　松永昌易，新刊頭注詩經集注〔O〕，鈴木溫寬政三年（1791）依據今村八兵
　　　　　衛藏板校刊本，跋。

注重文教事業的發展，全國掀起學習文化知識的熱潮，據說當時的日本受教育程度在世界上都是名列前茅的。據相關數據統計，至江戶末期，大約有 45％的男子和 15％的女子都受過教育。這是江戶以前的日本以及同時期的世界其它各國所無法媲美的。自 1630 年至 1871 年，在各藩藩校擔任教授的 1912 人中，屬於朱子學派的有 1388 人，居絕大多數，而直接出自林家學塾和昌平阪學問所的就有 541 人〔註 59〕。除官學外，各地還自發興辦了許多寺小屋。可以說，江戶時代的《詩》學史就是從這些官辦和私設的學校中以教科書的性質最先發端的，幕府的政教思想也賴之普及到下層平民當中。

三、政治選擇：結合大一統國家的現實需求，為完成意識形態由多元向一元的轉變而努力。至 17 世紀初德川幕府的成立，儘管日本接受宋學的歷史已經過去近三百年，但是宋學並未為整個社會所接受，它僅在有限的範圍內獲得生存的空間，並且受到來自於日本固有漢學傳統的嚴重阻撓。宋學在日本的流傳可以說是舉步維艱。不過，大一統王朝德川幕府的建立，急需用一種思想規範當時多元結構的意識形態以維護國家的統一。經過歷史的選擇，以人倫道德為核心的朱子學承載起這一嶄新的文化使命。因此，一定程度上說，江戶初期「述朱」的《詩》學表現也是政治抉擇的結果。無論官學代表林恕的《詩經二考》，還是民間私學代表的松永昌易的《頭注詩經集注》、中村惕齋的《筆記詩集傳》，都表現出對朱熹《詩集傳》的崇尚不已。從各書的題名就不難發現其闡釋、注解《朱傳》的著述旨趣。室直清於中村惕齋的《五經筆記序》中曾言：「古之為經者，漢有專門之傳，唐有義疏之說，儒家者流遞相祖述，謂之無功於經，固不可也。然其學拘滯記聞，懵如大義，不能發明聖人垂教之義，徒乃區區分析章句訓詁，以為得之，抑亦末矣。遂使學者厭其卑近，騖於高遠，顧以老佛之說，亂聖人之言乃已。夫唯程朱之學乎，其說本於性理，切於進修，高之不流空虛，卑之不墜口耳。宜其經解之書，與本經相上下，猶日月並懸於天也。〔註 60〕」此文推舉朱子學甚高，而對江戶以前一千年來所墨守的漢唐注疏頗多微詞，似有清算的意思。日本儒學從漢唐章句向宋元義理的一朝之變，既與朱子學自身優秀的義理內質有關，更與幕府大一統的文化選擇有著直接的關係。幕府在沒有充足的朱子學準備的

〔註 59〕轉引王家驊，儒家思想與日本文化〔M〕，杭州，浙江人民出版社，1990，88。
〔註 60〕中村惕齋，筆記詩集傳〔O〕，皇都書肆再昌軒、平樂寺，享保十五年（1730）
　　　　序刊本，序 3～5。

前提下，大膽借用朱子學作爲官方唯一的意識形態，與本民族不善思辨卻重視現實的性格有關，無論如何玄妙精微的哲學一到日本人頭腦中，理論上尙未窺門奧，便立即顧及如何實行〔註61〕。日本的《詩》學者一樣，他們都懷揣著經世的目的來鑽研《朱傳》。

江戶初期的《詩》學是在朱子學初傳江戶的文化生態背景下展開的。我們可以從學術史和文化史的雙重標準來評價它的意義。從《詩》學史的角度來看，江戶初期的《詩》學是日本江戶時代《詩》學的積蓄待發階段，分別在人才儲備和理論探討方面爲江戶中期《詩》學特質的形成，或者說是日本《詩》學的自覺奠定了堅實的基礎。從文化史的角度來看，江戶初期的《詩》學配合大一統國家的建立，主流意識形態的變更，分別從思想認識的統一，朱子學理論的建構，政教思想的傳播三個方面，給予剛剛建國不久的江戶幕府以有力的理論支持。

第三節　朱子「《詩》學」的走向

朱子《詩》學的命運，與朱子學在日本的遭遇息息相關。從時間上分析，自 17 世紀初期伴隨日本政體的改朝換代而被確立爲官學，至 17 世紀後半葉伊藤仁齋古義學派的興起，朱子學在江戶思想文化界一元獨尊的鼎盛時期不足百年。隨著朱子學派的分化、轉向，江戶中期的《詩》學呈現出多元發展、百家爭鳴的局面，而朱子《詩》學卻面臨被邊緣化的困境，僅有的幾部朱子學《詩》著依然延續江戶初期的保守《詩》風，顯得更加繁瑣而缺乏生氣。江戶末期《詩經》漢學的全面復興，朱子學派適時作出調整，有意識地從漢學中吸取合理的成分，從而形成兼採的特色。

朱子學在日本的沒落，影響至《詩經》研究領域，便是朱子「詩」學稱霸學界的歷史難以爲繼。如此迅速的大起大落，是多種誘因共同作用的結果。其中最關鍵的原因來自於明朝晚期「崇情」思潮的巨大衝擊力。反觀中日文化交流史，明治以前，日本從未間斷從中國引進優秀的文化，中國無疑是日本最大的文化出口國。這種借鑑集中出現在兩個時期。第一次是平安時代，第二次就是江戶時代。與其相對應的，大致相當於中國的隋唐和明清。因此

〔註61〕轉引自王家驊，儒家思想與日本文化〔M〕，杭州，浙江人民出版社，1990，124～125。

隋唐和明清的政治、文化深刻地影響到日本的平安和江戶兩期。平安時代，由於交通的不便，日本對中國文化的接受相對滯後。時至江戶時代，航海技術大大改進，中國向日本的文化輸出時間差明顯縮減。在中國新出版的圖書，二三十年甚至更短的時間即可流傳到日本。所以江戶時代的文化思潮更迭緊隨大陸。而江戶時代與中國文化的接觸，也集中在兩個點，辻善之助在《海外交通史話》中有專篇論文論述。他認爲江戶時代中國文化的影響可分前後兩期，其一爲明末歸化人的影響，其二爲康熙、乾隆二朝文化的影響〔註62〕。而日本接受中國文化客觀上具有滯後性，因而導致江戶前期幾十年的朱子學獨尊基本上步明代前中期的後塵。而江戶中期反對朱子學「存天理，滅人欲」，高揚人情理想的新思潮，卻是明晚期社會主流文化思潮深刻影響的結果。

　　當然，朱子學衰落的原因也與日本特有的文化生態密不可分。比如說，朱子學「存天理，滅人欲」的價值追求，與日本民族固有的文化心理還存在一定的距離。雖然借助政治強制力，朱子學能夠在短時間內普及全國，但是朱子學與本土文化的交鋒一直未曾停止。至17世紀後期，這種衝突達到白熱化程度。還有，朱子學作爲官方唯一的意識形態話語，具有相當的恒定性。特殊的身份制約了朱子學能夠時刻保持一種開放的姿態，去積極吸收別的學說，不斷充實其理論體系，自然導致日本朱子學理論更新的放緩。黃秉泰說：「日本新儒學自從禪宗佛學的宗教庇護下解放出來的那一刻起，便在政治上被解放它的人操縱爲支持幕府政治事業的一種意識形態文化。一旦局限於文化意識形態的作用，日本新儒學就成爲德川制度的政治俘虜。〔註63〕」再有，江戶朱子學的維繫，缺乏像中國一樣科舉制度的保障。爲博取功名，科舉制度限制了學人的研讀範圍，將他們牢牢地鉗制於朱子學的思想範疇。所以，自宋以來，朱子學能在中國維繫數百年而不動搖，在日本則大大縮短。

　　朱子學是江戶幕府統治的思想基座。進入江戶中期以後，由於其特殊的政治光環，依然受到眾多學子的追捧。但是難以掩飾的是，朱子學衰落的局面已無可挽回。其外在主要表現在兩個方面：一是江戶中期獨尊朱子「詩」學的《詩》著明顯減少，二是現存不多的幾部《詩》著呈現出繁瑣而缺乏理論創新的弊病。

〔註62〕朱謙之，日本的朱子學〔M〕//朱謙之文集，福州，福建教育出版社，2002，89。

〔註63〕王健，儒學在日本歷史上的文化命運：神體儒用的辨析〔M〕，鄭州，大象出版社，2006，136。

　　從縱橫兩個維度比較分析江戶中期的朱子派《詩》學，可以得出一個清晰的認識。與江戶初期的《詩》學著述相比較，初期的著述具有承襲中國注釋的教科書性質，缺乏自我的判斷。中期的著述明顯增加了大量可供參考的文獻資料，並加入了日人的敘述，但仍限於疏而不作的層面，依然沒有突破《朱傳》劃定的界限。相較於同期的其它學派，更顯蒼白乏力，缺乏個性鮮明的理論主張，無非在前人的基礎上對《朱傳》進行更爲繁瑣的注解，淹沒在大量堆砌的材料之中，而不能發現其切中現實的理論創新。因此此時的朱子學派已是頑固守舊的代名詞，注定其被歷史淘汰的悲劇命運。如三宅重固《詩經筆記》是一部帶有筆記性質的《詩集傳》注本〔註64〕，受其筆記體影響，體例不精，多應事而發，稍嫌龐雜。遊走於《朱子語類》、《詩序辨說》、《詩傳大全》、《詩經刪補》、《詩經衍義》等注本中，偶而發一兩句無關要緊的按語。除對朱子學的傳承、流播有一定貢獻外，將其置於千餘年的日本《詩》學史中觀照，其價值幾乎可忽略。山口景德《詩三說合錄》是淺見安正《書正統監本詩書集傳後》、宇井弘篤《詩傳或問》和山口景德《讀詩大旨》三篇討論《詩序》論文的合集〔註65〕。三篇論文的宗旨都在維護朱熹廢序說，一味地表明其鮮明立場，未見提出有力的論據。如淺見安正說：「夫小序之說與經之本文，繚戾破碎，不成文理。不惟亂聖經本旨，害溫柔敦厚之教，甚則

〔註64〕三宅重固（1662～1741），字實操，號尚齋，名重固，通稱儀左衛門、丹治，播磨人。師承山崎暗齋。著有《爲學要記》一卷、《爲貧說》一卷、《家禮筆記》二卷、《洪範全書續錄》六卷、《五經筆記》三十八卷、《四書筆記》二十二卷、《小學筆記》二卷、《尚齋文集》十二卷等等。其中《詩經筆記》寫本今收錄在蓬左文庫藏《道學資講》卷一九七至二○一中。

〔註65〕山口景德（1734～），字正懋，號剛齋、剛翁，名純實、景德，通稱剛三郎，大阪人。賴春水《師友志》曰：「貌魁梧，聲如鐘。從余岳父飯岡先生，有父師之恩，學窮精微。又執贄於久米訂齋，旁治兵學，學屬越後。自結陳行軍之法，金鼓弓砲器械之制，無所不講。江戶服部右甫亦治兵學，常歎稱剛齋講兵，如屢經其事者，大扣小扣，吾所不能揭。有《兵錄》之著。善歌詩，又治神道學。」著有《甲寅後抄》、《周易鼓缶》、《詩三說合錄》、《兵錄》等。其中《詩三說合錄》一卷，內閣文庫藏有寫本。淺見安正（1652～1711），本姓高島名順良，後改姓淺見氏，號綱齋、望楠樓，行醫爲生，近江人。師承山崎暗齋。著述豐碩，如《易學啓蒙講義》、《敬義內外說》、《五經要旨》、《周易講義》、《楚辭講義》、《大學講義》、《中庸講義》、《六經編考》等等。無《詩》學專著，有關詩序的一篇論題收錄於山口景德《詩三說合錄》內。宇井弘篤《1725～1781》，字信卿，號默齋，名弘篤，通稱小一郎，仕唐津侯，肥前人。著《警戒錄》一卷、《讀書錄》八卷、《默齋筆記》四卷等。無《詩》學專著，討論詩序的一篇小文今收在山口景德《詩三說合錄》內。

至於壞綱常滅人倫者亦有矣。」「若夫異學之徒，固不信朱子，而妄議《集傳》，主張《毛傳》。然是亦但看《集傳》，而不見《辨說》也。使其見《辨說》，則必知小序之失經意矣。〔註66〕」江戶建國百餘年後，岡白駒著《毛詩補義》再次依序說詩。山口景德斥之曰：「近世岡千里《毛詩補義》直以朱子不知此義駁之，可謂妄矣。」「朱子序以《春秋》勸善懲惡之義發詩旨，可謂深切矣。岡千里嗤之，謂詩以達人情世態世運耳。近世異學輕浮，不深造之過，皆此類也已。」又曰：「朱子之有功於詩在於刪序。今試虛心諷誦玩味久之，則必見序之害於詩意。又考《論語》《孟子》諸經傳中所引者，則序之不足信，不待辨明矣。〔註67〕」三宅重固亦有類似的表述。一種學說惟有與時俱進、常變常新，才能永葆其旺盛的生命力。而江戶中期的朱子學派缺乏的正是發展的意識。王健說：「江戶時代中期以後，朱子學在古學派的解構下，其社會主導意識的地位大大下降，許多儒者的思想創造力也開始降低。〔註68〕」如此就不難理解為何在江戶中期突然湧現出眾多朱子學的敵對者，其學說更新的滯後性應是原因之一。

談到三宅重固、淺見安正、宇井弘篤和山口景德，就不能不提到他們的師學淵源，因為他們同屬於一個師學系統。學術界一般將他們稱之為敬義學派或崎門學派，是朱子學派一重要分支，創始人山崎嘉。王家驊評價說：「崎門學派的學風最典型地表現了日本朱子學派的停滯與固陋的一面。〔註69〕」山崎嘉（1618～1682），字敬義，號暗齋、垂加，名嘉，京都人。著作等身，有《朱易衍義》、《大學啓蒙》、《孟子要略》、《孝經外傳》、《白鹿洞學規集注》、《小學蒙養集注》、《仁說問答》、《性論》、《明備錄》、《垂加文集》等。山崎嘉初奉佛學，二十五歲時蓄髮歸儒，四十八歲應江戶幕府大老保科正之的邀請為賓師，名聲大噪，前後隨其學習者達6000餘人。其學專主程朱，據年譜：「其講經，先《小學》，次《近思錄》，次《四書》、次《周易本義》及程《傳》。〔註70〕」「故學朱子而謬，與朱子共謬也，何遺憾之有？是吾所以信朱子，亦

〔註66〕淺見安正，書正統監本詩書集傳後//山口景德，詩三說合錄〔H〕，內閣文庫藏有寫本。

〔註67〕山口景德，讀詩大旨//山口景德，詩三說合錄〔H〕，內閣文庫藏有寫本。

〔註68〕王健，儒學在日本歷史上的文化命運：神體儒用的辨析〔M〕，鄭州，大象出版社，2006，178。

〔註69〕王家驊，儒家思想與日本文化〔M〕，杭州，浙江人民出版社，1990，98。

〔註70〕轉引朱謙之，朱謙之文集〔M〕，福州，福建教育出版社，2002，卷九69。

述而不作也。汝輩堅守此意而勿失。」〔註71〕山崎嘉是典型的教條主義者，甚至不惜「與朱子共謬」。雖著述甚多，卻堅持「述而不作」，甚少創見。山崎嘉要求學生們注目於《小學》、《近思錄》和「四書」等少量道學書，嚴禁閱讀其它書籍，更不允許寫作詩歌。部分重要代表作，大都抄引《朱子語類》、《朱子文集》及程朱門人著作而成。他如宗教徒一般虔誠朱子，「日常生活中，用朱色手帕，穿朱色衣服，包朱色書皮，以示對朱熹的敬意。〔註72〕」井上哲次郎說他是：「盲信朱子言說之精神的奴隸。〔註73〕」雖對朱子學的傳播與承接不無貢獻，卻不是朱子學健康發展的正途。一人為之也就罷了，其對學生同樣如此苛刻，極大地影響到後來朱子學的進程。「暗齋天性峭嚴，師弟之間，儼如君臣。受教者，雖貴卿臣子，不置之眼底。其講書音吐如鐘，面容如怒，聽徒凜然無敢仰見。諸生每竊相告曰：吾儕未得伉儷，情慾之感時不能自制，則瞑目一想先生，欲念頓消，不寒而慄。〔註74〕」王家驊說：「他講課時「常執一杖節講座，音吐如鐘，顏色尤厲，聽者凜然莫敢仰視。」就連他最喜愛的學生佐藤直方在回憶當年受教於山崎闇齋的情形時，也說「每到其家入戶心緒惴惴然如下獄，及退出戶，則太息似脫虎口。」〔註75〕」近乎荒誕滑稽的師徒關係，使研學所必需的寬鬆環境蕩然無存，留下的僅是猶如牢籠般的思想禁錮。山崎嘉怪誕的性格，一方面說明其強烈的宗派意識，另一方面也反映出江戶中期朱子學派的停滯和固陋。山崎嘉的三大高足，有「崎門三傑」之稱的佐藤直方、淺見安正、三宅重固，雖未全面接受山崎嘉的思想，但受其影響頗深。如淺見安正，「絅齋晚講授錦里，師弟之間嚴峻又甚於闇齋。先君子嘗侍其講筵，課會之日，門人侍坐函丈，實如臣下在君前。每請業請益及講談中語勢有段落，聽徒唱諾叩頭，每一章一節解了，呼聽徒曰：「咸且如此會去。」聽徒又一一叩頭。……一坐肅然屏氣拜聽，無敢嚏咳欠伸者。〔註76〕」即使後期佐藤直方、淺見安正因不滿山崎嘉的思想而被逐出

〔註71〕 轉引朱謙之，朱謙之文集〔M〕，福州，福建教育出版社，2002，卷九69～70。

〔註72〕 王家驊，儒家思想與日本文化〔M〕，杭州，浙江人民出版社，1990，99。

〔註73〕 朱謙之，日本的朱子學〔M〕//朱謙之文集，福州，福建教育出版社，2002，187。

〔註74〕 原念齋，先哲叢談〔O〕，武阪府書林，1816，卷三43。

〔註75〕 王家驊，儒家思想與日本文化〔M〕，杭州，浙江人民出版社，1990，100。

〔註76〕 朱謙之，日本的朱子學〔M〕//朱謙之文集，福州，福建教育出版社，2002，203。

師門，那也是山崎嘉由儒道轉入神道以後的事情了。從崎門學派身上，也可以窺探到江戶中期朱子學派必然走向衰敗的跡象。

晚明社會思潮的衝擊，朱子學在異國文化環境下的不適應性，官方意識形態的教條專制，缺乏科舉考試制度的保障，江戶中期朱子學派內在的頑固守舊等等一系列原因，導致朱子學的理論發展後勁不足，從而使它在與古學派、陽明學派、洋學等其它學說的抗衡中喪失了競勝的優勢。

江戶末期漢學的全面回歸，給朱子學以巨大的衝擊。當然因朱子學為江戶幕府唯一承認的官方意識形態，治朱子學者仍不乏人，但生氣散盡，大勢已去。古賀煜曰：「今之尊信程朱而排異學者，其才學文章，往往不及彼盛。且行誼鄙穢，言之污口，反為彼所揶揄。徒嗔目張膽大號乎眾曰吾正學矣，吾道大矣，豈足以服彼之心哉？〔註77〕」恩田廷頌《題朱學辨首》曰：「至今有自號朱學者，亦但藉其名以自衒，而於其道則茫乎不知。外陽飾程朱之言，而內實惑於物氏之辨也。故心無適見，狐疑模棱，如存如亡。〔註78〕」《詩經》漢學的復興，朱子學派內部也作出相應的調整，有意識地從漢學中汲取智慧，從而形成折衷古今、兼採漢宋的特點。成就較高的有東條弘的《詩經標識》和古賀煜的《朱子詩傳思問續編》。

東條弘（1778～1857），名弘，姓東條氏，字士毅，通稱文藏，號一堂，蜾蠃窟、近聖樓、瑤池間人、焚書以上人等均是其別號，上總八幡原人。年甫十三，立志為儒。遊京都，入皆川淇園門，力學十年。又從龜田鵬齋專研經學。常與朝川善庵、羽倉簡堂、佐藤一齋、龜田淩瀨、尾藤二洲等交遊，學業日進，名高一時。於湯島聖堂講學，登門受業者絡繹不絕，號稱有三千弟子。各諸侯爭相應聘，一堂遂也參與政事。晚年隱居鄉里，專意著述授徒。東京帝國大學教授鹽谷溫撰寫的墓誌銘中說：「先生夙慨宋儒之說混同老佛，唱秦漢以上古學，蓋繼鵬齋志；其字義精覈文理明晰，承之淇園；而訓詁名物，以清儒考據為據。故不陷淇園之妄斷。排新注駁古注，別為一家言。〔註79〕」著述八十餘種，刊刻二十餘種，以《四書知言》、《四經標識》、《五辨》、《孝經鄭氏解》、《繫辭問答》最有名。

〔註77〕古賀煜，劉子〔M〕//關儀一郎，儒林叢書〔G〕，東京，鳳出版，1971，卷一九 250～251。

〔註78〕鎌田柳泓，朱學辨〔M〕//關儀一郎，儒林叢書〔G〕，東京，鳳出版，1971，4。

〔註79〕東條一堂生平參考鹽谷溫，一堂東條先生之碑//鴇田惠言，東條一堂傳〔M〕，名古屋，新日本印刷株氏會社，昭和 28 年（1953），275。

　　《詩經標識》八卷三冊，寫成於嘉永四年（1851）。以朱熹《詩集傳》爲生發起點，帶有感發性的《詩》學隨筆。沒有統一的體例，隨見隨感，隨感隨寫，可長可短，可有可無。正如鹽谷溫所指出的一樣，無漢宋之分，亦無齊魯韓毛之別，兼收並蓄，擇其善者而從之。約言之，一堂對詩旨的理解主要源自五個方向。

　　其一、雖然對《朱傳》抱有極大的成見，《朱傳》依然是一堂《詩》學的基礎。可以從三個方面來說明《朱傳》的主體地位。一、《朱傳》是《標識》依賴的底本。凡是一堂認爲《朱傳》解釋有誤的地方，才特別標記出自我的認識，也就是《標識》的內容。反過來理解，凡是未經標識的地方都是一堂默認的結論。從全書來看，《朱傳》的被「默認」之處要遠遠超過其「標識」之處。《標識》其實就是旁採別說以修正《朱傳》的著述。二、一堂對朱熹淫詩說持默認的態度。朱熹認定的淫詩主要集中於《鄭風》和《陳風》等國風中，而《標識》最簡略的部分也恰恰在此。一堂或避而不談，或糾正其中個別無關緊要的辭條，致使詩篇最多的《鄭風》在《標識》中幾乎可以忽略不計。一堂的緘默不語正表明其對淫詩說的認同。三、一堂對《朱傳》始終無一句激烈的言辭。太宰純是《標識》中唯一引用的日籍學人，但是太宰純的鋒芒在《標識》中蕩然無存，只剩下一團和氣。因此，《標識》於眾家的認可中偏重於《朱傳》。

　　其二、《詩序》是《標識》的有益補充。一堂曾言：「毛鄭於比興二體，每屑屑乎必求其義而不措，皆牽強妄鑿，一無可取。至如謂蚣蝑不妒忌，雖精物理者，豈能知之乎？皆過求義之弊也。〔註80〕」這段話雖是在批評《毛傳》、《鄭箋》，也充分表達出其對《詩序》的不屑。不過，一堂還是適時地採用《詩序》的說法，作爲《標識》有益的補充。如《綠衣》篇，小序曰：「衛莊姜傷己也。妾上僭，夫人失位而作是詩也。」《朱傳》曰：「此詩無所考，姑從序說。」一堂明確指出：「序說於詩意甚合，恐無復可疑。」《君子陽陽》詩，小序曰：「閔周也。君子遭亂，相招爲祿仕，全身遠害而已。」《朱傳》曰：「此詩疑亦前篇夫人所作，蓋其夫既歸，不以行役爲勞，而安於貧賤以自樂，其家人又識其意而歎美之，皆可謂賢矣。」一堂以爲貧賤之人不可能生活在「執簧」「執翿」的一片歌舞聲中，遂說「當從序說。」《風雨》篇，小

〔註80〕　東條弘，詩經標識〔H〕，東京大學總合圖書館藏嘉永四年（1851）寫本。以下凡未注明東條弘引文出處者，皆出自該書。

序以爲寫君子雖亂世之中不變其節操，朱熹以爲寫男女約會之事。一堂認爲：「此詩從序說，自無害。」其它如《采蘩》、《江有汜》、《新臺》、《芄蘭》、《椒聊》、《唐風・羔裘》、《宛丘》、《墓門》、《駧驖》等詩，皆採用了《詩序》的說法。一堂在《朱傳》和《詩序》的選擇中，完全是根據自己對詩意的理解選擇合適的解說。

　　其三、何楷《世本古義》是《標識》求新思維的導火索。無論是詩旨闡釋、文字訓解、名物考證，一堂頻繁地徵引何楷的觀點。可以看出，一堂極其讚賞何楷的《世本古義》，《世本古義》對《標識》的影響也深入骨髓。何楷《世本古義》的完書和傳入日本的時間僅僅相隔不到二十年，而且得到日本早期先輩的推介，其新穎獨特的見解在學界產生廣泛而又深刻的影響。一堂的格外喜好不是個例。何楷《世本古義》以其標新立異聞於世，一堂打破學術藩籬，批評地接受前人一切學說，及其大膽提出「異說」的勇氣，何楷《世本古義》無疑起到潛移默化的表率作用。如《桃夭》篇，一堂汲取何楷的觀點，以爲是讚美大姒能修婦道。《草蟲》篇以爲寫妻子思念丈夫南仲。《雞鳴》以爲寫齊姬勸桓公勤政。《秦風・無衣》以爲寫周宣王命秦莊公伐西戎之事。《黍離》篇以爲是尹伯封所作。《鄭風・羔裘》以爲美叔詹。《東方未明》以爲刺齊襄公。《汾沮洳》以爲是晉詩。都是何楷的一家之見。其它部分參考何氏觀點的詩篇更是不計其數。何楷根據自己的私見重新編排三百篇，存在嚴重的穿鑿附會之病，當然他的《詩》學貢獻也是不容抹殺的。因此，對於何氏附會歷史的觀點要持審慎的態度，不可盲目信從。然一堂的某些過分遷就是有失輕率的。

　　其四、三家詩說也是《標識》重要的參考對象。一堂雖然深知《子貢詩傳》、《申培詩說》是後世僞作，不足取信，但仍然吸收其自認爲可取的地方以廣博見聞。如《兔罝》篇以爲寫文王舉用閎夭、太顛、散宜生等賢人。《召南・羔羊》篇以爲專美大夫。《摽有梅》以爲寫女子的父親選擇女婿。《蒹葭》以爲寫君子隱於川上，秦人慕之。《有杕之杜》以爲寫晉文公禮賢下士等等。此外，魯詩的一系列著作也受到一堂的格外關注，如據《列女傳》釋《汝墳》、《行露》、《渭陽》等詩，據《新序》釋《二子乘舟》等，不一一列舉。

　　最值得注意的還是一堂不同於別人的新見。如《雄雉》篇，小序以爲寫衛宣公淫亂，導致天下軍旅數起，男子行役於外，女子思念不已。《朱傳》刪掉了小序中的歷史背景，其它內容與小序一致。一堂抓住經文中「自詒」二

字，大膽揣測說：「此行役者，必當時在朝，同與謀議，以啓兵端，故其妻咎之。」《君子偕老》篇，小序以爲諷喻宣姜淫亂，徒有衣服裝飾的華麗外表而無道無德，《朱傳》附和序說。一堂按曰：「此所讚美容貌，與《碩人》之詩彷彿相類，蓋亦詠莊姜也。但《碩人》之詩，據其初來時而言，故直讚美而已。此詩據其不見答，且莊公先卒之後而言，故全篇贊辭。而云「子之不淑」，正見其所謂不淑者，即不得與君子偕老之謂也。不然則「胡然而天也」「胡然而帝也」「展如之人兮」「邦之媛也」，豈謂之非贊辭乎？先儒皆以爲毀訾之言，是正坐迷《序》說故也。凡讀古書，先有定見，不能虛己，其不過者幾希。」一堂的立論是能站住腳的。《君子偕老》整首詩都飽含歌頌稱讚，被釋爲「贊辭」比釋作「刺詩」更合理。問題的關鍵主要出在「子之不淑」一句上，淑訓爲善，不淑則爲不善，「子之不淑」則帶有譴責的意味。一堂認爲，淑訓善不錯，但古書鮮有以不淑表達不好行爲的意思。朱熹曰：「古者謂死喪飢饉皆曰不淑」，所以「子之不淑」的言外之意是莊公早卒，莊姜不得與莊公「與君偕老」了，故有「不淑」之稱。這個解釋是合理的。《竹竿》詩，小序曰：「衛女思歸也。適異國而不見答，思而能以禮者也。」《朱傳》去掉了序中「適異國而不見答」之意，其餘皆同。一堂不從以上二說，以爲是：「追想疇昔淇上之樂，而自歎今之不能然也。」對照詩意，一堂的新解還頗具幾分想像力。《伐檀》詩，小序曰：「刺貪也。在位貪鄙，無功而受祿，君子不得進仕爾。」《朱傳》以爲讚美君子能自食其力。一堂按曰：「此詩刺在位之人，其說確不可易。但君子不得進，則詩無此意。詩意蓋言，假使無爲爾稼穡狩獵者，爾胡爲能得有此三百廛囷穀與懸貆乎？可知在位人之所資，則皆人力所生也。是以古之君子，不素餐以曠廢其職。爾盍思之耶。如朱注爲隱者非其力不食者之事，繆矣。若從其說，則何以言爾庭耶？予不能通。且不素餐者，自在位君子之事。豈伐檀之小人，自食其力，而稱曰不素餐乎？」言之鑿鑿，一針見血。三者之中，一堂的說法跟詩文的語氣最爲合拍，彷彿詩人在控訴統治者的不勞而獲，尸位餐素，嚴正告誡他們應該在其位謀其職。不過，有些詩旨的闡釋就有點異想天開，反不如舊說了。《牆有茨》篇，小序以爲諷刺公子頑和宣姜的不倫行爲。《朱傳》同序。一堂釋「中冓之言」爲讒言，進而解詩曰：「蓋刺讒也」。此解不及舊說善，詩中言「言之醜也」「言之辱也」，閨中之事較之讒言更難以示人，更羞愧難當，更難以啓齒。最過分的是《甫田》詩，小序以爲寫齊襄公不修身養德，惟好高騖遠。《朱傳》以爲告誡世人切忌厭小而務

大，忽近而就遠。一堂認爲詩寫：「疑齊襄公愛憐魯莊侯也。蓋因通文姜，愛及屋烏。」此解是在何楷的誘導下產生的新解，類似的情況在《標識》中不在少數。一定程度上說，一堂敢於突破傳統成說，大膽探求新意的勇氣源自於何楷的影響。一堂對《甫田》的闡釋過於富有想像力，可以視作一家之言，卻很難將其與經文聯繫到一起。一堂解詩秉持朱熹「諷詠以昌之，涵濡以體之，察之情形隱微之間，審之言行樞機之始」的宗旨，把文本作爲孕育詩意的厚實土壤，不受序說的牽絆。雖然有時受何楷的影響，有附會歷史的事實，但是歷史一旦到了他的手中，就變成了詩歌的附庸，適應解詩的需要隨時面臨被曲解的命運。正如《甫田》詩，齊襄公愛憐魯莊公的事不見於史中，完全是一堂憑藉豐富的想像力，利用歷史人物杜撰出來的假象。

　　一堂的文字訓釋也提出許多新的解釋，頗具啓發性。如釋《草蟲》「我心則說」之「說」爲脫落。《簡兮》詩「簡兮簡兮」之「簡」爲擊鼓聲。《新臺》詩「燕婉之求」之「燕婉」爲美貌。《麟之趾》篇「振振公子」之「振振」爲嚴整。《牆有茨》「不可讀也」之「讀」爲眾多。《蝃蝀》「不知命也」之「命」爲天命。《葛屨》「好人服之」之「好人」爲美人。《月出》「舒懮受兮」之「懮受」爲優柔等等。究其特點，大約有三：一講求實證，二緊扣語境，三求字原始意，迴避引申意。帶有考釋性質的文字注釋也具有以上三個特點。有一首描寫一堂學風的詩說的明白，「蜾蠃學風君記否，古辭解釋世無倫。宋唐魏漢秦皆駁，自謂焚書以上人。」他以「焚書以上人」自稱，有著強烈的復古傾向，文字注釋自不在話下。其崇尚《爾雅》、《說文》等早期文獻，及其追求文字的原始意義，都透露出古文辭派的作風。其次不單單爲文字考釋而考釋，一堂還極其重視詩境的具體要求，經文的通釋才是他的終極目標。文字考釋與經文疏解相結合，保證了其文字考據的準確性和實用性。他提出的見解往往能超越舊說，給人一種清新怡人的新鮮感受。如《漢廣》詩「不可方思」之「方」，《毛傳》、《爾雅》釋作「泭」。《方言》曰：「泭謂之篺，篺謂之筏，秦晉通語也。」郭璞曰：「木曰篺，竹曰筏，小筏曰泭。」說法不一，不能確解。一堂以爲兩船相併爲方。郭璞《爾雅注》曰：天子造舟，比船爲橋也。諸侯維舟，連四船也。大夫方舟，並兩船也。士特舟，單船也。庶人乘泭，並木以渡也。方與泭存在明顯的等級尊卑差異，同時《爾雅注》與《說文》的解釋又不謀而合，因此一堂的解釋是可靠的。無獨有偶，《鵲巢》詩「維鳩方之」之「方」，《毛傳》云：「方，有之也。」以方爲有。一堂以爲《毛傳》

無據，這裡的「方」也有「並」的意思，並船曰方，此處解作「並居」意。《邶風·谷風》篇也有一「方」字曰「方之舟之」，《毛傳》無解，鄭箋依然將「方」與「泭」當作一回事。一堂訓方爲「並舟」。三處「方」字的「並」解皆與語境相吻合，沒有出現齟齬的情況。《召南·羔羊》篇曰「素絲五紽」「素絲五總」，《毛傳》解「紽」「總」皆爲數也。一堂按曰：

> 《西京雜記》云：五絲爲䌰，倍䌰爲升，倍升爲緎，倍緎爲紀，倍紀爲緵，倍緵爲襚。乃知毛所謂數也者，絲數也。緵即總字。《集韻》：緵或作總。是也。《陳風·東門之枌》：越以鬷邁。《毛傳》云：鬷，數也。孔云：鬷爲麻縷，每數一升而用繩紀之。故鬷爲數。益信。數謂絲數。但緎字，毛以爲縫也，然亦可據《西京雜記》爲絲數也。《爾雅》《說文》以爲羔裘之縫者，蓋羔裘之縫用此絲也。此詩末章云羔羊之縫，則知紽緎總皆縫之所用也。孫炎謂緎縫之界域，是緣字生義，不可從。據《西京雜記》緎爲二十絲，緵爲八十絲，唯紽無文，而《毛傳》云數也，《類篇》亦云絲數也，則其爲絲數確矣。《西京雜記》又有倍緎爲紀之文。紀，《說文》云：絲別也。恐難以爲絲數，竊疑紀恐紽字之誤，若然紽四十絲也。詩紽緎總皆以五言之者，蓋以紽緎總各五條爲裘之縫者。

釋紽緎總三字皆爲不同數量的絲數，推翻了孫炎的舊說，言之有據，推之有理，考據詳密，頗有清儒之風。更爲可貴的是成功地破解了舊說中存在的諸多疑問。《江有汜》篇「其後也處」之「處」，《毛傳》《說文》全解爲「止也」。鄭箋說：「嫡能悔過而止」。《朱傳》釋「處」曰：「安也，得其所安也。」一堂按曰：「從鄭則處字屬嫡，從朱子則處字屬媵。首章曰悔，末章云歌，皆以嫡言之，此章處不可獨言媵，則屬之嫡爲是。但鄭以處爲自止，於字義似未順。揚子《法言》云：文武周公，父子也，而處。注：光云：同處。此詩處字當與之同解。」處字釋作本義較「止」更爲妥貼，更容易使人接受。

《詩經標識》立足朱子學，卻不爲其束縛，持一種通達的態度，馳騁於朱子學之外的廣闊領域，遍採諸家雜說之精華，以滋養朱子學。其不拘一格的《詩》學風格和獨具特色的文字考釋成就了其自我的個性。

折衷漢宋，採漢補宋，又能自成一家言者，還有古賀煜的《朱子詩傳思問續編》。古賀煜（1788～1847），字季曄，號侗菴，通稱小太郎。世代仕佐賀。寬政八年（1796）隨父精里應幕辟東遷。博覽強記，文化六年（1809）

選爲儒家，與其父一起董治學政。著有《四書問答》、《非詩話》、《左傳探
賾》、《新論》、《劉子》等十幾種。有《侗菴全集初集》十卷、《二集》十五
卷、《三集》十卷、《四集》八卷、《五集》九卷、《六集》九卷、《詩稿》十
七卷。跟《詩》有關的有《詩經朱傳思問》〔註81〕、《詩說備考》、《毛詩劉
傳彙》〔註82〕等。煜著三十卷隨筆《劉子》中，第四、五卷專論《詩經》，
分別節錄於煜其它著作中有關《詩經》的條目，其中《詩經朱傳思問》居
多。今內閣文庫藏無名氏三卷寫本《詩朱傳質疑》，又名《朱子詩傳思問續
編》，保存完好，字跡清晰，正文以外，書中沒有透露任何有關此書的信息。
筆者認爲，《朱子詩傳思問續編》是《詩經朱傳思問》的續作，二書皆爲古
賀煜所作。理由有三，其一，《續編》的措辭、引文及《詩》學觀完全與《詩
經朱傳思問》相吻合。其二，書中有多個地方稱「煜按」，與《詩經朱傳思
問》的表述一致。其三，書名曰「續編」而非「補」，從命名上判斷其爲一
人所作的可能性極大。本文主要依憑《劉子》中的二卷及《朱子詩傳思問
續編》，來管窺古賀煜的《詩》學觀。簡而言之，煜不宗漢，不宗宋，無所
依傍，兼採漢宋，表現出獨立的學術個性。《詩經朱傳思問》一書雖已佚，
遺憾未能一睹其全貌，然國立國會圖書館所藏《侗菴全集》中，有幸保存
了其序文的全部。序曰：

> 每病世之拘學，暖暖妹妹，墨守一家之說，靡知其它。予願學
> 《詩》者，宗《朱傳》，翼以《毛傳》、《孔疏》、《詩本義》、《讀詩記》
> 等書，光明博大，務去偏見，以探詩人之意。

又說：

> 古來說《詩》家，《朱傳》之外，惟《毛傳》簡古醇深，甚得詩
> 旨。予將欲俟異日，以毛、朱爲主，附參諸家，仿東萊《讀詩記》，
> 會眾說於一，以垂不朽，此予素志也。前修有云：有志者，事竟成。
> 予之斯志，庸詎知其不能酬於異日邪，《思問》一書，實先爲之兆云。

〔註83〕

其在序文中明確表明了兼採漢宋的《詩》學傾向。

〔註81〕未見，疑已佚。
〔註82〕《詩說備考》、《毛詩劉傳彙》，宮內廳書陵部藏自筆稿本。筆者未見。
〔註83〕古賀煜，詩經朱傳思問〔H〕//古賀煜，侗菴全集二集，國立國會圖書館藏寫
本，序。

　　《詩經朱傳思問》（包括《續編》）是一部採漢補朱之作。煜的父親名古賀精里，是當時有名的儒生，初喜王學，後捨舊學，專治朱學，成為一名純粹的朱子學者。煜承家學，也是有名的朱子學者，對朱熹的《四書集注》推崇備至，唯有《詩集傳》煜頗有微詞。指出《朱傳》的三點不當之處，曰：「其一，則《詩》往往成於農甿紅女之手，至淺易，而朱子或以釋四子之法釋之，研理至精，析道太細，反致失詩人言外之味。其一，則《詩》中鳥獸草木，名目眾多，與四子不同。朱子於名物，非不用心，顧餘力為之，間不免疏舛，竟不能如陸璣、羅願等，專門之詳且精。其一，則人必易心和氣，以意逆志，方能得詩人之情。朱子與東萊爭辯《詩序》，刻覈太甚，自失性情之和。是以其說，比之東萊，如齊得楚失之不甚相遠。此後人所以不能無遺議也。〔註84〕」於是有《詩經朱傳思問》一書，用漢儒之說或己說糾正《朱傳》中欠妥的地方，使之趨於完善。他認為這一舉動，「既尊信朱子之至，而非所謂好異。〔註85〕」他不像尊漢抑朱派肆意抨擊，全盤否定，而是用一種平和的語氣，商量的口吻，採漢說補朱說，訂正其中一些謬誤之處。如《載馳》篇「百爾所思，不如我所之」，《朱傳》釋「百」為百方，指方向或地方。煜從《正義》說釋為百人〔註86〕。《君子于役》篇「曷至哉，雞棲於塒」，《朱傳》釋「曷」作「何地」，煜認為《鄭箋》釋為「何時」更符合詩人本意〔註87〕。《邶風・柏舟》篇「威儀棣棣，不可選也」，《集傳》釋「選」作「擇」，煜從《毛傳》訓「數」〔註88〕。《何彼穠矣》詩「平王之孫，齊侯之子」，《朱傳》不知其意，說：「舊說：平，正也。武王女，文王孫，適齊侯之子。或曰：平王即平王宜臼，齊侯即襄公諸兒，事見《春秋》。未知孰是。」煜曰：「《集傳》所載舊說者，指《毛傳》，此正說也。或者所云，則無稽之甚，不過見《春秋》中偶然有平王之孫適齊事，而妄造之說。殊不思二南詠文王之化，而屢入東周之事，已可駁矣。況平王庸懦之昏王，襄公獸行之亂君，以此儼然與文王之詩列，奚啻

〔註84〕古賀煜，詩經朱傳思問〔H〕//古賀煜，侗菴全集二集，國立國會圖書館藏寫本，序。

〔註85〕古賀煜，詩經朱傳思問〔H〕//古賀煜，侗菴全集二集，國立國會圖書館藏寫本，序。

〔註86〕古賀煜，劉子〔M〕//關儀一郎，儒林叢書，東京，鳳出版，1971，卷四71。

〔註87〕古賀煜，劉子〔M〕//關儀一郎，儒林叢書，東京，鳳出版，1971，卷四73。

〔註88〕古賀煜，詩朱傳質疑〔H〕，內閣文庫藏寫本，卷一，以下凡未標明古賀煜引文出處者，皆出自該書。

佛頭上著糞也。況下有《騶虞》詩，具見西周盛時，天地位萬物育之狀，是西周夷王以下絕所不見，況東周之微乎。或者之說，謬妄極矣，直刪去之可也，豈足以備一說哉，又何必疑其不可曉也？」於《詩》外大談政治，從政治的視角解決《詩》中疑難，跟漢儒的做法很相似。文字訓釋以外，煜於詩意也常常採用《詩序》說。《芄蘭》詩，《朱傳》說：「此詩不知所謂，不敢強解。」煜曰：「小序《芄蘭》刺惠公也，驕而無禮，大夫刺之。此說有何不通，而《集傳》不取也。」《君子陽陽》篇，小序以為寫感傷周王朝詩，賢人全身遠害，不得其用。朱熹以為寫丈夫行役歸來，安於貧賤，苦中作樂。煜認為序說為是，曰：「朱子掊擊小序之妄，殆無完膚。然若解此詩，則恐更甚於小序矣。」《椒聊》篇，小序以為刺晉昭公，朱熹無古書可證，故以為「不知所指」，煜曰：「味其詩旨，明明詠桓叔之強大。」言外之意刺昭公坐視不理。煜在《唐風‧無衣》篇說：「然微小序，後人竟不知此詩為何人何事而作，是小序所以有功於《詩》也。」又在《檜風》曰：「小序之言，不可易也。」《噫嘻》篇，小序以為祈穀於上帝，《集傳》以為戒農官之詞，煜曰：「二說合方備，蓋方祈穀於上帝之際，賦以道勸農之意也。」朱子學出身的煜，對於《詩序》的寬容度要遠遠超過朱熹。

　　古賀煜似乎對政治抱有極大的興趣，選擇的篇目多集中於有歷史背景的詩篇，對於被朱熹視之為「淫詩」的詩篇卻不置一辭。他甚至不惜借《朱傳》中無關詩旨的一句話小題大作，闡述自己的政治主見。如《六月》篇曰「薄伐獫狁，至於大原」，朱熹解曰：「言逐出之而已，不窮追也。先王治戎狄之法如此。」煜就「先王治戎狄之法如此」一句話借題發揮，大談特談先王用兵治夷的正確方法。說：

　　　　天下之事，有可為之法者，有不可為定法者。至兵革之事，則其變不測，隨事制宜，尤兵事之不可執一者。先王馭戎狄，揆其時與勢而處之，莫不得宜。後人以其出於先王，奉以為金科玉條。曰：先王之法如此。何其拘也。宣王發憤勵志，以建中興之業，將帥英武，士馬精強，其視獫狁，猶蚊虻然。薄伐至於大原而止者，蓋當時惟如此，而亦足以宣暢國威，震讋戎狄故也。果使獫狁尚猶倔強，不肯畏服，則必當出塞窮追，覆其巢穴。吉甫輩一時賢臣，通知時勢，豈其戎虜悍然未始懲懼，而遂自畏戰，以致戎患再熾哉？孔穎達曰：宣王德盛兵強，獫狁奔走，不敢與戰，吉甫直逐出之而已。《春

秋‧莊三十年》齊人伐山戎，公羊傳《春秋》敵者言戰，桓公之與戎狄，驅之耳。此說得之。「薄伐玁狁，至於大原」，詩人陳當時實事也，豈以為天下萬世法程乎。即如舜禹之於三廟，明知三廟稍存尊上向義之心，可以德懷，故戢兵革而增修文德，果方舞干羽之際而有廟來格。使有廟如玁狁之猖獗，舜禹豈肯以干羽格之乎？若如《集傳》所云，則亦將以舞干羽為馭戎之法邪！可笑之甚也。此論始於嚴尤而宋人襲之，變本加厲，寖失其本，雖朱子亦不免。後世將相，大抵以斯心處事，致兵勢不振，國事日非，醜虜跋扈，不可複製，可悲夫。顧尤意則別自有在，見王莽窮兵黷武，專事四夷，將由內潰之憂，故引宣王以痛論之，使之故捨戎狄而內固國本，是對症藥言。豈圖天下後世，墨守斯言，以招大害也。

洋洋灑灑數百字，由用兵應持有的審時度勢態度，聯繫到周王朝與東漢末年具體的歷史史實，最後歸結到宋朝軟弱的外交政策。以上皆與本詩無任何關係，僅僅是由朱熹隨意的一句附會而引發的長篇政治評論。《詩》本身已經退到次要的地位，政治見解的輸出搖身一變成為舞臺的主角。又如《渭陽》篇，《朱傳》在篇末引用了「廣漢張氏」的一段話，煜不贊同，進而詳細評析春秋時期晉齊兩國的恩怨歷史以駁其謬誤。

　　用漢學補朱學，及《詩》的政治化與歷史化，似乎說明了煜傾向漢學的一面。其實不然，其朱子學的學術淵源在著作中也有鮮明的體現，如濃重的理學腐臭氣。《關雎》篇最具代表性，也最能反映其《詩》學價值觀。《關雎序》以為寫后妃求淑女以配君子，《朱傳》以為后妃求淑女以配文王。煜有不同看法，認為是寫文王求后妃。他的解釋顯然比小序、《集傳》更進一步。如果順著這條思路繼續考慮，很容易接近詩歌男女情事的原始本意。然而，煜的優勢僅僅止步於此。他並不認為文王求后妃是出於情慾的需要，而是出於政治的需要。然後發一通並不十分高明的義理之說，去維護聖人的光輝形象。說：「古之聖王，任官命職，莫不慎擇其人，蓋雖瑣瑣卑賤之吏，苟不得其人，必曠廢一官職之事。況后妃內治之主，所以輔君子而理家國者。后妃而不德，其貽害大矣，乃苟且因循，不知慎擇其人。又且天下有聖女堪相匹配，而恝然不有求之之心，此特不別皂白之愚夫，何足以為聖。夫如是，則宜其未得也有寤寐反側之哀，其既得也有琴瑟鐘鼓之樂。但其哀樂止於此，則哀不至於悲傷，樂不至於淫蕩，此孔子所以深取之也。故在文王自求好逑則可耳，

他人而哀樂至於斯，恐不免乎淫於傷也。〔註 89〕」他雖然提出了不同於舊說
的新論，但這種求新的願望是有限度的，它時刻受到傳統說法的牽制而變得
縮手縮腳。《葛屨》篇，小序以爲諷刺魏國軍民儉嗇而作，《朱傳》以爲縫裳
之女諷刺統治者之作，煜基本同意朱熹的觀點，但不認爲是縫裳之女所作，
因爲「大害義理。」其說：「由縫裳之女言之，則好人即夫也，所天也。於所
天之人，即大過重罪，且當容忍。其使令之苛急，亦當服勞無怨，方爲得婦
道。矧儉嗇褊急，小疵耳，在常人所不免，乃遽刺之，見於歌詠，於義當乎？
於心安乎？維是褊心，是以爲刺，舉其失而斥之，如路人之詬罵，使夫子聞
之，必不能堪，將怒而逐之。爲婦人者，不應輕率無遠慮如斯之甚也。故爲
他人賦以刺之，方合經旨。」將朱子所定的夫綱，套用在一千年前的《詩》
中，朱子本人都未曾做過此等蠢事，煜卻全不覺其錯，其受朱子學影響之深
可見一斑，朱子學出道的本性暴露無遺。《既醉》篇言「孝子不匱，永錫爾類」，
《朱傳》本《毛傳》、《爾雅》釋「匱」作「竭」，解「類」爲「善」，詩意大
致是祈禱君子後嗣繁盛，永遠秉承您的優秀品質。煜以爲此解顯淺，故而釋
「匱」爲「匱乏」，釋「類」爲「朋類」，解詩曰：「猶云：德不孤，必有鄰。
方以類聚，物以群分……顧孝子止於一二人，是匱乏也。今教被一家，莫不
向善，孝子可爲君子朋類者，比肩而出，若天錫予之。」此解不可謂不通，
卻顯得迂迴曲折，文勢不順，演繹的痕跡過於明顯，反不如《朱傳》辭淺意
明。

　　煜在《詩》學的天平上，時而偏漢，時而偏宋。有時也能超脫漢宋之外，
按照自己的思路，對《詩》做出全新的詮釋。如《泉水》篇寫父母沒，衛女
思歸而不得。衛女曰：「遄臻於衛，不瑕有害。」《鄭箋》以爲，瑕是過意，
害是何意，整句意爲：「我還車疾至於衛而返，於行無過差，有何不可而止我。」
朱熹以爲，瑕與何古音相近可通用，詩意是：「其至衛疾矣，然豈不害於義理
乎？疑之而不敢遂之辭也。」煜訓瑕爲瑕疵意，害作本意解，解詩曰：「蓋由
情之切而言，則以顧念故鄉之故而還返。若不足以爲瑕疵，以禮之正而論，
則婦人嫁於他國，父母沒不得歸寧，而歸寧其害於義大矣。」〔註 90〕此解緊
扣《詩序》，強調了衛女的發乎情，止乎禮義的自覺意識，且迎合了溫柔敦厚
的詩風。《邶風・柏舟》篇「耿耿不寐，如有隱憂」之「耿耿」，《毛傳》曰：

〔註89〕古賀煜，劉子〔M〕//關儀一郎，儒林叢書，東京，鳳出版，1971，卷四 66。
〔註90〕古賀煜，劉子〔M〕//關儀一郎，儒林叢書，東京，鳳出版，1971，卷四 68。

「耿耿，猶儆儆也。」《朱傳》曰：「耿耿，小明，憂之貌也。」煜以爲「耿耿」即「介介」，「言其心介介於一事，不能自派遣。愁人之情，大抵如此。」《燕燕》詩曰：「先君之思，以勖寡人。」鄭箋意爲戴嬀思念莊公且勉勵莊姜，朱熹意爲戴嬀勸勉莊姜思念莊公，煜站在莊姜的立場上推理說：「夫莊姜爲莊公伉儷，儼然正嫡之尊，即公存時不見答以夫婦之情義，惡有既沒而恝然不追念之理乎？」故鄭是朱非。《新臺》篇「燕婉之求，籧篨不鮮」之「燕婉」，《毛傳》、《朱傳》皆解作安順，煜解作美好〔註91〕。《雨無正》篇「若此無罪，淪胥以鋪」之「胥」，《鄭箋》、《朱傳》釋作相，煜解爲語辭〔註92〕。《小明》篇「靖共爾位，正直是與」之「與」，《朱傳》釋爲助，煜解作黨與或親與〔註93〕。《都人士》篇「云何盱矣」，《朱傳》解曰：「如何而不望之乎」，煜解作「爰何悵惘之甚乎？」〔註94〕強化了語言的感情色彩。

煜拋棄舊說，提出新解，非有意標新立異，而是考慮到文勢不暢，不得已重新注解。煜解詩特別重視「文勢」，或者說是「語勢」「語氣」。諸如「文勢頗覺迂迴」「文勢自穩而妥」「熟察語氣」「語勢不通」之類的表述比比皆是。仔細玩味煜所謂的「文勢」，發現「文勢」可以用「人情」去代替，即詩意必須與詩人的感情相合拍。煜擅長於透過文本還原詩歌發生情景，與詩人換位思考，揣摩特定情景下詩人內心的波動，反過來指導詩意的疏解，頗有新意。如《行露》詩寫男子不以禮娶女子，女子不從，男子遂將女子告到官府，召伯爲之決獄的故事。煜以爲寫男子強暴女子，遭女子抵抗犯罪未遂，男子一氣之下誣告女子，女子爲自己辯解。他形象地描述了當時的場面和當事人的心理活動，其說：

> 此詩本遇強暴之訟，而自訴之辭，則當先察訟者之意與自訴者
> 之心。強暴之男，侵凌貞女，而不肯從，遂誣其罪。則豈遽揚己強
> 姦之罪以自污，必當羅織其它罪以罔上，則人或應不知其於此女有
> 室家之情。在貞女則罪禍橫加，意迫心哀，則當明陳強暴訟我之情。
> 洞如觀火，以自洗雪。苟以斯一求之，則詩旨粲然，如示諸掌。言
> 誰謂鼠無味乎，無味何以穿我屋，以其能穿屋，知其必有味也。誰

〔註91〕古賀煜，劉子〔M〕//關儀一郎，儒林叢書，東京，鳳出版，1971，卷四70。
〔註92〕古賀煜，劉子〔M〕//關儀一郎，儒林叢書，東京，鳳出版，1971，卷五89。
〔註93〕古賀煜，劉子〔M〕//關儀一郎，儒林叢書，東京，鳳出版，1971，卷五92。
〔註94〕古賀煜，劉子〔M〕//關儀一郎，儒林叢書，東京，鳳出版，1971，卷五95。

謂強暴之男，於我無室家之情乎，無室家之情，何以速我獄。以其
無故誣陷，知其必不得遂情，憤而至此也。強暴之眷眷於我如此，
然亦惟好色無禮一男子，不足與爲室家，則宜我之不肯從也。

煜解強調男子「強暴」的本性，舊解強調男子「無禮」的素質。煜解明顯是
遵循《詩序》而生發出來的，結合詩歌文本，煜解比舊解更易於讓人接受。
這還是其次的，可貴的是煜的角色感非常強，他善於復原場景，洞觀人物心
理，淋漓盡致地展現角色。《常棣》詩寫朋友之誼不及兄弟之情，獨有第五章
曰：「喪亂既平，既安且寧，雖有兄弟，不及友生。」與全詩主旨不和諧。朱
熹本《鄭箋》釋曰：「上章言患難之時，兄弟相救，非朋友可比。此章遂言安
寧之後，乃有視兄弟，不如友生者，悖理之甚也。」煜曰：「此周公悲痛無聊
之語也。喪亂兄弟，直至管蔡，言吾豈無兄弟者乎？惟以其與武庚煽亂之故，
不得已而誅之。及亂之既平，兄弟之存者無幾，偕享升平之樂者，惟在友朋。
友朋且得相與宴飲遊從，而兄弟翻不得，是雖有兄弟不如友生也。」此解附
會周公不一定準確，然其把玩周公大義滅親的心情卻眞實感人〔註95〕。《匪風》
首章曰：「匪風發兮，匪車偈兮，顧瞻周道，中心怛兮。」《毛傳》曰：「發發
飄風，非有道之風；偈偈疾驅，非有道之車。」象徵的意味過於濃厚牽強。《朱
傳》曰：「言常時風發而車偈，而中心怛然。今非風發也，非車偈也，特顧瞻
周道，而思王室之淩遲，故中心爲之怛然矣。」朱解較《毛傳》略好，仍稍
顯不足。煜認爲毛朱都犯了同一個毛病，詩人傷心的根源來自於周王朝的衰
落，而非風或車。周室岌岌可危，詩人傷心到極致，才感受到「風發」「車偈」
的衰颯景象。人情爲本，景物爲末，毛朱顛倒本末，捨本求末。所以煜曰：「唐
人詩：自是離人魂易斷，落花芳草木無情。個裏愁人腸自斷，由來不是此聲
悲。此皆借眼前物，以明愁自中來，非由外也。此詩亦猶是。今以爲常時風
發車偈，而中心怛然。予不知平素逸樂無憂之時，既風響撼山，車聲轟雷，
能使予心傷怛乎否也？」此言有理，煜解《詩》比毛朱更要照顧到詩人的眞
實感受〔註96〕。《南山》詩寫齊襄公與其妹文姜通姦，齊大夫作詩諷刺襄公。
詩共四章，一章二章直刺襄公的禽獸之行。三章曰：「取妻如之何？必告父母。
既曰告止，曷又鞠止？」《鄭箋》、《朱傳》皆以爲埋怨魯桓公不能阻止文姜與
襄公的姦情。煜以爲本詩專刺襄公，「曷又鞠止」意爲「襄公與文姜窮極淫穢」，

〔註95〕古賀煜，劉子〔M〕//關儀一郎，儒林叢書，東京，鳳出版，1971，卷五87。
〔註96〕古賀煜，劉子〔M〕//關儀一郎，儒林叢書，東京，鳳出版，1971，卷四82。

不當別出桓公，影響詩歌的諷刺效果。煜曰：「殊爲不知以爲刺襄公倍覺痛切。」
〔註97〕《猗嗟》篇言「不出正兮，展我甥兮」，煜曰：「此自桓公一時忿恚之
詞。」〔註98〕太宰純說《詩》無古今，情是聯繫古今詩歌的永恆紐帶。以己
情體驗詩人之情，比一味地從主觀出發，無疑更容易接近詩歌的本意。

　　朱子學出身的煜，吸納漢學中合理的成分，尤其是訓詁方面的優勢，形
成兼採的特色，帶有二家學說的血統。同時摻入自己的思考，參照文勢，聯
繫上下文的邏輯關係，對《詩》意作出新的解讀。可惜未能完全走出漢宋的
陰影，作出更大的成績。

〔註97〕古賀煜，劉子〔M〕∥關儀一郎，儒林叢書，東京，鳳出版，1971，卷四 76。
〔註98〕古賀煜，劉子〔M〕∥關儀一郎，儒林叢書，東京，鳳出版，1971，卷四 78。

第二章　日本《詩》學的獨立及其特色的形成

　　第二個時期——江戶中期，朱子「詩學」獨尊的局面被打破，《詩》學由「一元」轉向「多元」。江戶中期町人文化的崛起，宣揚情慾、張揚個性成為這個時期的文化主流。《詩經》研究也出現任性解詩，多元闡釋的新局面。西山拙齋致柴野栗山的信中說：

> 方今海內之學，四分五裂，各自建門戶胥，失統歸久矣。有黜六經廢《學》《庸》，歧堯舜孔子為二致者。有外性理混王霸蔑視思孟程朱者，有陽儒陰佛妄唱心學者，有稱神道而薄湯武者。或枯單說道，或雜博論學。或抵掌談經濟，或抗顏騁詞壇。惟新奇是竟，異言百出，迭相驅扇。動輒著書炫世，以自欺欺人，釣名周利，遺毒後昆，實繁有徒。青衿子弟，悵悵乎無所適從，逐臭吠聲，不陷於此，必陷於彼，滔滔者天下皆是。噫！學之失統，未有甚於此時也。〔註1〕

具體到《詩經》學，朱子「詩」學獨尊的時代一去不返，代之而起的是各種流派的齊頭並進。如伊藤仁齋主「《詩》言性情」論，繼之太宰純提出「詩無古今」說，奠定了《詩經》文學研究的理論基礎。岡白駒尊序補《毛詩傳》，赤松弘兼採漢宋自成一家，開啟了《詩經》漢學研究的先河。中井積德重新編列三百篇，諸葛蠡自立新序，掀起《詩經》社會學、史學研究的高潮。《詩

─────────────────────
〔註1〕朱謙之，日本的朱子學〔M〕∥朱謙之文集，福州，福建教育出版社，2002，245。

經》名物學也於此時誕生並迅速走向繁榮。總之，江戶中期的《詩經》學，以人情《詩》學爲契機，不僅湧現出大量新《詩》著，新觀點，新派別，而且促成了日本《詩》學自覺時代的全面到來，開闢出一個嶄新的《詩》學時代。

第一節　町人文化與《詩經》研究的多元化

影響江戶時代思想界、學術界最巨大的力量無過於町人文化的崛起，影響江戶中後期近二百年《詩》學研究的力量，也無過於町人文化的盛行。趙德宇先生談及江戶文化對近現代文化影響時，首先提到的就是町人文化，「在這些傳統文化中，町人文化佔據了很大的比例。」所謂町人文化，他還有一段精彩的描述，「至元祿時代（1688～1703）町人階層的經濟實力顯著增長，使日本社會出現了追求人生享受的奢侈之風，顯示出嚮往人性自然的生活意識，從而生成了代表町人階層的町人文化。〔註2〕」也就是本文即將探討的町人文化。江戶前期的《詩》風，受明代前中期的《詩經》研究，及朱子學被奉爲官學的文化背景的深刻影響，暴露出唯《朱傳》是從的單一死板的弊病。這些《詩》著雖爲日人所作，卻鮮能看到他們自己獨到的理解，毫無生氣可言。從現存不多的江戶前期的幾部《詩》著看得清清楚楚。此種《詩》風一直延續到元祿以來由町人階層的崛起帶來的社會主流價值觀的轉型，才發生了根本的改觀。以古義學派的創始人伊藤仁齋的《詩》學觀爲端倪，之後湧現出一大批極具個性特色的《詩經》著述，促成了日本民族特色的《詩》學的最終形成。據日本學者江口尚純先生統計，江戶時期《詩經》著述近 500 種〔註3〕，是《四庫全書》與《續修四庫全書》所收詩類總和的近四倍。且大部份著作產生在元祿以後。所以說江戶時代町人文化的風行是影響江戶中期《詩》學研究最不可忽視的背景因素。

町人文化的崛起源自於町人階層社會地位的擡升。1603 年，德川家康在征服了日本各地的割據勢力之後，迫使天皇封其大將軍職，並在江戶（今東京）開設幕府，日本歷史從此進入新的歷史時期——江戶時代。剛剛經受戰

〔註2〕趙德宇，等，日本近現代文化史〔M〕，北京：世界知識出版社，2010。
〔註3〕張寶三、楊儒賓，日本漢學研究續探：思想文化篇〔C〕，上海：華東師範大學出版社，2008，49～73。

爭洗禮的日本民眾致力於恢復農業生產，江戶前期的日本社會相對穩定。然而元祿以後，隨著生產力的逐步提高，商品經濟得以迅速發展，導致城市規模的不斷擴大和市民階層的增多。經濟實力日益增強的町人階層，改變了幕府初期町人在士農工商身份等級制度中的尷尬局面，成為事實上的推動社會發展的主要弄潮兒。王家驊說：「許多大名和武士向商人借債，以致出現「大阪富商震怒，天下諸侯戰慄」這樣頗具誇張色彩的說法。〔註4〕」三浦梅園說：「商賈已有素封之福，千里控制之權並歸其手，於是其身雖鞠躬公門，心實吞千乘，其心見農工則如奴隸。〔註5〕」社會風氣也由此悄然發生變化，原本建立在儒家道德基礎上的社會秩序，為商業社會的利益優先原則所取代。一批頭腦清醒而又有社會良知的知識分子無不在書中表示對此種社會風氣的深深憂慮。松山源忠《學脈辨解序》中說：

> 方今至治之久，季世功利之習，人人敏捷伶俐，與先民剛毅木訥之風，不可同日而談也。加之世儒之所誘進，率乎文華風流，而無義氣激烈之論，妄謂不豪放則大器不成，是以浮囂之徒，不貴實德，而抗顏大言，蔑視古人，辨駁成說，敖慢不恭，莫所不至矣。嗚呼！遊塵亂俗，誰不大息乎。時人多被其毒，而不知學之所從，誤陷大澤，狂奔別路，厭故喜新，一世成風。諸侯大夫之貴，亦不知職守之所在，而武備大弛。養士且不給，況於非常之備乎。而其消閒耽樂之營，花前月夕，設宴列妓，而詑譜無度。甚則或醉於青樓，或遊於戲場，或攜珍禽奇木沈砂棲陸之瑋寶，以計交易貨殖之利。已失上下守位之禮，又缺貴賤有分之義。風俗之衰，莫此為甚。要之其源出狃於目今升平之安，而忘祖先汗馬之勞也。〔註6〕

山縣大貳在《柳子新論》中痛斥道：「當今之時，士氣大衰，內無廉恥之心，外無匡救之助。上廢天職，下誤人事。蚩蚩與商賈爭利，妨農傷工，殘害以稱威；飽食暖衣，安逸以稱德。日食其粟，日用其器，不知所以報之。驕奢成俗，身貧家乏，秩祿不贍，而仰給於商賈，假而不還，爭論並起。……且大商之於富也，居貨萬計，奴婢十數。家室器用，錦繡珠玉，皆我所不足，

〔註4〕 王家驊，儒家思想與日本文化〔M〕，杭州：浙江人民出版社，1990，146。

〔註5〕 朱謙之，日本哲學史〔M〕∥朱謙之文集，福州：福建教育出版社，2002，62。

〔註6〕 松宮觀山，學脈辨解〔M〕∥關儀一郎，日本儒林叢書，東京：鳳出版，1929，1。

而彼則有餘。是以封君俯首，敬如父兄。先王之所命爵位安在哉？德義之教輟矣」〔4〕又說：「民之在閭巷也，善鬻者富，善耕者饑。視之先王之典，豈不異乎？且其爲吏者，不學無術，唯知錢貨可貴，而見利廢義。則商賈之權，上侮王公，下凌朝士。使工如奴隸，視農如藏獲，厚生之道亡矣。〔註7〕」造成這種「德義之教輟矣」、「厚生之道亡矣」的社會現象產生的文化生態，正是町人文化的興起。由町人創造的町人文化確立了其在社會主流文化思潮中的主導地位。

同樣受世俗文化的影響，生存於社會底層的廣大文人階層，從物質生活到價值觀念都發生了質的變化。元祿、享保年間，純粹的經學研究不足以維持儒生基本的生活需要。摩嶋松南《娛語》曰：「且今之爲儒，飢寒交迫，上不能養父母，下不能畜妻子，何樂爲之，可謂昧乎前算矣。其略有見解者，則曰子之志非不偉。然咬斷菜根，子能甘之，而妻孥弗能。鶉衣百結，子能甘之，而妻孥弗能。是以攀援纏綿，不復能孤寡，終折其初志，是勢不得然者也。〔註8〕」又曰：「吾邦俗子之語，往往儒丐並稱，嗤其窮也。」有好事者作戲文戲謔儒者的貧窮。「余一日偶過古寺，見二老儒趺坐誦佛號。既畢，揖而進曰：俗謂修行念佛，願博來生富貴，二公亦有意乎？一曰：吾二人里塾中蒙師也，日間訓蒙，晚間來此念佛。因吾輩前世不修，罰令今世坐館，備嘗諸苦。茲所修者，不敢求來世富貴，惟願不再罹此厄耳。一曰：此公生前罪孽較輕，故志願稍奢。吾自揣罪孽深重，恐來生未必能遽脫此難，今之念佛，不過修坐一好館，教兩個好學生，願已足矣。〔註9〕」儒者的窘迫令人苦笑不已。爲生活所迫，他們或結交豪門望族，或替他人寫作漢詩文，或參與古董的鑒定和買賣，以獲取資助或利潤。龍草盧就曾爲人作詩文，賺取稿費。根據稿費的多少決定詩文的好壞和長短。皆川淇園是有名的大儒，常有人請他作詩、畫畫、寫字，他根據出資的多少決定篇幅的長短和質量。江村北海教授漢詩或替人修改漢詩都是有償的。所著《日本詩選》，好名之徒可通過上交「納刻費」獲取入選的資格。菊池五山的《五山堂詩話》如出一轍，不僅收錄名人名作，一些質量低劣的詩作也可通過繳納「版面費」的形式刊載。納錢較多者，五山的評語多美言幾句。納錢較少者，免不了被他數落一

〔註7〕劉岳兵，日本近現代思想史〔M〕，世界知識出版社，2010。
〔註8〕摩嶋松南，娛語〔M〕//關儀一郎，日本儒林叢書，東京：鳳出版，1929，1。
〔註9〕摩嶋松南，娛語〔M〕//關儀一郎，日本儒林叢書，東京：鳳出版，1929，63。

番。且年年出版，成爲以贏利爲目的的定期刊物〔註 10〕。大窪詩佛在《梧窗詩話序》中說：「世之探今人之詩爲詩集，論今之人詩爲詩話，以炫名射利。〔註 11〕」隨著印刷技術的發展，著書刊刻成風，出版商唯利是圖，圖書市場魚龍混雜。看似繁榮的文化事業掩飾著太多不可告人的商業交易。五井蘭洲《瑣語》曰：「村學究濫刊其所著，書肆刻匠，亦唯射其利，隨謀隨刊。〔註 12〕」高泉溟《時學針炳》說：「近時學者，立異唆奇，且編述之爲急，兩都爭刻，書賈射贏。吾聞有德者必有言，有言者未必有德。德耶言耶，吁！言德相契，寥寥乎曠世曠人矣。名耶利耶，名利日竟，欲以議古先聖王之道，譬猶畫烈女於娼壁，祠伯夷於綠林與。〔註 13〕」文人高貴的靈魂爲生活所迫，在環境的浸染下已然變得俗不可耐。原本立言、立德、立功的純粹的學術行爲，變成了一種帶有濃鬱商業氣息的生存手段。

　　當這種世俗價值觀表現在文人的生活方式的同時，文學藝術領域也形成了一種尊重生命、宣揚情慾的思想潮流。以伊藤仁齋、荻生徂徠爲代表的人情論文學觀，成爲江戶中後期的主流文學思潮，影響到小說、戲曲、漢詩、和歌等多種文學體裁，且出現了以人情爲本的浮世草子、淨琉璃、歌舞伎等多種俗文學模式，迎合了世俗的需求。浮世草子不同於以前的假名草子重道德教化，重實用功能，而注重性與愛的大膽揭示。主題不外乎描寫男歡女愛，以秦樓楚館爲背景，通過曲折的戀愛故事，塑造一批不受門第約束，以愛情爲人生第一要義的人物形象。江戶前期的淨琉璃劇本題材，多集中於表現上層武士和貴族的勇武忠義精神及神佛靈驗。17 世紀後期，有「日本莎士比亞」之稱的劇作家近松門左衛門，開創性地寫作了一批描寫平民生活的社會劇。他的社會劇，多以當時社會上流行的男女之間的桃色事件爲題材，懷著深厚的同情心來表現沉迷於市井生活中的男男女女的哀愁，訴說他們純眞的愛情被金錢萬能的社會所吞噬的悲劇。日本戲劇中另外一種藝術形式歌舞伎，享保年間也發生了明顯的改變，改革後的歌舞伎的重要一支，側重於反映工商

〔註10〕祈曉明，江戶時期的日本詩話〔M〕，北京，中國社會科學出版社，2009，48。

〔註11〕林瑜孚尹，梧窗詩話〔M〕 // 蔡鎭楚，域外詩話珍本叢書，北京，北京圖書館出版社，2006，473。

〔註12〕五井蘭洲，瑣語〔M〕 // 關儀一郎，日本儒林叢書，東京，鳳出版，1929，37。

〔註13〕高泉溟，時學針炳〔M〕 // 關儀一郎，日本儒林叢書，東京，鳳出版，1929，1。

業社會的人情世態，將世態生活歌舞伎化。值得注意的是，這個時期，商人
形象不僅成爲文學重點表現的對象，而且人性本能的追求不再是倫理社會下
難以啓齒的話題，反而成爲大肆宣揚的主題。此時的繪畫領域也出現了相同
的審美情趣，突出的表現在「浮世繪」的產生和流行。浮世繪內容大部分是
美人畫和藝人畫，藝術形象多從生活於花街柳巷中的娼妓、藝妓中取材，充
分呈現她們的情色美，主要爲滿足町人階層和廣大庶民的欣賞需求。

肯定自我、高揚人情的社會思潮自然影響到學術研究。旨在重建日本民
族文化精神的國學研究，是江戶中期文化自覺的重要表現形式之一。其理論
體系帶有鮮明的時代烙印。日本復古國學的集大成者本居宣長，提出著名的
「物哀」論。他的物哀論內涵豐富，其中有兩點值得注意，一是尊重人性中
的情感因素。二是主張戀愛最能體現人情的眞實，「知物哀」就是知戀愛之眞
情。葉渭渠先生說：「本居宣長提出「知物哀」論，首先是對人性的肯定，更
是對人的自然欲求的肯定。〔註14〕」祈曉明說：「「物哀論」的中心內容就是
擺脫儒教倫理觀的束縛，側重表現男女間眞切的愛戀之情。〔註15〕」並且，
本居宣長有意識地將「物哀」論運用到和歌理論的構建之中。他明確地將和
歌與倫理剝離，以能否形象地傳達人物的心靈世界，作爲衡量作品優劣的標
準。他的《排蘆小船》云：「歌之本體，非爲裨補政治、修身而設者，唯道心
之所感，而無其它者也。」「無用於政道之和歌，何以取用以助天下正道乎？
和歌既出於上下君臣各自所思所感，則居於上位之人，取而觀之，則可預知
下民之情。而人君不可不知民情世態而深察之也，貴人居於深宅之中而詳知
下民萬人萬事，取詠其所思所感之和歌而觀之察之。如此則知下民情態莫宜
於和歌矣。〔註16〕」此論調顯然繼承《詩大序》和孔子《詩》論而來，但又
有所不同，《詩大序》主張《詩》發乎情，更要求止乎禮義。而本居宣長的和
歌論只爲強調詩歌抒發感情的本眞，與倫理干係不大。此論調本無可厚非，
然而過於專注人情的宣泄，則容易走向低俗化。冢田虎說：「我方習俗，最可
醜者，倭歌者流稱戀歌。乃設種種姦淫之題，自縉紳君子，至武夫及僧侶，
公然陳其淫亂之情，以爲風雅者，可恥之甚也。詩人所謂閨怨宮怨，則夫婦
離別之情、宮女愛憎之怨，而非陳姦淫之情也。若夫鄭衛淫風之詩，則取乎

〔註14〕葉渭渠，日本文化通史〔M〕，北京，北京大學出版社，2009，306，

〔註15〕祁曉明，江戶時期的日本詩話〔M〕，北京，中國社會科學出版社，2009，79。

〔註16〕祁曉明，江戶時期的日本詩話〔M〕，北京，中國社會科學出版社，2009，152。

衰時閭里歌謠，以示其敝俗焉耳。當今盛世君子，作所謂戀歌者，以玩淫風，可也乎哉？〔註17〕」

正如町人文化給予日本國學研究的影響相一致，江戶時代町人文化對日本《詩經》研究的影響，究其要者集中體現在兩個方面：一方面高揚人情的社會思潮，使《詩》學從經學研究到文學研究的轉變成爲現實。另一方面肯定自我的社會思潮，使《詩》著帶有鮮明的個性特色，呈現出多元闡釋的新趨向。

町人文化對日本《詩》學的影響主要表現在以下三個方面。首先，新《詩》著、新流派的不斷湧現。一直到江戶中期，《詩經》在日本長達一千三百年的接受史中，僅可以看到數部《詩經》著作，而且從這些著作中，幾乎聽不到日本學人自己的聲音。這不能不說是日本《詩》學史上一段相對蒼白的歷史時期。而到了町人文化興起的江戶中後期，則完全是另外一番景象。現存的江戶時期約一百五十多部著作中，有超過百分之九十出現在江戶中後期，而且逐漸形成了自己的特色。在這些著作中，他們各自固守自己的學術理論，形成了與朱子學派不同的各種流派。如以伊藤仁齋、太宰純爲首的文學研究。以中井積德、皆川淇園爲首的異學研究。以岡白駒、戶崎允明爲代表的一派，則主張「尊序抑朱」。岡白駒《毛詩補義序》曰：「捨是（《詩序》）俍俍然乎，去聖千五百年之後，妄揣作者之意，就其說雖高乎，竟是郢書燕說已。〔註18〕」顯然是指斥朱熹廢序說詩。因此遭致朱子學派的攻擊，山口景德曰：「朱子序以《春秋》勸善懲惡之義發詩旨，可謂深切矣。岡千里（即岡白駒）嗤之，謂詩以達人情世態世運耳。近世異學輕浮，不深造之過，皆此類也已。〔註19〕」戶崎允明《古注詩經考》借明郝敬語表達了其《詩》學立場，「三百篇高絕千古，惟在其寄興悠遠矣。如非善讀古序，誰達作者之意與聖人刪定之旨哉！〔註20〕」說《朱傳》「不可以爲詩」，且多有詬病。《叔于田》篇曰：「不知詩者之言，而廢序之僻見也。」《木瓜》曰：「朱熹一廢舊序，終棄聖語甚哉。」《考槃》：「此謬總出於廢舊序矣。」以稻若水《詩經小識》爲起點的日本《詩經》名物研究，也於18世紀初誕生並迅速繁榮，看似與町人文化無涉，實則也是在疑朱思潮泛濫之下才出現的。

〔註17〕冢田虎，隨意錄〔M〕//關儀一郎，日本儒林叢書，東京：鳳出版，1929，53。

〔註18〕岡白駒，毛詩補義〔O〕，國立國會圖書館藏延享三年（1746）本，序3。

〔註19〕山口景德，詩三說合錄〔H〕，内閣文庫藏寫本。

〔註20〕戶崎允明，古注詩經考〔H〕，靜嘉堂文庫藏寫本。

其次，新的《詩》學觀點層出不窮。尊重生命，肯定自我是町人文化核心內容之一，其影響於日本思想界，使日本學人發現了自我生命的價值。原初朱子學主導的一元價值觀開始發生分裂，出現了多元取向的新發展。柴野栗山說：

> 自此其後虛驕成風，天下如狂甚者，至於有謂聖經不足敬，古人博物文章德行皆不足信者。

> 是以經無適守，家唱異學，古注新注皆束高閣，只以白本從事。
> 〔註21〕

中井竹山說：

> 驚論勁說，以恐喝一世。夫厭故喜新，人之通情，是以古學之名，竟動海內。〔註22〕

從以上的描述中，足可以看出當時學人掙脫傳統，求新立異的願望和勇氣。中井積德認為，孔子《詩經》刪本遭秦火而亡。漢以後學者皆以未刪本傳疏，故謬以千里。於是他重新刪《詩》，以求恢復孔子《詩》本原樣。經其努力後，刪掉34篇詩，不僅風、雅、頌內部詩篇有次序調換的現象，風雅頌之間也有置換的情況。並自信地說從此雅頌各得其所，命名其書曰《古詩得所編》。皆川淇園《詩經繹解》則把《詩經》視作道德內修的形象表述，詩中的意象全被用來比喻道德性命，以《詩》為基點構築起一個強大道德說教體系。說《關雎》是「此篇言擬思中德而求實與相配也。」說《碩鼠》是「此篇言德性唯在其所存之，苟不存其存，將必亡之也。」說《蒹葭》是「求君子不可於儀貌自成者，而當從中德求之也。」他的觀點算的上是古今中外亙古未見的奇說。諸葛蠡《諸葛詩傳》仿《毛詩傳》得名。一般而言，同類著作鮮有以自己的姓氏直接附「傳」字稱名，以示作者謙虛謹慎的態度。《諸葛詩傳》則擺出與《毛傳》、《朱傳》相提並論的高調姿態。最甚者還不僅如此，他說《詩序》是「不知詩意者所作，大害於本久。〔註23〕」自己親自為《詩》立序。如序《葛生》曰：「婦人哀夫死於異地而所作也。」序《蒹葭》曰：「言求賢者避世不得也。」序《月出》曰：「陳美人勞心之狀也。」齋藤高壽《復古毛詩序錄》關於「六義」，則提出與傳統說法截然不同的新解。曰：「諸侯風化

〔註21〕柴野栗山，栗山文集〔O〕，山城屋佐兵衛天保十三年（1842）刊本。
〔註22〕中井竹山，非徵〔M〕//中村幸彥，近世後期儒家集，東京：岩波書店，1972。
〔註23〕諸葛蠡，諸葛詩傳〔H〕，國立國會圖書館藏寬政八年（1796）寫本。

之及邦內謂之風」，「王者政教之及天下謂之雅」，「比者謂比喻草木等自然有
斯理」，「興者謂感興鳥獸等自然有斯情」，「賦者，配賦己之志諷誦之之義也」，
「頌者，宗廟之義也」〔註24〕。有關大小雅，他也提出了異說。把《大雅》
中《民勞》至《召旻》十三篇置於《小雅·湛露》篇下。理由是這些詩歌是
幽、厲、宣王時詩，屬變雅。正是因爲這些「離經叛道」之作的大量湧現，
幕府才不得已緊隨寬政改革的步伐急忙推出「禁學」運動。

　　再次，町人文化中的「崇情」思潮促成了《詩經》學由經學研究向文學
研究的轉變。由上可知，町人文化在文學藝術領域產生了深刻地影響，最大
的變化體現在由原先的文以載道功能轉變爲獨抒性靈，在文藝界形成一股「崇
情」的新潮流。對於《詩》學，則出現了由原初對《詩》之義理的闡釋，轉
向對詩人內心世界的體味。《詩經》人情觀的大力倡導正是文學研究的早期形
態。伊藤仁齋最先嗅察到主流思潮的變遷，對朱子「詩」學首發其難，提出
「《詩》道性情」說。他說：「古之載籍，若《易》以道陰陽，《書》以道政事，
《春秋》以道名分，格局既定，體面各殊。惟《詩》出於古人吟詠情性之言，
而無勉強矜持之態，無潤飾雕鏤之詞，是以見者易入，而聞者易感，故聖人
取焉。〔註25〕」又說：「人情盡乎《詩》……夫人情無古今無華夷，一也。苟
從人情則行，違人情則廢。苟不從人情，則猶使人當夏而裘，方冬而葛。〔註
26〕」他認爲人情才是《詩經》的本質所在。太宰純《朱氏詩傳膏肓》繼承伊
藤仁齋《詩》學觀而來，開篇即言：「甚矣，仲晦之昧於《詩》也。夫《詩》
者何也？人情之形於言者也。〔註27〕」並對《詩》的語言藝術分析細緻入微，
強調其用辭美、韻律美和通俗美。伊藤仁齋的後人伊藤東所秉承家學傳統著
有《詩解》，將《詩》比作「活物」，「夫《詩》活物，千變萬化不可量。」《詩
解》一書與傳統傳疏有所不同，詩中所涉人物事件的準確與否，不是其關注
的重點，而更擅長於捕捉詩人微妙的心理悸動。總之，伊藤仁齋以後的大量
《詩》著，儘管離完全意義上的文學研究還有一定距離，但「《詩》道性情」

〔註24〕齋藤高壽，復古毛詩〔H〕，國立國會圖書館藏寫本。

〔註25〕伊藤仁齋，詩説〔O〕//伊藤仁齋，古學先生文集，京兆玉樹堂享保丁酉年（1717）
　　　刊本。

〔註26〕伊藤仁齋，語孟字義·總論四經〔M〕//日本儒林叢書，東京，岩波書店，1929，
　　　177。

〔註27〕太宰純，朱氏詩傳膏肓〔O〕，東大總合圖書館藏文英閣、青竹樓延享三年（1746）
　　　刊本。

的觀點已經深入人心，他們無不把其作為釋《詩》論《詩》的根本出發點。更有甚者，「隨著商業發展帶來的市民文化需求，甚至也把《詩經》納入到俳諧、川柳等通俗文學的表現範圍之中，甚至有的好文之士，嘗試用日本的戲劇形式來宣揚《詩經》，這些都是以往沒有的現象，可以說在中國也不很多見。〔註28〕」他們以群體的力量徹底改變了日本《詩》學的走向，一個嶄新的《詩》學時代並由此開啓。筆者認為，日本《詩》學特質的形成是以《詩經》文學研究意識的萌動真正開始的。而在其中扮演催化角色的因素無疑就是町人文化。王曉平先生對伊藤仁齋等人的《詩》道人情說有如下評說，「伊藤仁齋等人提出的詩傳人情之說，太宰春臺等人對勸善懲惡詩說的抨擊，都不能不從町人世界觀、價值觀的蔓延來解釋。〔註29〕」我們從中更能看清《詩經》文學研究與町人文化之間的必然聯繫。

町人文化是給日本《詩經》學注入的一針強心劑，在它的作用下，鑄就了《詩經》在日本最輝煌的一段歷史時期。如果從日本《詩》學自覺時代的到來為起點，那麼具有真正學理意義上的日本《詩經》學史，其實是從 18 世紀初才正式拉開帷幕的。而在其中扮演過重要角色的社會生態因素，則莫過於由商品經濟發展帶來的町人文化的高漲。因此，研究日本《詩經》學史，町人文化與日本《詩經》研究之關係，是我們必須首先需要弄清楚的一個問題。

第二節 《詩》言性情說與《詩經》的文學研究

江戶中期町人文化的盛行，社會上形成一股強烈的「崇情」思潮，尊重生命，肯定情慾成為這個時期的文化主流。《詩經》研究也表現出對「情」的格外關注，其實質就是《詩經》文學生命的發現。這場《詩》學領域的重大變革，首先由古義學派的創始人伊藤仁齋發起，提出著名的「《詩》道性情」論。之後由荻生徂徠、太宰純等人最終完善。《詩經》文學本質的發現，在日本《詩經》學史上具有里程碑式的重要意義。日本《詩》學的自覺正是從《詩經》文學性的發現而發端的。張永平說：「具體在《詩經》研究上，就是漸漸背離和批判程朱理學和朱熹「勸善懲惡」說，用「人情」來解《詩》說《詩》，

〔註28〕 王曉平，日本詩經學文獻考釋〔M〕，北京，中華書局，2012，380。
〔註29〕 王曉平，日本詩經學史〔M〕，北京：學苑出版社，2009。

這標誌著日本學者的《詩經》研究開始脫離了祖述、啓蒙的階段，逐步形成獨立的學問體系。〔註 30〕」藤田作太郎《國文學史講話》在論及日本文藝的獨特性時說：「擺脫了外國影響，令自身力量覺醒的平安朝和元祿時代，雖有貴族性和貧民性之差異，卻同樣重感情寫戀愛，赤裸裸地描寫人生。〔註31〕」藤岡作太郎認爲，元祿時代是日本文藝覺醒的時代，其外在表現形式是對人情的描寫。它正好與日本《詩經》學自覺的時間和表現形式高度一致。因此江戶時期不僅是《詩》學自覺的時代，而且是整個思想文藝界全面覺醒的時代。

　　談及日本《詩經》的文學研究，不得不從伊藤仁齋說起。伊藤仁齋在日本儒學史上佔有極其重要的學術地位。對於《詩經》學，以其極富革新意義的獨特理解，提出「《詩》道性情說」和「《詩》無定義說」，標誌著日本《詩經》學自覺時代的到來。並且這兩大理論直接改變了江戶初期以來祖述《朱傳》的《詩》學走向，開啓了江戶中期《詩》學研究多元化的嶄新局面。

　　伊藤仁齋（1627～1705），名維楨，字源佐，號仁齋，私諡古學先生，京都人，古義學派的創始人。著有《論孟古義》、《中庸發揮》、《大學定本》、《論孟字義》、《童子問》等。仁齋回顧自己的學術經歷說：「余十六七歲時，讀朱子四書，竊自以爲是訓詁之學，非聖門德行之學。然家無他書，《語錄》、《或問》、《近思錄》、《性理大全》等書，尊信珍重，熟思體玩，積以歲月，漸得其肯綮。二十七歲時著《太極論》，二十八九歲時著《性善論》，後又著《心學原論》，備述危微精一之旨，自以爲深得其底蘊，而發宋儒之所未發。然心竊不安，又求之於陽明、近溪等書，雖有合於心，益不能安。或合或離，或從或違，不知其幾回。於是悉廢《語錄》注腳，直求之於《論》、《孟》二書。寤寐以求，跬步以思，從容體驗，有以自定醇如也。於是知余前所著諸論，皆與孔孟背馳，而反與佛老相鄰。〔註32〕」大致以三十五歲爲界，其學術思想分爲前後兩期。前期研讀朱子學，深信不疑。後期對朱子學產生質疑，並構築帶有鮮明個性特色的新的學術體系。從尊朱到疑朱的重大思想變遷，有著深刻的學術意義，它標誌著日本儒學的覺醒，是儒學日本化進程中邁出的

〔註30〕張永平，明治以前日本詩經學變遷〔J〕，安徽文學，2008，第 10 期，196。
〔註31〕祈曉明，江戶時期的日本詩話〔M〕，北京，中國社會科學出版社，2009，184。
〔註32〕伊藤仁齋，古學先生文集〔M〕∥日本思想大系，東京，岩波書店，1971，卷四 288。

關鍵一步。江戶 260 年的學術思潮經歷了三次轉變：初期藤原惺窩、林羅山等人一變之前的漢唐注疏而爲宋元義理。中期伊藤仁齋、荻生徂徠再變宋元義理爲孔孟儒學，後期大田元貞等人三變孔孟儒學爲清代考據。由伊藤仁齋創設的日本古義學派，是日本儒學史上最具民族特色，最符合日本文人心理特徵的學派。也是儒學日本化進程中的一次突變。因此，伊藤仁齋在日本漢學史上享有極高的聲譽。他的出現，標誌著日本儒學研究特色的開始形成。

　　同樣，日本的《詩》學史也以伊藤仁齋爲轉折點改變了發展的航向。江戶初期的《詩》學研究緊隨幕府初建時期的政治文化導向，秉持著「文以載道」的學術理想，爲大一統國家的思想文化建設立下赫赫戰功。17 世紀末期，隨著文化生態的變遷，伊藤仁齋適應時代之要求，憑藉其對《詩經》的獨特感受，主情解《詩》，爲江戶中期《詩》學研究多元化的發生奠定了理論基礎。仁齋的《詩》學認識大大不同於以往，頗具有現代《詩》學研究的意味，他提出的一些觀點就是放在現在也不過時。仁齋於《五經》用功不多，《詩》學觀點往往散見於他的其它著作當中。

　　首先，他認爲《詩》是古代社會和古人性情最形象逼真地再現。自《詩》編定以來，大致經歷了孔孟《詩》學、漢唐《詩》學、宋元《詩》學和清代《詩》學四個歷史階段。孔孟《詩》學重《詩》之「言志」功用；漢唐《詩》學重《詩》之「美刺」效果；宋元《詩》學重《詩》之「勸懲」作用；清代《詩》學重《詩》之「學術」魅力。還沒有那個時代將全部注意力集中於《詩》對於考察上古社會和了解先民內心的還原功能。仁齋在《詩說》中說：

　　　　古之載籍，若《易》以道陰陽，《書》以道政事，《春秋》以道
　　名分，格局既定，體面各殊。惟《詩》出於古人吟詠情性之言，而
　　無勉強矜持之態，無潤飾雕鏤之詞。是以見者易入，而聞者易感，
　　故聖人取焉。〔註33〕

　　　　夫畫雪者不能繪其潔，畫花者不能繪其馨，畫禽者不能繪取聲，
　　畫人者不能繪其情，而畫古之風俗，而能繪其盛衰治亂、人情物態
　　者，其惟《詩》乎！故讀《二南》，則觀文王風化之盛，猶正月之吉，
　　父母兄弟，相集一堂，具儀設宴，竟日嘉樂，頓忘窮歲之勞矣。讀

―――――――――――――――
〔註33〕伊藤仁齋，詩說 //古學先生文集〔O〕，京兆玉樹堂，享保丁酉（1717），卷三
　　　16。

《國風》，則猶其怨悱苦樂，愛憎毀譽，躬自有之。窮則欲求其生路，達則欲及其所愛矣。讀《二雅》《三頌》，則又身生成周之世，在朝廷郊廟之間，而面觀其揖遜登降，穆穆熙熙，受釐陳戒，接神奉粢之容矣。其盛衰治亂、人情物態溢乎言表，千載如新，所謂有聲之畫也。〔註34〕

若夫雅頌之篇，則往往聖人君子之所作，而其詞若稍涉謹嚴，深邃雅奧，不遽可讀焉。至於二南之詩，則猶春陽之氣著物，物自發生，濃鬱芬馥，自襲人衣。蓋滿腹樂義，而雖一樂字，亦著不得，所以為至也。〔註35〕

伊藤仁齋從《詩》中讀到的是「興衰治亂」和「人情物態」，稱之為「有聲之畫。」跟現代《詩經》學研究中的歷史觀和人情觀頗有幾分相像。而上述兩種態度都是基於《詩》的文學本質而言的，仁齋非常看重《詩》的藝術效果，說「雅頌」是「稍涉謹嚴，深邃雅奧」，談「二南」是「猶春陽之氣著物，物自發生，濃鬱芬馥，自襲人衣」。而尤其關注《詩》中作者內心世界的真實呈現，「惟《詩》出於古人吟詠情性之言，而無勉強矜持之態，無潤飾雕鏤之詞。」仁齋給《詩》貼上了人情的標籤，人情成為他討論《詩》或詩歌的核心概念。「蓋詩以俗為善，三百篇之所以為經者，亦以其俗也。詩以吟詠性情為本，俗則能盡情。琢磨過甚，斲喪性情，真氣都剝落盡矣，所謂七日混沌死也。〔註36〕」「人情盡乎《詩》……夫人情無古今無華夷，一也。苟從人情則行，違人情則廢。苟不從人情，則猶使人當夏而裘，方冬而葛。〔註37〕」東涯說：「其於《詩》也，以為《詩》之作，皆直敘人情。凡悲歡憂樂，物情世態，皆於是乎寫焉。〔註38〕」仁齋的詩學主張也貫徹到作詩當中，追求感情的自然流露，不飾雕琢。北村可昌評價他的詩說：「不屑屑於文詞聲律之間，出於性情，

〔註34〕 伊藤仁齋，詩說〔O〕//古學先生文集，京兆玉樹堂，享保丁酉（1717），卷三 16～17。

〔註35〕 伊藤仁齋，詩說〔O〕//古學先生文集，京兆玉樹堂，享保丁酉（1717），卷三 17。

〔註36〕 伊藤仁齋，題白氏文集後〔O〕//古學先生文集，京兆玉樹堂，享保丁酉（1717），卷三 30。

〔註37〕 伊藤仁齋，語孟字義·總論四經〔M〕//日本思想大系，東京，岩波書店，1971，159。

〔註38〕 伊藤東涯，先府君古學先生行狀〔O〕//古學先生文集，京兆玉樹堂，享保丁酉（1717），卷首 8。

不須割裂。〔註 39〕」這是日本《詩》學史上的創說，可以說日本《詩》學的自覺是以《詩》文學意識的萌動而實現的。

其次，《詩》無一成不變的意思，讀者應根據自我讀詩的感受來理解詩意。小序和《朱傳》都規定了詩篇固定的含義，人們墨守成規，鮮有人提出質疑。日本的學人尤其堅信不疑，仁齋是日本打破成規的第一人。首先，他非常委婉含蓄地指出了小序和《朱傳》的不合理性。他說：

> 《詩》有美刺，蓋《詩》之作，有有作者者，有無作者者。大抵當時不知誰人所作，或作詩以諷人之淫，或本無此事，而託辭以見其情。朝野流傳，以相詠歌耳，非專有意美某人刺某人也。後之錄詩者，或國史，或采詩官，撮其大意，爲某詩美某人，某詩刺某人，今之小序是也。而朱子悉廢小序，而直據經文，以著其義。然後之諸儒多言小序不可廢焉，其說皆有明據。愚又謂若非小序而悉據經文，則事多有害於義者。《桑中》詩曰：云誰之思，美孟弋矣。三章曰：云誰之思，美孟庸矣。如朱子之所說，則是一人而相期約於三人乎？三人各有所期約乎？《丘中有麻》詩曰：丘中有麻，彼留子嗟。又曰：丘中有麥，彼留子國。《山有扶蘇》曰：不見子都，乃見狂且。又曰：不見子充，乃見狡童。是一人而私兩人乎？二人各有所私乎？若謂二人各有所私，則此一首詩而出於二人之手也。若謂一人而私二人，則一幽僻地不可同留二人也。羞惡之心人皆有之。雖淫奔者不可自發其所好，不可自發其奸。其不相通也如此。故悉廢小序，而直據經文，則國風諸篇類皆爲淫奔者之所自作，而美刺之旨不明矣。故曰事多有害於義者，正爲此也。〔註40〕

在對小序和《朱傳》的否定中，仁齋更多地將矛頭指向《朱傳》，以爲《朱傳》還不及小序。在此基礎上，他提出了《詩》無定義說。「《詩》之一經，聖人遊戲三昧書也。其言本無定義，其義亦無定準，流通變動，千彙萬態，挹之而愈不竭，叩之而愈無窮。高者見之而爲之高，卑者見之而爲之卑。可以興，可以觀，可以群，可以怨。所謂橫看成嶺，直看成峰。而各從人之見趣，此《詩》之妙也。〔註41〕」《詩》經聖人裁定，神聖不可褻瀆，千百年來人們奉

〔註39〕北村可昌，古學先生詩集〔O〕，京兆玉樹堂，享保丁酉（1717），序。

〔註40〕伊藤仁齋，語孟字義〔M〕//日本思想大系，東京，岩波書店，1971，155。

〔註41〕伊藤仁齋，詩說〔M〕//古學先生文集，京兆玉樹堂，享保丁酉（1717），卷三 15～16。

之爲眞理。伊藤仁齋卻不嚴肅地稱之爲「遊戲」之作，《詩經》至高無上的聖
典光環瞬間煙消雲散，代代儒生賦予它的「先王之道」不攻自破，《詩》變成
了一部普通的詩歌總集。《詩》卸下了歷史的負擔，《詩》之「六義」自然要
重新解釋。在「《詩》無定義」的理論指導下，「六義」變成了古人用詩之六
法。

> 予故謂詩六義亦當不在作者之意，而在讀者之所用如何。蓋風
> 賦是一類，比興是一類，雅頌是一類，風賦在尋常之所用，比興在
> 臨時而寓意，雅頌取於音聲。

> 故一詩各具六義，而六義通於三百篇之中。古人用詩之法，豈
> 不大且廣乎。〔註42〕

> 詩之用，本不在作者之本意，而在讀者之所感如何。蓋詩之情，
> 千彙萬態，愈出愈無窮。高者見之，則謂之高，卑者見之，則謂之
> 卑。爲圓爲方，隨其所遇。或大或小，從其所見。

> 夫子特許子貢子夏，以始可與言詩已矣者。蓋以非二子之穎悟
> 文學，不足以盡詩之情也，是讀詩之法也。若《鄭箋》、《朱傳》，徒
> 著作詩之來由，而不知本之於古人讀詩之法。惜哉！〔註43〕

不過，值得一提的是，仁齋的「《詩》無定義」說是以春秋戰國時期的「賦詩
言志」作爲文獻理論依據的。東涯《先府君古學先生行狀》也說：「其讀之者，
皆斷章取義，遊戲自在，本賦是事也，而隨讀者之見識如何，而千變萬化，
不可拘一。嘗欲著《詩傳》，舉古人引詩者於各章之下，以見引詩之活法，有
志而未果。〔註44〕」且不論這一觀點的源頭來自哪裏，仁齋的《詩》學觀都
是極富有創新意義的，是他發現了《詩》作爲詩歌的藝術美，這是日本亙古
未有的大發現。同時，仁齋破除了對朱子學的迷信，爲當時全社會缺乏生氣
的《詩》學氛圍帶來了一縷陽光。更爲重要的是，結束了日本長期被動接受
中國《詩》學的歷史，迎來了日本獨立思考，眞正介入《詩》學研究的新時
代。

〔註42〕 以上兩條引文皆出自伊藤仁齋，詩說〔O〕//古學先生文集，京兆玉樹堂，享
　　　　保丁酉（1717），卷三16。
〔註43〕 以上兩條引文皆出自伊藤仁齋，語孟字義〔M〕//日本思想大系，東京，岩
　　　　波書店，1971，154。
〔註44〕 伊藤東涯，先府君古學先生行狀//古學先生文集〔O〕，京兆玉樹堂，享保丁
　　　　酉（1717），卷首7～8。

　　伊藤仁齋的《詩》學觀對江戶中期的《詩》學影響至深，開啓了後世《詩》學研究多元化的新局面。我們不能否認天才對於推動社會文化發展的歷史作用，事實也證明，伊藤仁齋的崛起確實將日本儒學的發展提升到一個新的高度。準確地說應該是仁齋的聲音代表了社會的呼聲，所以能夠一臂高呼，眾聲相應，以極快的速度改變社會文化發展的軌跡。仁齋開門授徒以來，自願跟隨他學習且著錄在冊的學生高達三千餘人，足以說明仁齋學說的受歡迎程度。受仁齋的影響，經過荻生徂徠、伊藤東涯、太宰純等人的繼續努力，朱子學大廈終於全面坍塌，儒家學術由此進入一個百家爭鳴、全面繁榮的新的歷史時期。當然，日本江戶《詩經》學史也從此翻開嶄新的一頁。

　　繼承伊藤仁齋《詩》學觀最徹底的莫過於大名鼎鼎的太宰純。太宰純（1680～1747），字德夫，小字彌右衛門，號春臺，又號紫芝園，信濃人。太宰純天資聰明，八歲其父向他口授《論語》、《孝經》，以後不復學句讀，自能讀書。九歲隨父至江戶，從中野撝謙治朱子學。十五歲初仕出石侯。非其所好，五年後不辭而別。開始遊學，聞荻生徂徠倡導復古學，拜其門下研學古文辭。三十二歲還都，仕生實侯。三十六歲時，謝病而去，不復爲仕，退而專研六藝古文。其性格怪僻，以苛禮律己，不爲權勢屈己。嚴村侯是當時炙手可熱的高官，個人窮達榮辱皆出於其手，延請太宰純做世子的老師。世子無送迎之禮，他怒言斥之，連續幾日不復登門。世子無奈，之後不得不厚禮相待。太宰純善吹笛，東睿法喜歡音樂，派人邀請他切磋技藝。他絕然推辭說：我是一儒生，若以儒生身份相召，自然不推辭。若爲了滿足他們私欲的需要而召我，我決不答應。自此以後不再吹笛。某侯贈送太宰純乾海參，不愼肉破味變。他遣人送回，捎言說這是無禮不尊重我的行爲。此侯不得已道歉，並更送海參。今我國所傳孔安國傳《古文孝經》，就是經他整理而傳入我國的。乾隆四十一年，鮑以文翻刻入《知不足齋叢書》中。吳騫序曰：「《宋史・日本傳》謂，其國太宰府，遣人貢方物，或收得其牒。今序刻是書之太宰純，未詳爲何如人。日本多世職，太宰純豈猶其苗裔，或以官爲氏者乎？惜乎十萬里之波濤難盡，不易問耳。」序中所提到太宰純即此人。著有《周易反正》、《易占要略》、《春秋歷說》、《論語古訓》、《論語古訓外傳》、《六經略說》、《文論詩論》、《聖學問答》、《斥非》、《紫芝園漫筆》、《春臺先生文集》等。《詩》學論著有《朱氏詩傳膏肓》、《詩書古傳》兩種〔註45〕。

〔註45〕太宰純生平可參考原公道，先哲叢談〔O〕，國立國會圖書館藏武阪府書林文化十二年（1816）刻本，卷六 19～25；服子遷，春臺先生墓碑，稻垣長章，

　　太宰純寫於享保十五年（1730）的《朱氏詩傳膏肓》，仿漢何邵《左氏膏肓》而得名，意取朱熹《詩傳》病入膏肓，不可救藥。太宰純的《詩》學觀主要體現在該書中。書中指謫《朱傳》的謬誤，刪去其中的義理之說，說明詩人的本旨。明確表示要從漢儒的訓解中去尋求詩意。太宰純聽從徂徠的旨意，類聚西漢以前徵引《詩》《書》的材料，以篇次為序，十年磨一劍，編成《詩書古傳》一書，凡三十四卷，以彰顯「《詩》《書》義之府也」的核心價值〔註46〕。有學生問他學《詩》的方法，他回答說：「從毛鄭及《爾雅》訓詁，以求其義。不問作者之賢否，不議言之邪正，但誦其辭，朝夕諷詠，以求其為人溫柔敦厚而不愚。可以興，可以觀，可以群，可以怨，可以事父，可以事君，可以多識於鳥獸之名。與夫可以言，可以達於政事，可以使於四方而能專對，可以不牆面而立者。〔註47〕」他認為三百篇序成於子夏，《毛傳》傳自孔子。雖有可疑之處，然而可據以說《詩》的地方甚多。以上論說都是些老生常談的論調，太宰純顯然沒有花太多的心思在漢宋之爭上，更無心在推崇漢學的基礎上錦上添花。而是將一腔怒氣發泄在《朱傳》上，向世人表明其復古的立場。

　　太宰純的《詩》學價值主要體現在其基於《詩經》文學本質的思考。他提出「詩無古今」「詩有古今」看似對立的兩種觀點。其實二者並不矛盾，都是其文學思考的結果。所謂「詩無古今」，指的是古今詩歌都是人情的言語化，人情是聯繫古今詩歌永恆的紅線。所謂「詩有古今」，指的是古今詩歌語言的差異，這是社會發展必然的結果。也就是說，古今詩歌的內在精神是不變的，改變的只是其外在的形式而已。我們從三個方面來分析其對「詩無古今」的理解。

　　首先是《詩》道性情。這是從《詩》的本質上立論的。舊有「詩言志」說，純將「言志」也歸到「情」的範疇之中。他說：

　　　甚矣，仲晦之昧於《詩》也。夫《詩》者何也？人情之形於言
　　者也。人無不有情，而情各不同。人君有人君之情，士大夫有士大

　　　春臺先生墓誌，松崎惟時，春臺先生行狀 // 太宰純，春臺先生文集前後稿二
　　　編，國立國會圖書館藏嵩山房刻本。
〔註46〕孔穎達，春秋左傳正義〔M〕// 阮元，十三經注疏〔M〕，北京，中華書局，
　　　1980，1822。
〔註47〕太宰純，朱氏詩傳膏肓〔O〕，東大總合圖書館藏文英閣、青竹樓延享三年（1746）
　　　刊本。4，以下凡未標明太宰純引文出處者，皆出自該書。

夫之情，庶民有庶民之情，奴婢藏獲有奴婢藏獲之情；男有男之情，
女有女之情；父母有父母之情，子有子之情，兄弟有兄弟之情。君
子小人皆有其情，人無不有情。惠子曰：人而無情，何以謂之人。
情者，實也，無僞之謂也。君子不知人情，不可以蒞民；爲政而不
知人情，必有不行。是故，古之君子，患不知人情，而必欲知之。
然人情難知，人情之所以難知者，蓋以自王公以下，至於家人父子
男女之間，爲情各殊。必也身處其地，親爲其事，然後有以知其情。
君子正其衣冠，尊其瞻視，安居華屋之下，苟以求知小人之情，不
亦難乎。又況人主在九重之內，而欲知閭巷人情，難之難矣。今夫
《詩》者，人情之行於言者矣，三百篇其盡之矣。

儘管還披著「獻詩」「爲政」等舊說的外衣，然《詩》盡人情的本質說卻是貨
眞價實的。太宰純從性質上規定了三百篇的屬性。

　　其次，三百篇確立了後世詩歌發展的風雅傳統。三百篇既是中國詩歌的
源頭，也是中國詩歌史上一座難以跨越的高峰。太宰純著有《詩論》，回顧了
整個詩歌發展的進程，三百篇確立的詩歌風格成爲衡量後世詩歌優劣的唯一
標準。如論唐詩，「體雖異於四詩，然風雅之致，宛然可觀矣。〔註48〕」中國
詩歌的源頭其實有兩支，一支是三百篇開創的現實主義詩風，另一支是屈原
開啓的浪漫主義詩風。他好像對騷賦的興趣並不大，甚至有厭惡之感。說：「夫
詩三百定於孔氏，君子必學之。騷賦則滑稽憂辭，不學習矣。不啻不學習，
亦不讀可矣。唯《詩》乎，三百篇尚矣。雖後世之詩，苟本人情，而不違風
雅之道，則可以繼三百篇，何用作賦爲？予嘗謂後世學者所以多事，文辭爲
之累也。文辭之累，賦居第一。〔註49〕」李白與杜甫的詩比較，太宰純傾向
於喜歡杜甫。原本兩種詩風的兩套評價體系，被他根據自己的主觀喜好歸爲
一類。可見三百篇在其心中至高無上的詩學地位。

　　第三，《詩》無定義。從接受美學的角度來看，詩歌作品無一定之意，全
憑讀者的二次創作最終完成作品的意義。太宰純認爲三百篇與後世詩歌一
樣，同樣沒有固定的意義。但是，《詩序》的存在是不爭的事實，它居高臨下
地指明《詩》唯一解讀的可能性。他沒有一味地否定《詩序》，而是剝奪其生
殺予奪的大權，將其置於一個無足輕重的位置。說：「夫事必有因由，詩之有

〔註48〕 太宰純，文論詩論（H），國立國會圖書館藏明治十四年（1881）寫本。
〔註49〕 太宰純，文論詩論（H），國立國會圖書館藏明治十四年（1881）寫本。

序，且言其所由作耳，非有深意也。若執之以說《詩》，尤非聖人所以垂教之意也。」《詩序》僅僅交待了詩產生的「因由」而已，「非大義所關」，它不足以也不應該左右讀者的理解。太宰純說：「凡詩無一定之義，在觀者所見何若耳。」又說：「詩無定義，唯人所取」。

太宰純說：「詩無古今，而有古今焉。有古今者，辭也。」作為古文辭派的嫡傳弟子，純自然對《詩》的語言特點關注甚多。約言之，純大致強調了三點，可以概括為語言美、韻律美和通俗美。其一語言美。純對《詩》的語言有一個總的概括，說：

> 其辭溫厚而不慢，質實而不俚，方正而不角，的切而不刻，紆
> 徐而不回，委屈而不瑣，華麗而不淫，儉素而不陋。美而不諂，刺
> 而不隱，怨而不怒，愛而不私。

較之舊說「溫柔敦厚」「主文譎諫」，太宰純吸收了後世詩歌語言的風格納入到詩三百的世界，增強了其語言形式美的分量。其二韻律美。透過不同顏色的鏡片看到的是不同色彩的世界，朱熹戴著理學的眼鏡，從詩三百重章疊句的形式中看到的是詩人的微言大義。而太宰純戴著文學的眼鏡，從詩三百重章疊句的格式中讀到的是詩的韻律美。如《北風》三章分別言「攜手同行」「攜手同歸」「攜手同車」。朱熹曰：「同行同歸，猶言賤者。同車，則貴者亦去矣。」太宰純反駁曰：「同車亦換韻而言耳。安有同行同歸言賤者，而同車特言貴者乎？若更送一章，則必曰同舟，晦庵豈將解之曰無足者亦去邪。」《陟岵》次章曰「嗟予季行役」，《朱傳》曰：「季，少子也。尤憐愛少子者，婦人之情也。」太宰純曰：「《傳》云：季，少子也。晦庵取之，是也。予季，猶予子也。換韻而已，安有人母以愛少子而曰予季哉？」《兔爰》篇末句云「尚寐無聰」，《朱傳》云：「聰，聞也。無所聞，則亦死耳。」太宰純曰：「聰聞也一句，《毛傳》也。無可議焉。無聰，猶無覺也。換韻而已，何必以無所聞為死乎。」他用詩歌的韻律論消解了朱熹強加於詩三百之上的深意。這樣三百篇就少了一些義理，多了一份節奏感。其三通俗美。用太宰純自己的語言表述即是辭簡意明。如《君子于役》曰「羊牛下來」，《朱傳》曰：「日夕則羊先歸而牛次之。」太宰純反駁說：「牛羊、羊牛在詩辭，何先後之可拘哉。《費誓》曰：今惟淫舍牿牛馬。又曰：馬牛其風。又曰：竊牛馬。如晦庵說之，則將曰舍者先牛而後馬，風者馬在先而牛次之，竊者先馬而後牛乎。晦庵此等解，使人捧腹。」《鳲鳩》篇，《朱傳》說不知鳲鳩何指，太宰純曰：「今詳全篇，不問其何所

指，而辭義自明。晦庵憾於不知其所指者，何也？」《陟岵》篇二章曰「猶來無棄」，《朱傳》釋「棄」曰「謂死而棄屍也」。太宰純曰：「棄字義明，毛鄭故皆無解。晦庵何必曰死而棄其屍乎？所謂棄者，豈必棄屍哉？」他解詩不像朱熹一樣隨意延伸，他只關注詩歌文辭表面傳達的全部信息。之所以有《詩經》，就因爲一些好事之徒在《詩》文辭上，按照自己的願望，肆意附會而產生的。太宰純徹底否定了這種解詩的方法，提出「詩意本淺」說，從而還詩三百以文學清白之身。

受伊藤仁齋的影響，江戶中期其他學者也都表現出對「人情」《詩》學的贊許。太宰純的老師，江戶學術史上炙手可熱的大儒荻生徂徠，一生於《詩》用力不多，只能從其著作中搜羅出些許條目，但足以判斷出他基於「人情」的《詩》學觀。儘管荻生徂徠不滿古義學派創始人伊藤仁齋的學說，自創古文辭學派與之相抗衡。但是他們的《詩》學觀並無二致。荻生徂徠曰：

> 《詩》者，亦唯如後世之詩也已，其所言不必道德仁義，未足以爲訓誡[註50]。

> 《詩》道性情，主諷詠。觸類而賦，從容以發。言非典則，旨在委婉。繁繁雜雜，零零細細，大小俱在，左右逢源，故其義無窮。大非它經之比焉[註51]。

> 蓋《書》者聖賢格言，《詩》則否，其言無可以爲教者焉，然悉人情莫善於《詩》，故《書》正而《詩》變，非《詩》則何以善用《書》之義乎[註52]。

> 《書》者帝王之大訓大法，孔子所畏聖人之言，是也。《詩》者異於是矣，諷詠之辭，猶後世之詩，古人所以開意智，達政事，善言語，使於鄰國，專對酬酢者，皆於此得焉[註53]。

> 《詩》則異於是矣，諷詠之辭，猶後世之詩。孔子刪之，取於

〔註50〕荻生徂徠，萱園隨筆〔M〕//關儀一郎，日本儒林叢書，東京：鳳出版，1929，16。

〔註51〕荻生徂徠，萱園隨筆〔M〕//關儀一郎，日本儒林叢書，東京：鳳出版，1929，113。

〔註52〕朱謙之，日本的古學與陽明學〔M〕//朱謙之文集，福州，福建教育出版社，2002，442。

〔註53〕富永瀾，古學辨解〔M〕//關儀一郎，日本儒林叢書，東京：鳳出版，1929，49。

辭已；學者學之，亦以修辭已。故孔子曰：不學詩，無以言。後世
乃以讀《書》之法而讀《詩》，謂是勸善懲惡之設焉，故其說至於鄭
衛淫奔之詩而惡窮矣。且其所傳義理之訓，僅僅乎不盈掬焉。果若
其說，聖人盍亦別作訓戒之書，而以是迂遠之計爲也，故皆不知《詩》
者之說矣。如大序乃《關雎》之解，古人偶於《關雎》敷衍以長之
耳。後儒不解《詩》，析爲大小序，可笑之甚也。大抵《詩》之爲言，
上自廟堂，下自委巷，以及諸侯之邦，貴賤男女，賢愚美惡，何所
不有。世變邦俗，人情物態，可得而觀。其辭婉柔正情，諷詠易感，
而其事皆零碎猥雜，自然不生矜持之心，是以君子可以知宵人，丈
夫可以知婦人，朝廷可以知民間，盛世可以知衰世者，於此在焉。
且其爲義，不爲典要，美刺皆得。唯意所取，引而伸之，觸類而長
之，莫有窮已。故古人所以開意智，達政事，善言語，使於鄰國，
專對酬酢者，皆於此得焉〔註54〕。

荻生徂徠屢次極力廓清《詩經》與它經的區別，把《詩經》從道德訓戒的教
化觀念中解放出來，勢必在維護它獨有的文學靈性，以賦予它詩的生命。

其它又如：

六經之教，其所立各別。《易》，卜筮之書
也；《書》，誥命之書
也；《禮》，儀式之書也；《春秋》，記錄之書也；《詩》，歌謠也……
《詩》本聲之教，非如他書之露骨述義理，向人而陳異見者也……
宋儒不知此義，以理說詩，大誤也。……寓一字之褒貶，爲世人之
教誡者，《春秋》之教，後世史官之所守，而未曾假於《詩》者也。

《詩》本非說理辨義之道具。以唯寫人情唱歎之故，人聞之，
其感亦隨之而生……嗚呼！詩之原者一也……同一詩也，雖經歷代
其所用各有不同，然詩在源於人情，表現人情這一點上沒有任何改
變……其本意云者，如前所述，詩乃吟詠人情之聲之道具也……詩
亦以其宜爲吟詠性情之器，而無假史法之義也。

——祇園南海《詩學逢源》

夫《詩》無善惡，無邪正，皆可以見人情之所在也。先王之治
天下，禮樂制度，政教號令；臣子之事君父，服勞幾諫，陳善閉邪，

〔註54〕冢田虎，隨意錄〔M〕//關儀一郎，日本儒林叢書，東京：鳳出版，1929，
53。

皆莫不具備於此矣。所謂可以群，可以怨，邇之事父，遠之事君，及授之以政而能達，使於四方而專對者，亦皆以其能通於人情，而達於世變也。倘否，則所謂牆面而立者也，其不行也必矣。

——並河亮《天民遺言》

蓋詩三百篇，莫不發人情，胸懷之奧，隱微之思，主諷詠而無所隱諱。

——富永瀾《古學辨疑》

先王以聖人之智，垂仁於萬世，以治天下。曰詩、曰書，曰禮，曰樂，謂之四術也。其以《詩》觀人情，以《書》紀政事，《禮》《樂》以爲德之則。

——井上金峨《讀學則》

筆者以爲，人情《詩》學的高揚，是町人文化「崇情」思潮泛濫之下治《詩》者的一種集體無意識反映。江戶時期以復古爲名興起的兩大學派全都捲入到這場《詩》學革命之中。先由古義學派的伊藤仁齋首發其端，再有古文辭學派的荻生徂徠、太宰純師徒二人接踵而起，最後確立了江戶中期「《詩》道人情」的主流《詩》學觀，並深刻地影響到江戶後期的《詩經》研究。他們打著復古的旗號，藉口返回孔孟古義的幌子，卻在建構著適應時代需求的新的《詩》學價值體系，實現了《詩》學研究由「崇理」向「崇情」的轉變。王健說：「他們返回古典，既不是簡單地回到儒學原典，也不是爲了再現儒學原意，而是希望通過對原典的闡釋，重新構建不同於朱子學和陽明學的世界觀和倫理觀。〔註55〕」「實際乃提倡一種新學。〔註56〕」至此，《詩經》研究進入其在日本最輝煌的歷史時期，不僅出現了上述以人情爲主導的《詩》學闡釋，而且還出現了任情解《詩》的現象。

第三節　《詩》言修道說與《詩經》的道學詮釋

皆川願的《詩經繹解》是江戶中期異學色彩最鮮明的著作。皆川願（1731

〔註55〕王健，儒學在日本歷史上的文化命運：神體儒用的辨析〔M〕鄭州，大象出版社，2006，161。

〔註56〕朱謙之，日本哲學史〔M〕//朱謙之文集，福州，福建教育出版社，2002，78。

～1804），名願，字伯恭，號淇園，別號筠齋，稱文藏，諡弘道先生，京都人。生而穎異，四五歲能識字。弟弟成章亦聰慧，其父白洲欲令二子學有大成，經史百家之書，有求必給。名師耆儒有益於啓發者，必延請不辭。淇園從小受到良好的家庭教育。及長，深深意識到小學的重要性，遂潛心字書，精研字義。由字義推文理，務求經義之本旨。作《易》、《詩》、《書》、《禮記》、《春秋》、《論語》、《孟子》繹解，成一家之學。菊池五山《五山堂詩話》卷五說：「近世京中名碩，前有淇園，後有栲亭。淇園雖以經術自任，其說係一家私言，其所長卻在文章上。〔註57〕」登門在籍的學生三千餘人，一視同仁，無貴賤之分。大田錦成也曾拜師門下。〔註58〕著書甚富，就其要者而言，有《虛字解》、《實字解》、《續虛字解》、《易原》、《周易繹解》、《書經繹解》、《詩經繹解》、《四書繹解》、《淇園舉要》等。集子有《淇園文集》、《淇園詩集》、《淇園詩話》。《詩》學著作有《詩經繹解》、《二南訓闡》、《詩經助字法》〔註59〕、《詩經小雅圖》〔註60〕等。《二南訓闡》〔註61〕是《詩經繹解》二南部分的通俗本。據《書經繹解序》說，《詩經繹解》作於天明癸卯（1783）春〔註62〕。淇園在《詩經繹解序》中這樣敘述成書歷程，曰：「予先考白洲先生，嘗有志明道，而自顧年已老矣，於是命予繼其志。予奉命及業爲《詩》，自篇什所成敘次之大旨，以及於草木鳥獸之微，頗皆究之考索，每有所闡，則筆之簡末。蓋自弱冠事之，及年將五十，所筆簡筍，盈溢篋笥。於是集合條理遂成一家之說。〔註63〕」《詩經繹解》十五卷，國立國會圖書館今藏文化九年（1812）平安書肆刊本。旨在解繹文意，故名「繹解」。簡言之，訓解文字以本意爲主，疏解詩意重在義理，將三百篇一變爲君子修身養性的道德說教之書。

　　一、以道德爲核心的心性修養體系。受陽明心學的影響，淇園認識事物的路徑和方法與王陽明頗爲相似。他詮釋經典完全從屬於他的理論，認定的

〔註57〕菊池五山，五山堂詩話〔M〕//日本詩話叢書，卷10，531。

〔註58〕生平參考松村操，近世先哲叢談〔M〕，東京大學總合圖書館藏明治十三年（1880）版，卷上1～6。

〔註59〕皆川願，詩經助字法〔O〕，上下二卷，築波大學中央圖書館藏天明三年（1783）序刻本。

〔註60〕皆川願，詩經小雅圖〔H〕，京都大學附屬圖書館藏寫本。

〔註61〕皆川願訓釋，富士谷成基筆授，二南訓闡〔O〕，上下二卷，國立國會圖書館藏寬政壬子（1792）序刊本。

〔註62〕皆川願，書經繹解〔O〕，國立國會圖書館藏文化九年（1812）平安書肆刊本。

〔註63〕皆川願，詩書繹解〔O〕，國立國會圖書館藏文化九年（1812）平安書肆刊本，序2，以下凡未標明皆川願引文出處者，皆出自該文。

事實在前，而考訂則從於其後，並不是在考訂的基礎上作深入的思考，因而具有很大的主觀臆斷性。淇園認爲治學之道有六，第一便是立本。所謂立本，即存在於本心的修己治人的原始理念〔註64〕。它強調的是讀書之前就應該將修己治人的思想設定爲思考的方向，尤其是體現在凝聚著聖人之道的經學範疇之中，更應具有這樣一種前意識。如此一來，當面對古文獻時，他的思想理念往往表現的尤爲突出，而具體問題的解決卻陷於主觀臆斷。

基於《詩經》，淇園將其與君子人格的培養聯繫起來，曰：「詩之爲言，承也，章相承以陳其志。志者，心之所之，所之安之之道也。是故其志積則其德昭著。且人血氣之所蕩則惑，惑則溺，是故民有禁令不能抑之，刑殺不能威之，是以先王尙德修詩，使文足以繼其志，志足以昭其德。」由此形成詩言志，志昭德的作用鏈條，《詩經》成爲開啓人的道德境界的重要文本。又曰：「君子先以是修之己德，夫然後乃可以教之人矣。」這是對他修己治人立本學說在《詩經》中的具體運用。又曰：「大抵三百篇，教人爲君子之道。」君子人格的培養本是《論語》的核心要旨，淇園則將其成功地移植到《詩經》當中，這是中日都不曾有的對《詩經》文化內涵的新的拓展。儘管《毛傳》、《朱傳》理論體系中也涉及到道德倫理的層面，但都是外在的、次要的、附屬於政治歷史的。只有淇園才眞正把道德自修、人格完善作爲衡量《詩經》價值的唯一尺度。他認爲以往一切對《詩》的詮釋都是錯誤的，曰：

> 凡今之爲《詩》者，不由小序，則由朱說。而小序之言，率多詩中所不有者。朱說以爲烏有捨明白可見之詩辭，而必欲曲從臆讀難信之序說乎。此自至當之論。而馬端臨猶執小序說，則以爲序以明詩人之深意，故不可廢。若如此，論詩必待讀其序而後明者，則三百篇唯有序而足矣，夫子刪詩不亦勞乎。馬端臨又以爲夫茉苢之序，以婦人樂有子，爲后妃之美也，而其詩語不過采掇茉苢之情狀。而黍離之序，以爲閔宗周之顚覆也，而其詩語不過慨歎禾黍之苗穗。此詩之不言所作之意而賴序以明者也，殊不知是主序以觀詩，不自知其謬者耳。詩語已無此辭，則序之附會，不辨已明矣。而反謂詩意賴序以明，豈非謬惑之甚乎！然而朱氏之詩說，亦甚憒憒。蓋勸善懲惡，乃《春秋》之教，見於《左傳》。而乃以爲《詩》以勸善懲

〔註64〕皆川願，問學舉要〔O〕，國立國會圖書館藏安永甲午（1774）皇都書林刊本，1。

惡爲教，此其意雖本於孟子「《詩》亡而《春秋》作」之語，然而即
如此説，則《禮記》又何言詩教溫柔敦厚也。且《詩》果可以勸善
懲惡，則其亡何不復作《詩》而作《春秋》也？此豈非添蛇足之比
乎！且朱氏其論雖斥毛説，然視其詩解，猶尚依違於小序之間，則
亦是陽忌陰收，徒逞言説者耳。至如明何楷《世本古義》，則《竹書》
《汲冢》雜僞交徵，而説亦多迂曲不通。此不唯無鑒裁，而並又不
知《詩》矣。三家之説，其難信者如此，則詩三百之設，其爲教者，
其將何以爲定説乎？〔註65〕

相較於《詩序》、《朱傳》、何楷《詩經世本古義》外向的、政治性特徵，《詩
經繹解》則是內向的、道德性的。

《詩經繹解》主要解決的是如何通過學習《詩經》，使人的外在道德行爲
與內在心性和諧統一的問題。如《關雎》篇旨言：「擬思中德而求實與相配。」
強調人應該時刻內省，以保持「中德」與「實」的統一。《卷耳》篇言：「道
不難求，而人唯以不能去其希世之心，是以常與其道遠也。」告誡學者切忌
因爲個人欲望，影響到對道的執著追求。《芣苢》篇言：「命自彼情，而不我
以者矣。不終其欲采，則不可獲也。」告訴學者要堅持對天道的探求，不達
目的誓不罷休。《騶虞》篇言：「多備其物，然後可以適時用，則又可以得不
失道之中正焉。」加強學習，廣博聞見，才有可能獲得大道。《詩經繹解》所
有的意義都指向人的道德自修和人格的完善。

二、以字義爲鈴鍵的語言解釋方法。淇園所謂的「字義」有兩個要素
需要把握。一是關注每一個字的含義。無論實詞還是虛詞，經文中的每一
個漢字都要做到確解。二是務求字的本意。當然《詩經繹解》中也存在大
量望文生義的情況。淇園甚爲看重字義的訓解，曰：「不知字義而解書，譬
猶昏夜辨遠樹，松杉檜柏無所不可以言矣。〔註66〕」爲弄清每個漢字的含
義，曾「收獵秦漢古書廣窮字義〔註67〕」，最後成《虛字解》、《實字解》、《續
虛字解》、《史記助字法》、《詩經助字法》等一系列語言學著作。在今天看
來，這些書仍然具有很高的參考價值。顯然，淇園對字義的苛求，是受到

〔註65〕皆川願，問學舉要〔M〕//關儀一郎，日本儒林叢書，東京，鳳出版，1929，
　　　　11。
〔註66〕皆川願，問學舉要〔O〕，國立國會圖書館藏皇都書林安永甲午（1774）刊本，
　　　　6。
〔註67〕皆川願，答那古屋辰富//願文集〔H〕，國立國會圖書館藏寫本，45。

清代考據學深刻影響後的一種自覺訴求。不過，二者還是有所差別，清代
小學重實證考索，而淇園則更多地依賴主觀判斷。具體來講，淇園的文字
訓釋有以下三個特點。

其一，隻字必求，不放過經文中的任一文字。淇園年少時即意識到文字
對於闡釋經義的重要性，也曾下過苦功精研文字，有著深厚的文字學功底。
因此，對他而言，做到這一點也不算太難。實詞自不必說，令我們驚歎的是
他對於虛詞的恰當處理，古今中外也不曾有像淇園這樣重視虛詞在經文中的
作用。如「在河之洲」中的「之」字，曰：「注物所用情於前所言之辭。」意
爲「之」字強調的是它之前一個字。如「葛之覃兮」之「兮」，曰：「兮者，
取意之所稽於前言之辭。」說明「兮」字也有強調前字的意思。又如「施於
中谷」之「於」，曰：「於者，內持其所止之處而以屬諸其所入至之辭。」意
爲「於」具有由此及彼的方向性內涵。淇園對無關大義的虛詞的審慎態度，
透露出《詩經》作爲一部文化經典在淇園心中的至高位置。

其二，追溯文字本意。自毛公始，前儒皆迴避文字本意，而採用適合疏
通經文的文字引申義。願一反常態的做法，確實帶給讀者不一樣的感受。如
《關雎》「在河之洲」之「河」，依據「河」在古文獻當中的常見解釋釋作黃
河。「左右流之」之「流」釋作「水流」。「君子好逑」之「好」字，曰：「度
其心於物，不厭其來之以過甚之謂。」因爲「好」易於把握又不好用文字描
述，故前人通常不作訓釋。淇園卻作出似是而非的解釋，顯示出他對語言非
凡的掌控能力。同時將文字理解與生命體驗緊密結合，曰「度心於物」，達到
了言爲心聲的藝術效果，體現出淇園把握世界的一般規律。實際上，《詩經繹
解》就是運用這種「格物」的渠道，對《詩經》作出的生命闡釋。

雖然以取文字本意爲主，但也存在大量「繹解」或者稱作「臆解」的現
象。它用演繹或推理的方法揣測文字本意。這種情況極易迷惑人，而事實上
缺乏理論依據。如「寤寐思服」之「服」，淇園曰：「謂身載行之而莫之違去
也。」相信淇園首先想到的是衣服，故曰「身載行之」，而後之「莫之違去」
則是繹解的成分。如果簡單釋作衣服，會極大地影響到他對章旨和篇旨的推
陳出新，這也是不得已的無奈之舉。又如「君子好逑」之「逑」，曰：「其行
欲以屆於其物之謂。」從文字形體著眼，「逑」由形旁和聲旁兩部分組成。淇
園從形旁出發，認爲此字表示處於運動狀態，故曰「行」。從聲旁出發，則認
爲表示意欲得到某物之意。兩者結合，就得出以上的解釋。所以說具有極大

的迷惑性。總體而言，淇園是以文字本意爲主，中間穿插演繹的成分，以服務於篇旨的「繹解」。

　　其三，因聲求意、假形索意的文字解讀方法系統。淇園說：「求之其聲之象數者上也，求之其書之形狀者其次也。又皆須多按古書使用之例，以參驗其實。〔註68〕」具體文辭的詮釋固然富有特色，而淇園以小學爲管鑰構建的解讀系統更值得我們注意。它對於江戶末期以來文字考據學的形成有重大影響。所謂「因聲求意」，即依據古音尋求古意，亦謂之聲訓，這是一種基本的訓詁方法，淇園用之較多。如「關關雎鳩」之「關」，淇園以爲「關」音「鰥」，意亦通，謂其宜有內耦反而獨處之意。「我馬虺隤」之「虺」與「隤」，認爲「虺」與「壞」通，意爲物自壞。「隤」與「穨」通，有穨敗意，故曰：「隤者，物不能體持而從於墮也。」「我馬玄黃」之「玄黃」，以爲「玄」與「眩」通，「黃」與「皇」通，「皇」又與「惶」通，「玄黃」意爲目眩心慌之意。淇園的聲訓難免有武斷之嫌，然其對「因聲求意」方法的自覺運用，在江戶《詩》學史上卻具有重要意義。所謂「假形索意」，即根據文字形體揣測古意，亦謂之形訓，也是一種常用的訓詁方法。上面提及的「君子好逑」之「逑」就是最典型的例證。又如「遵彼汝墳」之「遵」，曰：「遵者，內執其道，承其之率，而以達之之謂。」也是將「遵」分爲形旁聲旁兩部分，分別揣測，最後合成此解。又如「麟之趾」之「麟」，淇園以爲「麟」又作「麐」，「麐」從吝，有愛吝之意，故麟有仁獸之稱。

　　三、以興喻爲樞紐的意義轉換機制。「興」由《詩》之六義到《毛傳》對興的重新界定，興成爲六義當中最富生命力的要素，也是《詩》之爲經最關鍵的一環。《鄭玄》所標舉的喻則是興的通俗理解。淇園繼承了鄭玄「喻」的概念，在君子道德修養的層面開掘出《詩》新的意義。當然淇園和鄭玄對「六義」的理解還是存在偏差。淇園曰：「風者，風之也，風之而以化也。賦者，本情於己，而由辭於詩也。賦則與其前後相比，相比則興於詩之志，則可以入於雅頌矣。」以爲興源於比，有比才有興，對比之本體的意義還原，直接決定著興體的內容。而「興」的歸宿，即喻體，則在「詩之志」。何爲「詩志」，曰：「詩之爲言，承也，章相承以陳其志。志者，心之所之，所之安之之道也。」詩志就是人心憩息之所。因此，要把握淇園的《詩》學觀，一則要關注其比

─────────────────

〔註68〕皆川願，問學舉要〔O〕，國立國會圖書館藏皇都書林安永甲午（1774）刊本，6。

體，二則要弄清其興體即喻體的意義指向。他格外重視喻體，學生問他學《詩》的方法，他回答說：「如詩三百之文，學者就其文所喻而以致思，則自得知夫率性之方。」這裡的「率性之方」可理解爲「率性之道」，人唯有發現《詩》之所喻，才能達到「率性之道」的至高境界。

我們通過具體事例來看淇園是如何實現意義轉換的。《關雎》曰：「關關雎鳩，在河之洲。窈窕淑女，君子好逑。」「關關雎鳩，在河之洲」本是一句稀鬆平常的景物描寫。而淇園則認爲它在詩中扮演比體的角色，其中自飽含深意，曰：「葛藟、雎鳩並屬山物，故其下並曰河之洲、河之滸，乃以本言山物，今忽及河，故曰之。蓋注情於所言之河而以取之屬意之辭也。」經淇園考證，關雎屬山禽，本在山中活動，今卻離開山谷越在河洲。這是一種反常的自然現象，暗喻著人心離本逐末的心理活動。如果上升到君子之道的心性修養層面，它的意思是「人若不常用心內省而外從物欲，鰥鰥然譬如雎鳩，必失其處至以離山，而越在河之洲，君子其必不爲若斯矣。」人要不受物欲的利誘而保持對道的執著，關鍵在於人要常常自省。再看「窈窕淑女，君子好逑」，本指男子對優秀女子的鍾情。淇園則認爲它是喻體，是《關雎》篇詩人之志的體現。聯繫上二句，曰：「雖窈乎難採，窕乎不盈，而彼有淑德之女者，而君子好之，常求以從之。常求以從之者，即常內省之謂也。」問題是男子追求女子，何以與內省聯結在一起。核心在於對「淑女」的解讀。這裡的淑女不是賢淑女子，更不是什麼后妃，而是深藏於人心之中的道德。淇園曰：「淑者，能令其外形不失其內所嘗定軌之謂。女者，理於內者。」「淑女蓋以喻人之德性在中者也。」通過興喻的途徑，實現了對淑女的意義轉換，從而徹底顛覆了傳統詩旨，賦予詩歌新的旨趣。故整篇的詩旨就成爲「此篇言擬思中德而求實與相配也。」

通過喻意解讀，將詩中意象比賦於人的內心活動，賦予詩歌道德修養的深刻含義。如《螽斯》篇言「詵詵兮」，淇園云：「喻氣之動易過於志。」《桃夭》篇言「有蕡其實」，淇園云：「實喻德。」《兔罝》篇言：「椓之丁丁」，淇園云：「椓之丁丁更又喻君子之德積成。」以興喻方式進行意義轉換，使詩中大量客觀存在具有了道德自修的寓意，這無疑是對《詩經》文化內涵的又一極大豐富。

在皆川淇園的《詩》學體系中，以道德爲核心的心性修養，是其基本的綱領，也是其要特別開發的經典意義的基點。重視文字的語言解釋系統，則

是爲其理論提供學理依據。而「文字訓釋」與「心性修養」之間的聯繫，除部分可以呈現在語言層面上外，更多的則是以興喻爲樞紐轉換而來。三者共同構成《詩經繹解》的詩學體系。或許更多的人不能接受淇園的繹解，然而它正是淇園要努力突破的地方。他是在一個特定的歷史文化背景下孕育的一種異質思維，這種《詩》學觀越是令人意外，越是說明那個時代主流文化精神的特質。

第四節　經典還原與《詩經》的社會學闡釋

皆川願《詩經繹解》建構起《詩經》以道德爲核心的心性修養體系。而中井積德《古詩逢原》則回溯先聖孔子遺跡，千百年後於異國再次編詩正詩，力圖還原孔子刪定的本子。積德（1732～1817），字處叔，號履軒，通稱德次，大阪人。其爲人性格偏僻，與人談論，時與人忤，雖名賢巨儒人所尊信者，辯駁無所迴避。持論與世不合，挺然不顧，堅持己見。出語奇避，動輒駭人聽聞。有書生謁見求學，積德曰：「汝先學飲酒，而後可以學之，否則鬱悶發病而死。」一次攜友共遊墨江，有乞丐一路隨行，口裏念道：「朝不保夕」。積德不客氣地說：「汝等生無益於世，何必俟夕。」學者龜井昱曾拜見他，酒席間積德作一畫，見有日出大樹上，一人坐其下。問昱能解否，昱回不能。回家的船上，昱潛思畫意，方知是日本唯中井積德一人之意。積德自少至老，矻矻於考索經旨，巋然別爲一家。不求人知，不妄交友，無意仕途，以幽人自居〔註69〕。《師友志》稱他：「履軒較偏僻，而事事超凡。詩必用古韻，不奉沈約之政，文則以爲東坡後無文。〔註70〕」又曰：「履軒持軒奇僻，皆與人乖，自號幽人。〔註71〕」與其父中井甃菴、兄中井積善，皆當時名儒。家學崇尊程朱，至積善、積德輩，始有所轉變。積善自稱成一家宋學。積德雖亦治宋學，然糾朱處甚多，亦成一家之學。著述過身，據筆者所見有《逸史聞書》、《伊洛淵源錄聞書》、《易經聞書》、《顏氏家訓聞書》、《漢書雕題》、《近思錄聞書》、《後漢書雕題》、《左傳聞書》、《七經逢源》、《十八史略聞書》、《小學聞書》、《書經聞書》、《履軒古韻》、《履軒弊帚》、《水哉館集》等近五十種。

〔註69〕　參考無名氏，先哲叢談遺編〔H〕，國立國會圖書館藏寫本。
〔註70〕　賴春水，師友志〔M〕//關儀一郎，日本儒林叢書，東京，鳳出版，1929，6。
〔註71〕　賴春水，師友志〔M〕//關儀一郎，日本儒林叢書，東京，鳳出版，1929，7。

有關《詩》學著作還有《詩經聞書》〔註72〕、《諧韻蝴璉》〔註73〕、《古詩得所編》〔註74〕。中井積德壯歲時，即著有《古詩逢源》。之後三十餘年，多所增加改定，用小字書寫在原稿空白處，更名曰《詩雕題》。後更有所增訂，終至不可讀。無奈之下，摘其要點彙成一書，名曰《詩雕題略》，即《詩雕題》的刪減本。古稀之年，因無所增加，又嫌《詩雕題略》過簡，於是重加整理，融合一生《詩經》研究之精髓，書成復名曰《古詩逢源》〔註75〕，也就是本文所依據的底本。

中井氏《古詩逢原》最標新立異的地方，是繼孔子、何楷之後再次編詩。可以說再次編詩的理論依據還是充足的。今本《詩經》，未必是孔子刪定的舊本。《詩》經秦火，篇籍散亂，漢代經師整理，自難復其舊。鄭玄《詩譜序》曰：「漢興之初，師移其第耳。亂甚焉。既移文，改其目。〔註76〕」後儒就此雖多表示遺憾，但極少對詩三百重新整理，仍依循今本《詩經》闡釋。筆者以爲主要有兩個原因，一是書闕有間，史記不詳，無法作出更合理的編訂。二是今本《詩經》各部分的詩篇，基本上是按時間先後編排的，雖有錯亂，亦無大礙。所以歷代治《詩》者長期以往便默認了今本《詩經》的權威性。但亦有個別學者試圖重整詩三百，如明何楷，儘管其書徵引廣博、典據精審，考證詳明，但是其重新編排的詩三百還是不被後人所接受。無論它是否孔子編訂的原本，已變得不再重要，經過千百年的流傳，它已然成爲經典事實。除非有重大考古發現，這一事實是無法改變的。這就是傳統的力量。中井氏的努力注定是徒勞的，我們需要關注的是他的這種行爲背後所寄寓的人生理想。《古詩得所編》開首即云：「孔氏刪本，既泯於秦火。漢初韓魯毛詩前後出，皆古詩舊本，未歷夫子之刪者。漢儒以降，刪本釋之，並謬，若三千篇說，妄矣。」故中井氏對今本《詩經》主要作出以下調整。

〔註72〕 中井積德，詩經聞書〔H〕，共九卷，國立國會圖書館藏寫本。
〔註73〕 中井積德，諧韻蝴璉，國立國會圖書館藏明和己丑（1769）版。是書，要在廢叶韻，還原《詩》古音。古音與今音本有別，非叶韻能調和其間矛盾，古無叶韻說，明陳第《毛詩古音考》論之甚詳。《詩》出口成音，音相應成韻。中井積德據《詩》韻推求古音，大致將《詩》古音分爲九個韻部。
〔註74〕 《古詩得所編》其實是《古詩逢原》的目錄，可與《古詩逢源》歸爲一種。中井氏重新編列《詩三百》，認爲三百篇因此各得其所，故取名《古詩得所編》。國立國會圖書館藏寫本。上中下三編，一冊。
〔註75〕 中井積德，《古詩逢原》，八冊，寫本。國立國會圖書館藏。
〔註76〕 孔穎達，毛詩正義〔M〕，北京，北京大學出版社，1999，552～553。

一是在今本《詩經》三百零五篇基礎上刪詩三十四篇。這三十四篇又分為三類。第一類稱竄詩。所謂竄詩，是指空洞無物，沒有實在意義的詩。竄詩僅有一首《芣苢》。中井氏評曰：「是詩，唯采芣苢三言之外，全無意義。」顯然這是中井氏讀詩的一己感受，並沒有足夠的證據證明此詩是後世補作。無論從經學抑或詩學意義而言，歷史上盛讚此詩的人不在少數。陸深稱之為天下之至文。李詒經認為此篇佈局眞乃絕佳結構。與中井氏的評價相比較，無疑是天壤之別。截然相反的兩種解讀體現出他們看待經典態度的不同。陸深、李詒經認定今本《詩經》就是孔子定本，而中井氏則抱有強烈的懷疑精神。第二類是淫詩。此類最多，達29篇。分別是《摽有梅》、《野有死麕》、《靜女》、《桑中》、《采葛》、《大車》、《丘中有麻》、《將仲子》、《遵大路》、《有女同車》、《山有扶蘇》、《蘀兮》、《狡童》、《褰裳》、《豐》、《東門之墠》、《子衿》、《野有蔓草》、《著》、《東方之月》（今本作《東方之日》，中井氏以為「日」是「月」之訛誤）、《甫田》、《汾沮洳》、《十畝之間》、《東門之池》、《東門之楊》、《防有鵲巢》、《月出》、《澤陂》、《素冠》。中井氏判斷淫詩的標準與朱熹一致，都是從文字表面意思揣測，因此二人對淫詩的確認基本相同。但也有差異，比如《摽有梅》、《汾沮洳》、《十畝之間》、《素冠》等，朱熹並不認為是淫詩，中井氏卻直指為淫詩。就因為詩中出現諸如「求我庶士」、「彼其之子，美無度」、「行與子還兮」、「聊與子同歸」等，似乎表現男女情思的詩句。這一點表明中井氏要比朱熹更為苛刻。如《素冠》，中井氏以為寫男子居喪其間不得與心愛之人相見，女子因思念而作此詩。姑且不論此解的優劣，即便如此，女子於非常時期想念情人，也是符合人之常情的，怎能稱之為淫詩？中井氏解釋說：「然若幽閨閒貞女子，縱有是思，亦羞澀面江，必不能向旁人說一思念，豈敢揚之歌謠哉？故斷以為淫詩而刪焉。」可見中井氏是絕不容許男女之情出現在《詩經》之中的。朱熹有淫詩之說，暫且保留其間，是因為《詩》有「勸善懲惡」的功能。而中井氏一律刪去，態度之決絕不容商量，可能與當時世風日下、道德滑坡的社會現實有關。中井氏寄希望於像《詩經》這樣的文化經典能夠重建人們的精神家園，以挽救日益頹敗的社會風氣。第三類是僭詩。包括魯頌四篇。中井氏言：「僭詩當刪，不勞曉曉。」他據《春秋》、《魯頌‧閟宮》認定郊廟之禮始於僖公，是僭禮大不敬的行為，理當刪削。

二是調整各部分詩篇的順序。不僅風雅頌內部存在調換的現象，風雅頌

之間也有相互置換的情況。與今本《毛詩》比較有大幅度調整。因國內讀者不便於看到此書，故抄錄於下，以便參考。

國風

周南：《關雎》《葛覃》《卷耳》《樛木》《螽斯》《桃夭》《兔罝》《漢廣》《汝墳》《麟之趾》

召南：《鵲巢》《采蘩》《草蟲》《采蘋》《甘棠》《行露》《羔羊》《殷其雷》《小星》《江有汜》《騶虞》

衛風：《淇奧》《考槃》《碩人》《君子偕老》《柏舟》《綠衣》《日月》《終風》《燕燕》《氓》《芄蘭》《河廣》《伯兮》《有狐》《木瓜》

邶風：《擊鼓》《凱風》《雄雉》《匏有苦葉》《谷風》《簡兮》《北門》《北風》《新臺》《二子乘舟》

鄘風：《柏舟》《牆有茨》《鶉之奔奔》《載馳》《泉水》《竹竿》《式微》《旄丘》《定之方中》《蝃蝀》《相鼠》《干旄》

鄭風：《緇衣》《叔于田》《大叔于田》《清人》《羔裘》《女曰雞鳴》《風雨》《揚之水》《出其東門》《溱洧》

齊風：《雞鳴》《還》《東方未明》《盧令》《何彼襛矣》《南山》《敝笱》《載驅》《猗嗟》

唐風：《蟋蟀》《山有樞》《揚之水》《椒聊》《綢繆》《杕杜》《羔裘》《鴇羽》《無衣》《有杕之杜》《葛生》《采苓》

魏風：《葛屨》《園有桃》《陟岵》《伐檀》《碩鼠》

秦風：《車鄰》《駟驖》《小戎》《蒹葭》《終南》《黃鳥》《晨風》《無衣》《渭陽》《權輿》

陳風：《宛丘》《東門之枌》《衡門》《墓門》《株林》

檜風：《羔裘》《隰有萇楚》《匪風》

曹風：《蜉蝣》《侯人》《鳲鳩》《下泉》

豳風：《七月》《鴟鴞》《東山》《破斧》《九罭》《狼跋》《伐柯》

王風：《都人士》《采綠》《黍苗》《隰桑》《緜蠻》《漸漸之石》《苕之華》《何草不黃》《黃鳥》《我行其野》《鴻雁》《谷風》《蓼莪》

《無將大車》《黍離》《君子于役》《君子陽陽》《揚之水》《中谷有蓷》《兔爰》《葛藟》

小雅

鹿鳴之什：《鹿鳴》《皇皇者華》《四牡》《常棣》《伐木》《天保》《采薇》《杕杜》《出車》

南有嘉魚之什：《南有嘉魚》《魚麗》《南山有臺》《蓼蕭》《湛露》《瞻彼洛矣》《裳裳者華》《桑扈》《鴛鴦》《魚藻》《采菽》

彤弓之什：《彤弓》《菁菁者莪》《六月》《采芑》《車攻》《吉日》《庭燎》《頍弁》《瓠葉》《鶴鳴》

閔予小子之什：《閔予小子》（與《訪落》《敬之》《小毖》合爲一篇）《振鷺》（與《有客》並爲一篇）《白駒》《車舝》《斯干》《無羊》《楚茨》《信南山》《甫田》《大田》

小旻之什：《小旻》《小宛》《小弁》《巧言》《巷伯》《沔水》《祈父》《大東》

北山之什：《北山》《小明》《鼓鐘》《青蠅》《角弓》《苑柳》《白華》《賓之初筵》

大雅

文王之什：《文王》《大明》《緜》《思齊》《皇矣》《靈臺》《文王有聲》《生民》《公劉》

行葦之什：《行葦》《既醉》《鳧鷖》《假樂》《泂酌》《棫樸》《旱麓》《下武》《卷阿》

蕩之什：《蕩》《桑柔》《板》《雲漢》《崧高》《烝民》《韓奕》《江漢》《常武》

節南山之什：《節南山》《正月》《十月之交》《雨無正》《瞻卬》《召旻》《抑》

周頌：《清廟》（與《維天之命》《維清》《我將》《潛》《雝》《絲衣》《烈文》《有瞽》合爲一篇）《時運》《大武》《思文》（與《天作》並）《昊天有成命》《載見》《臣工》《噫嘻》《豐年》《載芟》《良耜》

商頌：《那》《烈祖》《玄鳥》《長發》《殷武》

就各部分而言，他基本保留了今本《毛詩》的排列順序。只是把衛風置於邶鄘之前，唐風置於魏風之前，王風放到了國風的最末。理由也十分簡單，「衛風舊在邶鄘之後，按衛國之本名，而邶鄘其支別也，衛宜居前。」中井氏是依照諸侯國之大小、強弱、歷時長短，作出的調整。以此類推，所以唐風也要放到魏風的前面。至於王風置於國風末尾，中井氏曰：「此王都之風詩也，若不在二南之下，當在風詩之末，必不得間雜諸國風也。今定置於末者，亦取其一端耳。」這僅僅是中井氏個人的理解和排列，並未提出十足的論據，因此也不可從。中井氏對三百篇的重新編排，主要來自兩重依據，一是對詩的直觀理解，二是對詩歌歷史時期的斷代。如《鄘風》，中井氏先列《柏舟》、《牆有茨》，認為二詩雖具體年代不可考，但肯定在衛未滅之前，二詩寫衛國上層統治者淫亂之狀，預示必將亡國的前兆。其次將《載馳》詩從最末提前至《柏舟》、《牆有茨》之後，又將《邶風·泉水》、《衛風·竹竿》移至《載馳》之後，中井氏認為三詩都是許穆夫人閔衛國喪亂，傷許國小不能相救所賦之詩。再將《邶風·式微》、《旄丘》二詩緊銜其後，中井氏認為二詩蓋寫於戴公死後，楚丘建城之間的一年時間裏。不同的是，《式微》是居守在衛的人所作，而《旄丘》是隨文公在齊的人所寫。之後才有了《定之方中》詩中所言的在楚丘營造宮室的事情。因《蝃蝀》、《相鼠》、《干旄》三詩無考，故中井氏仍保留原有順序。從《鄘風》的重組來看，中井氏基本依據詩歌反映的歷史事件的時間先後排列，具有一種史學觀照。然所謂的詩歌斷代，則有失輕率。如《泉水》、《竹竿》二詩，舊說並不認為它們與許穆夫人有關，而中井氏則通過辭氣的揣摩，妄斷其為許穆夫人親手所作。於《泉水》曰：「此詩亦許穆夫人所賦云，情切而思永，口氣亦與《載馳》相肖，必作於衛國喪亂之時也，不止思歸寧。」於《竹竿》言：「此詩事理辭氣，正與《泉水》同，蓋出於一手也。豈亦許穆夫人之詩邪，必不得以思歸寧解。」參照舊解，加之揣摩語氣以重新界定詩歌產生的歷史時期，還原孔子刪詩舊本，是中井氏編詩的一貫理路。

　　中井氏編詩具有史學意識，缺乏的是史家的實證精神。不論其高調倡導的志在還原孔子編詩舊本，還是一以貫之的史學觀照，都不過是出於權威的庇護，史學的掩護，以達到取信於人的目的。這只能算作是其賴以闡發《詩》學觀的外在表現。拋棄形式，窺探作者最本真的想法，則是要刪掉那些沒有實在意義和淫亂逾禮的詩歌，最後落腳在淨化經典文本，重建經典體系的宗

旨。江戶中期以來，商品經濟的浪潮推動人們價值觀的轉變，原有的獨尊朱子學的意識形態開始與現實生活變得不相適應。由此興起一股強烈的疑朱思潮，進而升級至對經典文本的懷疑與解構。在這種情況下，重建經典體系，構建新的意識形態話語系統，就成為江戶中期以來學者普遍的文化訴求。因此他們都具有一個共性的特徵——遍注群經，皆川願如此，中井氏亦如此，著有《七經逢原》。

　　還有一點值得注意，中井氏解《詩》有生活化傾向，拉近了日本普通民眾與《詩經》的距離，增進了二者的感情，於《詩經》投注了深深的情感因素。這是與前人有所差別的。前儒一般善於發揮詩中的微言大義，空談道德性命，強調禮制的無可申辯性，容易產生生硬、強勢的感覺，造成聖人之道與普通百姓的些許隔閡。中井氏受明俗文學思潮的影響，有將經典世俗化的傾向，從而將《詩經》與日常物理有機地共融在一起。他喜歡從日常生活中琢磨情理，與《詩經》相比附，尋求它們之間的一致性。如《關雎》篇，孔子首定基調，曰：「樂而不淫，哀而不傷。〔註77〕」小序更是把詩與后妃直接掛鈎，稱「不淫其色」。後儒解是詩，竭思極力，唯恐不及。匡衡就是一個典型的例子，朱子倍加推至，多次引及。曰：「窈窕淑女，君子好逑，言能致其貞淑，不貳其操；情慾之感，無介乎容儀；宴私之意，不形乎動靜。夫然後可以配至尊而為宗廟主。此綱紀之首，王化之端也。」中井氏則認為諸解「失於太重」，說：「凡新嫁娘之羞澀，天下之同情也。無貴賤，無古今。稗官小說，唐詩及催粧花燭諸詞，可以觀已。蓋年少不更事，而以婚事候落生面人中，欲弗羞澀而得哉？其不羞澀，而情慾之感，宴私之意，發於言貌，冒觸旁人耳目者，千百中有一二而已，亦必年長更事之潑婦矣。又新嫁娘而貳操者，文姜、南子之外，世不多有者，是天下稀有之淫婦矣。是等豈得為聖賢夫人，論列比擬哉？」女子守節本是一件稀鬆平常的事情，前儒則將其提升至無以復加的高度，說「可以配至尊而為宗廟主」，「綱紀之首，王化之端」。中井氏一番略帶調侃的說理，使漢儒千百年來澆鑄的經學鋼架，瞬間垮塌。更加清楚地看到前世經學家們的良苦用心。這是一場雅與俗的較量，再次證明了《詩》俗的一面。化雅入俗的解詩方法，是中井氏常用的手法。通俗的語言，簡單的道理，常予人豁然開朗式的強烈感受。又如《日月》篇，有感

〔註77〕邢昺，論語注疏〔M〕//阮元，十三經注疏〔M〕，北京，中華書局，1980，
　　　　2468。

於莊姜不見答於莊公，解「父兮母兮，蓄我不足」曰：「今人不論貴賤，生女有姿貌才藝絕倫者，父母愛之，必異於他子矣。及議婚，必高擇配。或嫌門低，或憾財不饒，或厭家法之儉，或憎小姑之多，細評婿之身材，而不遑乎議其德。毫無恐婿不愛我女之慮，惟懼婿不中乎女之意。故好內多嬖之人，反無避也。所擇既多，百欠其一，則弗肯許。如是者，往往卒落得高門多財之狂童，以誤女之一生矣。」由莊姜失寵，聯想到現世生活中的事例，揭示出世人荒誕的婚姻觀，起到一定的警示作用。無論莊姜還是下層民眾，無論古人還是今人，其情理是相通的。再如《小雅·谷風》舊以為寫朋友相怨，中井氏則以為寫的是夫妻義絕。其中有一句曰「忘我大德，思我小怨」，解曰：「匹夫匹婦，相依營生。既無親戚朋友，緩急無所乞貸。平時猶多窘，一遭凶歲，鄰保又不得一臂之助。不幸夫寢病，衣食藥餌，仰一婦人，非粥釜典衣所能辦，則皆出於針目。而紡車運致，病或累年，其勞如何哉。此類世多有之，詩所謂大德，蓋此之類云。」中井氏充滿對詩中女子的同情。聯繫身邊發生的夫妻故事，妻子為照顧病危的丈夫，一針一線，夙興夜寐，維持瀕臨絕境的家庭。而一旦家境轉好，又面臨被拋棄的厄運。中井氏感受至深，意在告誡世人切勿因妻之小誤而忘記她的大德。他用日常生活來比附、闡釋《詩經》，以起到指導、規範世俗生活的作用。這不是簡單的經典的民俗化，從中看到的是江戶中期學者寄予《詩經》的深厚情感。《詩經》已經不是外來的值得學習的文化經典，亦然當作自家的東西來傳承，甚至變成日常生活中不可或缺的部分。這就是《詩》之所以成為經的文化魅力。當《詩經》滲透至生活操作層面的時候，可以想像它對於日本文化影響之深刻。

中井氏秉史學視野，刪詩正詩，有師心自用之嫌。然其關注點始終投注於更大程度地發揮《詩》的教化作用，把《詩》與日常物理相互闡釋，用《詩》來指導日常生活。他勇於探索的精神以及拓展《詩》的新的意義，對於《詩》學的發展，起到了推動的作用。

第五節　背景還原與《詩經》的史學考釋

孔子編定的《詩經》遭秦火之禍，為江戶中期的學者提供了肆意解《詩》的充足理由。人人以聖人自居，無限衍伸《詩經》的可闡釋空間。皆川願用道德性命之理說《詩》，亙古未見。中井積德仿照孔子刪詩正詩，務求「風雅頌各得其所」。諸葛蠡則從「詩本事」出發，重新為《詩》立序。

　　諸葛蟲，延享五年（1748）生，卒年不詳。初名曰辰，字君測，號鬢髮山人。年未及齔，能讀書誦詩，無它嗜好。八歲喪母，十一歲從師學業。其父事農桑，蟲長不喜從祖業。每歎曰：「大塊假我以形，視大丈夫處世者，上以事盛德之君，下以從能文之事。或望縉紳之間，將遊青雲之域。奚孜孜焉旦莫是務，立於畎畝之中，塡迹於溝壑哉……雖吾不能當鐮父武知之任，而復欲代祖先以斯文鳴於中原。」少有抱負，汲汲於功名。十六歲，遊學東都。第二年遭父喪，不得已而還。自此杜門謝客，弄翰玩墨，夜以繼日。三年之後學問有所得，大義略通。二十初冠，更名祐龍，字長卿。三十四歲再次遊學東都，變姓名諸葛蟲，字君測，跟隨其問學的人「以百數焉」。三十九歲，天下飢饉，門徒散盡，蟲歸鄉里。次年隱鬢髮山，以采薪爲業，自號鬢髮山人。樵鑊之餘，務學不倦，書成不予示人，藏之山中。曰：「今天儒者異政，經生多門，彼此相輕，豈吾所庶幾乎？我則俟知己於千載而已，以故不欲齮齕於當世。」隱居長達十三年。寬政十一年（1799），受日光大王徵召，講書於輪王閣，任王府侍讀。年五十七，姬路侯欽佩其學問，厚弊徵之。蟲晚年定居於此。其爲人穩廉恭謙，然有不適其意者，直言不諱。不取媚，無阿好。處世不汲汲富貴，不戚戚於貧賤，家無糧儲而安如〔註78〕。創作時間集中於隱居鬢髮山後，著述駁雜，有《推原錄》上下二卷、《讀論語》十卷、《助詞字弁》十卷、《政語》五卷、《莊嶽撻楚》六卷、《大學考》一卷、《經學或問》二卷、《孝經考》一卷、《諸葛箚記》不分卷、《諸葛易傳》內編二卷外編三卷、《諸葛詩傳》內編六卷外編四卷，《平氏春秋》二卷、《易筮探賾》一卷、《唐詩格》二卷、《鄉葬略言》二卷、《墨子箋》三卷，有文集《鬢髮山人集》初編二編各二十卷。《諸葛詩傳》仿《毛詩傳》得名。一般而言，同類著作鮮有大膽以自己的姓氏直接附「傳」字稱名，至多取名《毛詩補義》或《毛詩補傳》之類的「補」名，以示作者謙虛謹愼的態度。《諸葛詩傳》則擺出與《毛傳》、《朱傳》一較高下的高調姿態。內編主要負責傳注經文，最明顯的變化是詩前原有的小序不見了，取而代之的是諸葛蟲新的序文。外編有似於朱熹的《詩序辨說》，專辨新序之是舊序之非。諸葛詩序，構成了他的《詩》學的基本內容，也體現出他積極探索「詩本事」的努力。

　　諸葛蟲懷疑漢宋以來一切成說，有極強的批判性。他善於從沒有問題的

〔註78〕參照章斐，家大人行狀 // 諸葛蟲，鬢髮山人集二編〔H〕，國立國會圖書館藏文化五年（1808）寫本，2～6。

地方發現問題。他的其它著作如《焚書收燼》、《讀論語》、《諸葛易傳》中都有鮮明的體現。比如鄭玄注《三禮》、箋《毛詩》早已成爲一個不爭的事實，蠡表示質疑，以爲二書中有一部決非鄭玄所注。因爲二書中對於同一問題的看法存在分歧，如果爲一人所爲，不應產生前後矛盾的說法。如《大雅‧崧高》詩：「維申及甫」，箋云：「申，申伯也。甫，甫侯也。甫侯相穆王，訓夏贖刑。」《禮記‧孔子閒居》篇引此詩，注云：「申伯即仲山甫，皆宣王之賢輔助也。」於《詩》爲甫侯，於《禮》則爲仲山甫。《邶風‧燕燕》說：「先君之恩，以勖寡人。」箋云：「戴嬀思先君莊公之故，猶勸勉寡人以禮儀。寡人，莊姜自謂也。」《禮‧坊記》引此詩，「勖」作「蓄」，注云：「此衛夫人定姜之詩也。」一莊姜一定姜，混同不一。《衛風‧氓》云：「體無咎言」，箋云：「體，兆卦之繇。」《坊記》引此詩，「體」作「履」，注云：「履，禮也。言與我爲禮。」非但引文出現異文，解釋亦大相徑庭。《大雅‧文王有聲》曰：「詒厥孫謀」，箋云：「詒，猶傳也。孫，順也。言傳其所以順天下之謀。」《禮記‧表記》引此，注云：「詒，遺也。乃遺其後世之孫以善謀。」此解較箋爲善。《大雅‧旱麓》曰：「鳶飛戾天，魚躍於淵。」箋云：「鳶飛而至天，喻惡人遠去，不爲民害也。魚躍於淵中，喻民喜得所。」《中庸》引此詩，注云：「聖人之德至於天，則鳶飛戾天，至於地則魚躍於淵。」此亦彼此殊異，若爲一人所作，何前後彼此殊甚。由此認爲其中之一必非鄭注〔註 79〕。看似言之鑿鑿，無懈可擊。卻忽略了鄭玄用三家詩注禮在前，箋《毛詩》於後的學術認知的變遷。他懷疑小序的權威性，以爲是「不知詩意者所作，大害於本久。〔註 80〕」批《鄭箋》：「譬猶牆面而立，雖多亦何以爲？」攻擊《朱傳》最激：「其非簡髮而櫛，即禿而施髢。而後鉤有鬚，卵有毛，齒乎唇乎，愈惛惛乎。何足解識者之頤。」總評《毛傳》、《朱傳》說：「退觀乎二家之傳，則冥行途索，猶北轅之荊蠻。」《詩》學史上帶有里程碑意義的兩部著作無一幸免。於是諸葛蠡以作詩之意爲評判標準，稽考諸子百家傳詩古訓，參合詩意，成諸葛詩序。

　　諸葛蠡《詩》說主要包括兩個方面的內容，第一是對戰國以來諸子、歷史中解《詩》資料的保存。這主要有幾種情況：

〔註79〕 參看諸葛蠡，鄭注 // 鬢髮山人文集二編〔H〕，國立國會圖書館藏文化五年（1808）寫本，卷十九 7～8。

〔註80〕 諸葛蠡，諸葛詩傳〔H〕，國立國會圖書館藏寬政八年（1796）寫本。以下凡未標明諸葛蠡引文出處者，皆出自該書。

一、博採三家詩之「本事」。諸葛蘊基本上接受了西漢劉向系列著作中對「詩本事」的敘述，詳細記述了詩篇產生的整個過程，保存了詩篇的作者及創作動機等重要信息。如《列女傳》曰：

> 蔡人之妻者，宋人之女也。既嫁於蔡，而大（夫，筆者按）有惡疾，其母將改嫁之。女曰：「夫之不幸，乃妾之不幸也，奈何去之。適人之道，一與之醮，終身不改。不幸遇惡疾，不改其意。且夫采采芣苢之草，雖其臭惡，猶始於將采之，終於懷擷之，浸以益親，況於夫婦之道乎！彼無大故，又不遣妾，何以得去。」終不聽其母，乃作《芣苢》之詩。

這裡記述的是《周南・芣苢》篇的創作背景，交待了作者、創作環境及動機。諸葛蘊據此寫詩序曰：「蔡人之妻所作也。述其夫有惡疾，而終身親之不棄矣。」此與《毛詩序》「后妃之美也，和平則婦人樂有子矣」之說大相徑庭。承襲劉向《詩》說較多，如以《汝墳》為周南大夫妻所作，以《行露》為申人之女所作，以《邶風・柏舟》為衛侯夫人自作，以《燕燕》為定姜作，以《式微》為黎莊夫人作，以《二子乘舟》為伋傅母作等等。諸葛蘊似劉向關注的是作詩之意，而以《毛詩序》為代表的詩傳重視的是編詩之意。也可以說，諸葛蘊解《詩》，其目的不在「經」，而在「詩」，在於詩篇自身所蘊含的感化意義。

二、對解釋詩篇主旨文字的採用。如賈誼《新書》云：「詩曰：『投我以木瓜，報之以瓊琚，匪報也，永以為好也。』上少投之，則下以軀償矣，弗敢謂報，願長以為好古之蓄。其下者其施報如此，是孔子以為苞苴之禮。」諸葛蘊因此寫《木瓜序》曰：「言雖上恩少，而為人臣者，不可以不厚報以軀也。」再如《孔叢子》：「孔子曰：『於《考槃》見遁世之士而不悶也。』」諸葛蘊據此以為詩寫：「美賢者窮處，而能安其樂也。」這類情況在江戶其它《詩》著中也有表現，他們寧肯相信引《詩》者的隻言片語，也不願相信理論體系完備的《毛詩序》，體現出當時要求顛覆傳統，求新求奇的社會思潮。

三、對賦詩、引詩資料的借用。一般而言，賦詩言志指的是敘述者為增強語言的可信度、生動性而引用《詩經》，與詩篇本意無關。諸葛蘊則認為「賦」有兩層意思，一是誦古人之詩，二是自己作詩。故先秦兩漢時期的賦詩言志材料，就成為諸葛蘊自創新序的源頭之一。如《說苑》曰：

知天道者冠銖，知地道者履驕，能治煩決亂者佩觿，能射御者
佩韘，能止三軍者搢笏，衣必荷規而成矩，負繩而準下。君子衣服
中而容貌得，接其服而象其德，故望玉貌而行。詩曰：芄蘭之枝，
童子佩觿。説行能也者。

意思是衣服配飾須與才能德行相一致。此處引詩僅爲論證前面觀點之不誤。
諸葛龜不作如是看，認爲前面的大段敘述也是末尾引詩的完美注腳，故序《芄
蘭》曰：「美童子而謙讓也。」再如《漢書·地理志》曰：

周武王封舜後嬀滿於陳，是爲胡公，妻以元女大姬。婦人尊榮，
好祭祀用史巫，故其俗信巫鬼。陳詩曰：坎其擊鼓，宛丘之下，亡
冬亡夏，值其鷺羽。又曰：東門之枌，宛丘之栩，子仲之子，婆娑
其下，此其風也。

據此序《宛丘》曰：「陳國俗事巫舞也」。

鉤稽古傳《詩》資料以釋詩，是《諸葛詩傳》的一大特色，也是立書之
本。諸葛龜駁斥小序攻擊《朱傳》的自信亦源自於此，曰：「取徵於諸千百家，
而說其詩，則無有以文害辭者，又無有以辭害志，庶幾爲得作者之意乎！」
又曰：「諸子百家之於詩，其粹然者可不謂眾乎。以此修施三百，則天下豈無
粹然之詩乎。」對這一做法，他是相當得意的，因爲可以得「作者之意」「粹
然之詩」。不過，諸葛龜依據賦詩言志的隻言片語，而否定《毛詩序》自立新
序，是有失審慎的。由於依託材料的駁雜，我們無法理清諸葛龜解《詩》的
總體傾向，但其還原詩篇發生本事的努力還是顯而易見的。因此諸葛龜援古
釋《詩》的方法及結論，對《詩》學的意義並不大。值得注意的是，他廣泛
搜羅戰國以來傳《詩》資料，保留了大量的《詩》學信息。

比較而言，諸葛龜自己對詩意的闡釋，更能體現出他以詩解《詩》的精
神實質。最典型的例子是《鄭風·揚之水》篇，諸葛序曰：「閔君恩不及己也。
鄭君恩少，不及其人。兄弟離散，在朝者僅二人，亦讒人欲隔絕之。」此序
幾乎不成文理，言左言右，旨意不統一、鮮明。他由「揚之水，不流束楚」，
言「鄭君恩少，不及其人」；又由「終鮮兄弟，維予與女」，推出「兄弟離散，
在朝者僅二人」；再由「無信人之言，人實迂女」，得出「亦讒人欲隔絕之」。
其涵蘊文字，探求文意的痕跡一目了然。他常用的表述是「詳詩意」。諸葛龜
有一個基本的觀念，他認爲《詩》是一個時代風尚的詩學呈現，其本質與詩
並無二致。其《唐詩格》曰：「詩之變體格，非特唐宋爲然，振古而然。上則

自元首股肱之詠，中則至於三百篇，下殆漢魏六朝，變化非一，其風與世推。〔註81〕」他將詩歌與風俗緊密地紐結在一起，通過《詩》可以看到產生它的那個時代的風俗。從諸葛蠶對《詩》的自我闡釋中，隱約可辨他的關注點有三個方面。

一是談男女之情。這是內容最多的一部份。男女之情又可分為逾禮與合禮兩種。逾禮的有：

《北風》：貞女防閑淫亂侵掠也。

《靜女》：有遺之士，雖靜女侯之，不苟見，但有其義，合於道而
　　　　　後見之也。

《氓》：淫奔女至後見薄，自始悔過而所作也。

《將仲子》：鄭女拒淫奔之男也。

《女曰雞鳴》：陳淫亂之女，與所通之士，欲具禮而昏也。

《豐》：鄭女戒男也，輕薄之男，不隱私情也。

《十畝之間》：淫女欲與男共采桑也。

《澤陂》：淫蕩之男，憂賢女拒之也。

風俗澆薄，淫風流行，故《詩》中多有反映此類內容的歌子。諸葛蠶雖就詩論詩，不過從其對序的敘述中，能明顯感受到他對此行徑態度的不齒。用一個「淫」字概括其事，又用「拒」、「戒」、「防閑」、「悔過」、「具禮」等動詞糾正不雅之事，使其合於禮制。諸葛蠶過度發揮男女逾禮之事，可以推斷這一問題也是他所生活時代普遍存在的社會問題，所以才會在《詩》中讀到大量的淫詩。更有意思的是，詩中男子多是事端的始作俑者，而女子多是貞閒慎淑的光輝形象。合於禮數的男女之情亦多有之，如《中谷有蓷》曰：「傷婦人哀其夫餓死也。」《伯兮》曰：「行役者妻，思夫之不歸而自作也。」《葛生》曰：「婦人哀其夫死于役地而所作也。」《小戎》曰：「婦人思念夫之遠征也。」《素冠》曰：「寡婦見弔者，追念其夫也。」他們都是夫婦，且詩中充斥著陰森的死亡氣息。

二是思賢人。這也是諸葛詩序的重要主題之一。如：

《干旄》：欲得賢者，使輔政也。

〔註81〕諸葛蠶，唐宋詩論二編〔H〕，國立國會圖書館藏寫本，卷十一11～12。

《兔爰》：賢者遭無道之世，故作是詩，陳欲遁世聊生之情也。

《丘中有麻》：思賢者，欲留之也。

《緇衣》：鄭君好大夫賢者，欲與衣食也。

《盧令》：美牽犬者也，蓋其人賢者也。

《蒹葭》：言求賢者避世不得也。

此類詩序披露出欲得賢人而不能的現實，寄託了諸葛蘗對賢臣的渴求。古人云，有道則仕，無道則隱。「賢者避世不得」的境遇，反觀出政治的黑暗。在這裡，諸葛蘗對詩本事的定位，因爲是他自我的賞讀，無法衡量其準確與否，亦變得不太重要。關鍵是他攜帶著時代命題闡釋《詩經》，社會問題的無數次重演已然在他的思想中留下深刻烙印，所以在他對《詩》的理解中一定會鐫刻下當代印象。故一部《詩》傳，更多反映出的是產生它的那個時代的價值觀念。

三是雜說。這類不像前兩種有明確的主題，多緣詩而發，有極大地隨意性。如《簡兮》曰：「衛人擇舞者成於舞也。」《葛藟》曰：「蓋流離失所者所自作也。」《月出》曰：「陳美人勞心之狀也。」《還》曰：「田獵之人相稱譽也。」等等。都是一國風俗的產物。

《諸葛詩傳》本著還原詩歌發生的人世背景爲切入點，有繼承有突破。繼承的一面，考索古《詩》傳訓，選擇契合自己的解釋，以與《毛詩序》相抗衡，於《詩》學意義不大。突破的一面，完全掙脫舊說的束縛，以一個日本人的視角，就詩論詩，讓我們看到了他關注、思考的現實問題。諸葛蘗拋棄《毛詩序》自立新序的勇氣和努力，再一次讓我們領略到江戶中期學者獨立詮釋中國經典，再造日本文化價值觀的社會主流思潮。

第三章　清代考據學影響下的日本《詩》學變遷

　　第三個時期——江戶末期，《詩經》漢學的復興。這是在清代漢學回歸的影響下而出現的《詩》學新轉向。時至江戶末期，清代前中期的《詩經》著作逐漸成爲日本《詩》學者關注的焦點，如陳啓源、毛奇齡等人的著作都曾引起轟動效應。日本漢學之風隨之興起。八田縠《詩經古義解》把《詩序》比作君，自己比作臣，挑戰《詩序》猶如無禮於君，自己必「誅之如鷹鸇之逐鳥雀」，稱「不若是不足以致愚忠」〔註1〕。龜井昱撰《古序翼》，力駁朱熹《詩序辨說》對《詩序》的否定。又撰《毛詩考》，爲重建《詩序》的價值體系作努力。諸葛晃《詩序集說》彙輯各家學說，力求全面發揮《詩序》的意義。藍澤祗在《詩經講義序》中爲《詩序》鳴冤不平，說：「序文古奧，細繹之，詩人之原意，歷歷可觀焉……後人從毛鄭朱之解以觀序文，謂其意不過如此，是眼隨意移，以白爲黑，何其冤乎！〔註2〕」冢田虎《冢注毛詩》帶有鮮明的史家觀照的特徵，對《詩序》的歷史考察不遺餘力。《詩序》所涉人物關係、事件經過務求考辨明晰。仁井田好古著《毛詩補傳》，他在給伏原清的信中寫到成書的來由。曰：「蓋聖門傳詩，莫古於毛，又莫善於毛。唯其說簡深古奧，後儒推衍雖勤也，義歸或乖，異論逢起，無復全學。僕爲此發憤，皐牢諸家而折其衷，綴修補合以成其義，名曰《毛詩補傳》。〔註3〕」日本《詩

〔註1〕　八田縠，詩經古義解〔O〕，築波大學中央圖書館藏寬政十二年（1800）刊本，條目。

〔註2〕　藍澤祗，詩經講義〔H〕，尊經閣文庫藏寫本，4。

〔註3〕　仁井田好古，上金紫光祿大夫伏原清公書〔H〕//仁井田好古，樂古堂文集，國立國會圖書館藏寫本。

經》學集大成之作安井息軒的《毛詩輯疏》，以考據見長，絲毫不懷疑《毛傳》的訓詁，而是在尊毛的前提下多有所發揮，進一步佐證《毛傳》的正確性。就連有朱子學統成長起來的一批學者，也將目光投向漢學，形成兼採的特色。如豬飼彥博《詩經集說標記》、東條弘《詩經標識》、古賀煜《朱子思傳思問續編》、日尾瑜《毛詩諸說》等，無不將漢學作爲其學術的有力支撐。

第一節　江戶末期文化環境與《詩經》漢學的興起

　　寬政改革（1787～1793）後，進入江戶末期。用四個字概括江戶末期的社會現狀，即內憂外患。江戶中期以來的商品經濟持續發展，不僅沒有帶來安定的社會環境，反而刺激了國內的基本矛盾，加之天災頻臨，導致國內貧民起義、暴動愈演愈烈。與此同時，俄國及西方資本主義國家不斷侵蝕日本。德川幕府面對內外交困的緊張局勢，無力迴天，最終壽終正寢。處於如此動蕩不安的社會環境下的《詩經》研究，《詩經》漢學針砭時弊的美刺精神與文人以道自任的價值追求不謀而合，《詩經》漢學研究出現復興的新趨向。

　　寬政改革是在天保大飢饉（1783～1784）的背景下展開的。天保大飢饉不僅是印刻在日本民眾心裏難以忘卻的一次痛苦歷史記憶，而且是德川幕府由盛轉衰的重要分界線。寬政改革的導火索固然與天災有關，但其根源則與統治者的巧取豪奪直接相關。18 世紀中葉以來，商品經濟的發展破壞了封建社會固有的自給自足的農業經濟體制，大批農民喪失賴以生存的土地，進入城市淪爲流民。大量資本掌握在特權商人手中，依靠俸祿生活的下層武士，因爲幕府財政的緊張，俸祿不能按時發放，一些武士不得已淪爲商人的養子或破產的浪人。昔日森嚴的身份等級制悄然瓦解。貧富差距的拉大，致使階級矛盾日益嚴峻，下層人民反抗幕府統治的鬥爭一直不曾停滯。1765 年關東地區就曾爆發有史以來規模最大的一次農民暴動，參加人數達 20 萬人之多。然而最高統治者卻熟視無睹，當時執政的第十代將軍德川家治，大權旁落，實際上由老中田沼意次全面主持幕政。田沼意次爲滿足其奢靡生活的需要，賣官鬻爵，大肆收受賄賂，斂取錢財。上行下效，幕府政治腐敗成風。田沼意次父子的專橫跋扈和臭名昭著的「賄賂政治」，激起社會更大的不滿。

　　人禍是導致社會重大變革的隱性因素和主要誘因，而天災往往能加速社會變革的提前到來。安永天明年間，自然災害頻降。1773 年瘟疫流行，1778

年京都、日向國洪水大作，1779 年櫻島火山噴發，1783 年淺間火山爆發，1785 年關東地區遭災，直指 1787 年間，霜凍、洪澇等自然災害連年不斷。災害導致貧民的生活陷入絕境。1782 年，收穫量只有六成，翌年又遭受洪水等自然災害，據說光津輕藩就有 20 萬人餓死。1785 年，由於飢餓和瘟疫，據估計日本全國人口減少 92 萬。1787 年，數十萬人餓死，東北地區甚至出現人吃人的慘劇。被逼無奈的災民和破落的農民不得已鋌而走險，發動社會暴亂，成爲影響社會穩定的最不利因素，社會動亂達到極致。1786 年，全國各地發生動亂，尤以江戶最爲嚴重，農民搗毀米鋪 980 多家，酒店、當鋪約 8000 家。動亂整整持續了四天，爲江戶建城以來未曾有之事變。1787 年，大阪也爆發了搶米和搗毀運動，以後迅速波及到京都、廣島、長崎等地。憤怒的饑民將米店和幕府的地方機構搶砸一空。幕府改革迫在眉睫。

　　天明年間的人爲因素和自然因素的交織，葬送了德川幕府的前途，直接將德川幕府推入了封建社會的末世。村上直對這段歷史有如下一段評論：「田沼政治對現實的社會變動，確實採取了積極對策。但是，商業資本的發展使作爲生產者的農民的生活失去了安定性，連續的災害又不斷擡高米價，從而使有組織、大規模的農民暴動和城市暴亂在各地發生，由此引起的飢饉的慢性化使社會更加動蕩不安，使田沼政治成爲眾矢之的。因此田沼的下野和幕府的崩潰直接相關。「寬政改革」在財政收入方面也未能擺脫災害的影響。可以認爲，嚮明治維新方向湧動的潛流，其源頭存在於田沼時代的天災地變之中。〔註 4〕」田沼政治和天明飢饉對江戶歷史甚至日本歷史的影響都是巨大的，故而我們將從此以後的江戶歷史視作江戶末期。

　　爲了緩和矛盾，克服幕府面臨的危機，幕府在寬政年間（1789～1801）實施了江戶歷史上繼享保改革之後的又一次重大改革——寬政改革。田沼意次卸任老中職務後，松平定信繼任，隨即發表了改革宣言，在政治、經濟和文化領域推出了一系列改革措施，但終因改革派內部政見不合，又損壞了部分權貴的既得利益，因此最後隨著松平定信的下臺，寬政改革很快草草收場。天明以來延續的社會現狀並未有多大改善。當時在位的第十一代將軍德川家齊，也是一位無所作爲的將軍。他在江戶幕府歷代將軍中有兩個「最」，一是在職時間最長，達 50 年。二是擁有妻室最多。他有一位正室，三十九位側室，共四十人。據傳他有不少私生子，依據史實記載，可考者有五十五個子女。

〔註 4〕轉引馮瑋，日本通史〔M〕，上海，上海社會科學院出版社，2008，341。

如此龐大的家族群體，給本來就已窘迫的幕府財政更是一大負擔。將軍無暇也無心理政，綱紀鬆弛，官府賄賂成風。1818 年，升任老中首席的水野忠成，同田沼意次一樣，熱衷於「贈賄」政治，沉迷於權錢交易，世人稱之爲當今的田沼。關於他索賄受賄的情形，史籍中多有記載。如當時的儒士松崎慊堂在日記中記道，曾親眼目睹某大名想當「若年寄」，差人往箱子裏裝了 1000 兩銀子送往水野忠成的府邸。箱子去的時候是滿的，回來時是空的〔註5〕。上有所好，下必效焉。古河藩主土井氏也曾向幕府權貴中野石翁行賄。當時的將軍德川家齊寵愛一個叫代美的女子，代美的養父憑藉其養女的「枕邊風」，其居室常有求官者造訪。而代美的生父還是居住在寺廟裏的僧侶，使佛門清淨之地儼然變成賣官鬻爵的官場。

禍不單行，天保年間（1830～1843）發生的「天變地異」較之天明年間也不遜色。1830 年，自然災害再次接踵而至。1833～1836 年發生的全國性的大饑荒，造成 70 餘萬災民，很多人因此餓死。《娛語》曰：「天寶四年癸巳，歲大歉，京師穀價，石殆及百五六十錢。奧羽間，凶荒尤甚，餓殍相籍。自多迄春，穀價更踴。〔註6〕」饑荒引發了社會動盪，在當時波及全國的動亂中，最著名的是爆發於大阪的「大鹽之亂」。在大阪饑民不斷餓死之時，一些富商仍然屯米不放，哄擡米價，幕府官吏毫不作爲，引發了眾怒。1837 年，陽明派學者、下級武士出身的大鹽平八郎忍無可忍，率其門徒襲擊富商的住宅和米店，將搶來的錢糧分配給貧民。但很快被鎮壓。這次起義受到了下級官吏和農民、市民的支持，人數約 300 人。雖算不得波瀾壯闊，但其影響卻波及到各個地區，很多地方的農民在大鹽平八郎的鼓舞下紛紛起事。前面已經提及，大鹽平八郎是名陽明學者，他的擲地有聲的討伐檄文，一定程度上反映出江戶末期知識分子秩序重建的經世理想。他說：「我等興師問罪，不同於亂民之騷亂；既欲減輕各處年貢諸役，並欲中興神武天皇之政道；待民一以寬仁爲本，重建道德紀綱，一掃年來驕奢淫逸之風。俾四海共沐天恩，得養父母妻子，救當前之苦難，使來生之安樂世界得見於今日。堯、舜、天照大神之盛世，雖或難於重現；而中興氣象，當可光復也。〔註7〕」「重建道德紀綱」「中興堯舜盛世」體現出這個時期知識分子治學和行動的宗旨。

〔註 5〕 松崎慊堂，慊堂日記〔M〕，東京，平凡社，1970，文政 8 年 9 月 12 條。

〔註 6〕 摩嶋松南，娛語〔M〕//關儀一郎，日本儒林叢書，東京，鳳出版，1929，85。

〔註 7〕 轉引自馮瑋，日本通史〔M〕，上海，上海社會科學院出版社，2008，349。

　　幕府統治危機主要來自於兩股力量，一是吏治腐敗，天降不祥。另一方面則來自於西方資本主義強國的入侵。德川幕府自設立以來，一直奉行「鎖國」的外交策略，僅開放長崎口岸保持同荷蘭和中國的貿易往來。當幕府保持鎖國態勢謀求自身發展的時候，西方一些國家已經完成向資本主義的社會轉型，積極對外擴張，以求獲得更多的資源和市場。早在 1792 年，俄國使節拉克斯蔓就來到北海道的根室，要求通商，遭到幕府的拒絕，其後雙方在北方不斷發生摩擦。1808 年，英國軍艦「費頓」號追逐荷蘭船突襲長崎。之後，英國船艦經常出入日本沿海。1837 年，美國借機駛入浦賀，遭到炮擊。據統計，自 1764 年至 1854 年，西方勢力同日本發生的摩擦達 52 次。1842 年東方大國中國在中英鴉片戰爭中的慘敗，幕府深受震動，鎖國政策開始放寬。直到 1854 年，美國以武力相要挾，日本國門洞開。隨後英、俄、荷等國蜂擁而入，同幕府簽訂一系列不平等條約。從此以後，日本再也無法回到原來那個封鎖的世界裏了。

　　日本同其它西方國家的不平等貿易，加重了國內已經劍拔弩張的階級矛盾。農民、貧民和下級武士的生活舉步維艱，反抗幕府，反抗外來勢力的運動頻頻發生。日本社會進入危機四伏、前途未卜的動蕩時期。之後經過「尊王攘夷」「尊王倒幕」「公武合體」「大政奉還」等一系列激烈衝突，日本封建社會的最後一個政權——德川幕府終於全面崩潰，迎來了向近代社會轉型的新的歷史時期。

　　處於如此動蕩不安的社會環境下的《詩經》研究也發生了新的變化。據筆者統計，現存的約 150 種江戶時代《詩經》著述中，有近百分之八十出現在江戶末期。這固然與江戶時期教育的普及化及知識的下移有關，但最主要的原因還在於江戶晚期內憂外患的文化環境。以《五經》為主要研討對象的日本學者，秉承儒學修己外王的學術理念，一直保持著對現實世界的深深關注，自身具有一種悲天憫人的濟世情懷。當身處的世界出現「天下無道」的情形時，他們會從靈魂深處迸發出「為往事繼絕學，為萬世開太平」的強烈的社會責任感。就像上文提及的大鹽平八郎，作為一名陽明學者，他完全可以靠學生的學費過上衣食無憂，與世無爭的生活。但是周圍生活於社會底層的人們因為飢餓而哀嚎時，他不能熟視無睹。萬般無奈之下走上了「叛逆」的道路，用自己年青的生命踐行了他「重建道德秩序」「中興堯舜盛世」的諾言。大鹽平八郎不是個例，只不過他走的是一條極端的道路，更多像他一樣

的知識分子則通過注疏儒家經典，重建道德秩序的方式來體現自己的生存價值。所以，江戶末期會出現大量《詩經》著述的現象也就不難理解。當然，不僅限於《詩經》，其它經典一樣。

此時《詩經》研究的另外一個現象更值得注意，即《詩經》漢學的復興。江戶末期的大部份《詩經》著述都承認《詩序》的正統地位，而對官方意識形態朱子「詩」學的「廢序」論大加鞭撻，連朱子學背景的學者也在有意識地從《詩序》中汲取養分完善自身的理論體系。如八田縊《詩經古義解》把《詩序》比作君，自己比作臣，挑戰《詩序》猶如無禮於君，自己必「誅之如鷹鸇之逐鳥雀」，稱「不若是不足以致愚忠」。戶崎允明撰《古注詩經考》，力求《詩》解回歸《詩序》。龜井昱撰《古序翼》，力駁朱熹《詩序辨說》對《詩序》的否定。又撰《毛詩考》，為重建《詩序》的價值體系作努力。諸葛晃《詩序集說》彙輯各家學說，力求全面發揮《詩序》的意義。藍澤祇在《詩經講義序》中為《詩序》鳴冤不平，說：「序文古奧，細繹之，詩人之原意，歷歷可觀焉……後人從毛鄭朱之解以觀序文，謂其意不過如此，是眼隨意移，以白為黑，何其冤乎！」冢田虎《冢注毛詩》帶有鮮明的史家觀照的特徵，對《詩序》的歷史考察不遺餘力。《詩序》所涉人物關係、事件經過務求考辨明晰。就連有朱子學統成長起來的一批學者，也將目光投向漢學，形成兼採的特色。如豬飼彥博《詩經集說標記》、東條弘《詩經標識》、古賀煜《朱子詩傳思問續編》、日尾瑜《毛詩諸說》等，無不將漢學作為其學術的有力支撐。這是因為，朱子學統治下的德川幕府已經無法維持社會的正常運轉，加之鄰國由明入清以後朱子學的消退，更堅定了他們重新解讀聖人經典，重建意識形態話語的決心。清朝乾嘉以來從義理之學向考據之學的轉變，無疑給他們重大的啟發。故而，在江戶末期配合漢學復興的社會思潮，《詩經》考據學也應運而生。如日本首開考據之風的大田元貞，用考據方法撰寫了數量可觀的《詩經》著述，奠定了日本考據學的基礎。之後經過仁井田好古、安井息軒等人的努力，日本考據學得以成熟。

聯繫江戶末期的文化環境，《詩經》漢學的復興也與漢學自身的內在素質有關。冢田虎《儒學辨》曰：「古之所謂儒也者，師孔子而學二帝三王之道者也。今之所謂儒也者，師朱子而學茂叔、二程之術者也。古之所謂學也者，講治國安民者也。今之所謂學也者，學性理心法者也。」冢田虎正是深刻地認識到漢學與宋學的本質區別，故選擇了講求「治國安民」之道的漢學。《詩

經》漢學與宋學最明顯的區別則在於《詩序》的存廢上。漢學尊序，注重《詩序》的美刺精神。宋學廢序，注重詩意的自我涵蘊。江戶末期混亂不堪的社會局勢，顯然與宋學自我涵蘊的隨意性不相匹配。反倒天下無道的文化環境下，知識分子干預現實，重建秩序的願望，與《詩序》刺君、刺后妃、刺時（還是刺君）的意義指向相得益彰。故而，江戶末期《詩經》研究飽含有濃鬱的經世思想。如伊藤善韶《詩解》從《詩經》中紬繹出與本民族相契合的普世價值，進而鑒戒於日本社會。會澤安的《刪詩義》表面上看似從孔子刪《詩》的行為當中，探求《詩》中所寄寓的孔子的政治理想。實際上是借古諷今，寄託了作者面對動蕩不安的日本現實所作出的政治思考，形成了此書「假經鑄史」的學術風格。

　　有《詩》而後有《詩》學，在《詩》學史上產生過重要影響的諸如《詩序》、《毛傳》、《鄭箋》、《孔疏》、《朱傳》等，無不體現出他們所處時代對《詩》的理解，又深刻地影響著後世對《詩》的評說。宋以後的《詩經》著述既受到傳統成說的深刻影響，又不能不鐫刻上所產生時代主流觀念的印記。因此，很大程度上講，我們現在所能見到的大量《詩》學專著，可以看作是「當代」與過去某個歷史時期《詩》學觀的重整或疊加。或者說是作者生活的時期與過去某個歷史時期有著更多的認識共鳴，唯有借助過去的經驗才能解決目前所面臨的文化發展難題。中國如此，文化同源的日本也不例外。江戶末期，內憂外患的動蕩社會現實，使學者們再次將目光投向漢學，試圖從漢學傳統價值觀中尋求思想出路。

第二節　尊序派的《詩經》研究

　　江戶末期，一大批治《詩》者再次將目光投注於《詩序》，依序解詩，闡發詩旨，筆者稱之為「尊序派」。江戶前中期近二百年間，除岡白駒《毛詩補義》在《詩序》理論的導向下拓展《毛詩》意義之外，幾乎無人提及。江戶末期，隨著漢學的全面回歸，重新審視《詩序》成為此時期《詩》學演進不可遏制的時代潮流。《詩序》建立在對《詩》歷史性、政治性解讀基礎上，以「美刺」為核心的評價體系，深刻地影響到江戶末期尊序派的《詩經》研究。他們獨尊《詩序》，最大限度地發揮《詩序》的評價功能，以實現借古鑒今、干預政治的經世理想。代表作有八田綋《詩經古義解》、龜井昱《古序翼》、《毛詩考》、諸葛晃《詩序集說》、藍澤祗《詩經講義》等。

　　然早在江戶中期，伴隨町人文化的興起，以時代呼喚多元化的「經學」闡釋爲契機，獨尊《詩序》的《詩》著既已發微。岡白駒《詩經毛傳補義》於江戶中期首倡漢學，影響較大。岡白駒（1692～1767），字千里，小字太仲，號龍洲，播磨人。少時，自播磨遷攝津，以醫爲業。徙京後棄醫從文。晚年仕蓮池侯，掌管文教。性偏急、豪爽，不喜立於人籬下。其志在治經，頗善文章。又通小說俗語，名噪一時。著述甚多，有《孟子解》、《春秋左傳鑴》、《荀子鑴》、《史記鑴》、《世說新語鑴》、《奇談一笑》、《小說奇言》等。蛻巖在回信中說：「足下關西古學，不待蘐園而興者，比時賢臭味自別，不問而知其不肯苟交也。」赤松國鸞與劉文翼書曰：「平安之於文學，其由來尙矣。然以今觀之，不及東都之盛遠甚，乃足稱名下果無虛士者，惟岡千里一人。」〔註8〕《詩經毛傳補義》十二卷，國立國會圖書館藏延享三年（1746）風月堂莊左衛門刻本。《自序》記於延享乙丑（1745），約成書於此時。著述體例大致先列《詩序》與《毛傳》，後分章加以按語，務在疏解《毛傳》，以就《詩序》。岡白駒屬早期尊序抑朱的學者，且兼採眾家，不拘一格，立論公允，詩旨愈清晰。時繩溫卿稱此書曰：「就龍洲著述中爲尤善」〔註9〕。

　　一般而言，尊序派會予廢序派的頭號人物朱熹不遺餘力的攻擊。岡白駒則顯得過於平和，立言謹愼，點到爲止，從未有過激言論。自序言：「捨是（《詩序》，筆者按）佷佷然乎，去聖千五百年之後，妄揣作者之意，就其說雖高乎，竟是郢書燕說矣。〔註10〕」顯然是在指斥朱熹，文中卻連名字都未提及。十八世紀中期，朱子學雖大勢已去，但依然有眾多的追隨者。岡白駒的謹愼依然遭致朱子學派的抨擊。山口景德斥之曰：「近世岡千里《毛詩補義》直以朱子不知此義駁之，可謂妄矣。」「朱子序以《春秋》勸善懲惡之義發詩旨，可謂深切矣。岡千里嗤之，謂《詩》以達人情世態世運耳。近世異學輕浮，不深造之過，皆此類也已。〔註11〕」岡氏於朱說一般採取以下三種方式：一則不直接反駁，引別說證明朱說之誤。如曰：「朱熹盡廢《詩序》，而求詩意於

〔註 8〕原公道，先哲叢談〔O〕，國立國會圖書館藏武阪府書林文化十三年（1816）版，卷七 12～13。

〔註 9〕原公道，先哲叢談〔O〕，國立國會圖書館藏武阪府書林文化十三年（1816）版，卷七 14。

〔註 10〕岡白駒，毛詩補義〔O〕，國立國會圖書館藏延享三年本，序 3，以下凡未標明岡白駒引文出處者皆出自該書。

〔註 11〕山口景德，詩三說合錄〔H〕，內閣文庫藏寫本。

詩辭，馬端臨駁之確矣，今此不贅。」朱子認爲后妃思念君子作《卷耳》，岡氏不贊同其說，亦不下己意，而緊隨以楊愼的觀點表達其不同的態度。楊愼云：「夫人思夫，陟岡飲酒，攜僕望岨，即爲託言，亦大傷大義，可謂不倫矣。」《鹿鳴序》說：「燕群臣嘉賓也。〔註12〕」《朱傳》說：「此燕饗賓客之詩也。」岡氏引鄒忠胤語反駁說：「燕與饗異，饗重燕輕。饗者，天子所以饗諸侯及卿大夫之有功，與諸侯饗鄰國使臣。饗在廟，燕在寢，彌相親也。饗則立成不坐，設幾不倚，燕則將脫履升坐。饗則獻依命數而至，爵盈不飲，燕則無算爵，以醉爲度。此燕與饗之別也。是詩云：式燕以敖。云以燕樂嘉賓之心。則知是燕非饗矣。」通過巧妙地轉移矛盾，達到不致引起時人眾怒的目的。二則依序自說，於朱說不置一辭。如《芣苢》、《蒹葭》、《出其東門》等。即使朱說與序說相差甚遠，岡氏只是自圓《詩序》，無視《朱傳》的存在。三則用商量的口吻，將己說與朱說並提，由讀者去判斷。《終風》篇，朱子以爲莊姜不忍斥言莊公，故將其比作「終風且暴」以示諷喻。岡氏說：「莊姜之賢，何比夫之至於此乎？此詩謂母憂子，則爲賢母。謂婦怨夫，則傷於忿矣，莊姜而光然哉。」朱熹於《簡兮》篇「西方之人兮」曰：「歎其遠而不得見之辭。」岡氏說：「此言碩人之才藝德，宜在王室也。」岡氏雖是「宗序」的一派，但缺乏後世學者對朱熹強硬的態度，始終冷靜地分析，志在提升《毛傳》和《詩序》的地位，說服更多的人再次回歸強調政教風化的漢學。正是這樣一種迴避相互攻伐，注重自我完善的治學態度，成就了《補義》在日本《詩經》學史上的重要學術地位。

　　奠定《補義》重要學術價值的原因，除與其端正的治學態度有關外，兼收並蓄，不守家法地開放的治學路徑也是關鍵因素。岡氏不拘一家之言，凡能疏解《毛傳》、《詩序》者，不擇對象，皆拈來證成其說。於《補義》而言，朱熹無疑是最大的障礙。岡氏面對這位權威，一面平和地商榷，另一面還時有所取。這是岡氏不同於別人的一點。如釋《關雎》「窈窕淑女，君子好逑」，曰：「女者，未嫁之稱；君子，謂文王也。」釋《葛覃》：「薄污我私」之「污」曰：「煩潤之以去其污，猶治亂而曰亂也。」釋《常棣》二章曰：「死喪之禍，他人所畏惡。惟兄弟之親，甚相思念，至於積屍哀聚於原隰，亦惟兄弟相求之。」皆基本上採自朱熹原文。面對漢學內部權威

────────────────────

〔註12〕孔穎達，毛詩正義〔M〕//阮元，十三經注疏，北京，中華書局，1980，404，
　　　　以下凡未標明《詩序》、《毛傳》、《鄭箋》、《孔疏》出處者皆出自該書。

《鄭箋》採取同樣的策略，善者從之，誤則改之。自序言：「余少治《毛詩》，惟恨傳簡，康成雖羽翼，與其義差池。嘗據《爾雅》補訓詁，輯諸家之得毛旨者，勒爲一書。」《補義》之「補」，主要體現在對《鄭箋》一書的取捨上。岡氏一則依《鄭箋》而說。二則辯正鄭說，誤者正之。再則以鄭說爲基礎延伸新的意義。襲用《鄭箋》的部分，完全是箋的另一種表述，不能體現其「補義」的宗旨，在此不贅言。

先看其糾正鄭說的內容。無論是文字訓解，名物解釋，抑或詩旨闡釋，岡氏都有所訂正。如《毛傳》曰睢鳩，「摯而有別」。鄭玄釋「摯」爲「至」，後世沿襲其誤。岡氏正「至」爲「鷙」。《螽斯序》曰：「后妃子孫眾多也。言若螽斯不妒嫉，則子孫眾多也。」鄭玄連讀「言若螽斯不妒嫉」。岡氏以爲：「若螽斯」後宜用句讀斷開。斷與不斷，直接關係到詩旨的正確解讀。《日月》篇末章：「父兮母兮！蓄我不卒。」鄭玄解爲此父母暗喻衛莊公。岡氏曰：「不得其父，而歎父母養我之不終，自是夫人情態。……司馬遷有言：夫天者人之始也；父母者，人之本也。人窮則反本，故勞苦困窮，未嘗不呼天也；疾痛慘怛，未嘗不呼父母也。莊姜盡婦道而不見答，又遭州呼（「呼」當爲「籲」，筆者按）之難，可謂困而窮矣。」莊姜不得於其夫，悲憤至極，一直埋怨父母未終養其一生。岡氏解釋較鄭解更爲合理。其它還有，鄭解《蒹葭》之「伊人」爲「知周禮之賢人」。岡認爲當是「昔日君子」。鄭解《有女同車》之「有女」爲「齊孟姜」，岡氏以爲是「曾娶陳女」。岡氏在不偏離《毛傳》、《詩序》指引方向的同時，在一定程度上進一步完善了《詩經》的經義。

事實上，大部分情況下，岡氏是在鄭義的基礎上延伸、充實《毛傳》的意義。這也是該書最富價值的地方。大略言之，岡氏的意義延伸，大致有兩個指向，一爲人情指向，二爲《詩序》指向。所謂人情指向，容易理解。即作者運用換位思考的方式，入情於景，從詩人的情感基點出發，體會其生活經驗，還原當時的感情經歷。《詩序》指向更簡單，即作者以《詩序》爲思考的終點，豐富《毛傳》的內含。

首先，人情指向下導致的《毛傳》意義拓展。王曉平說：「這種讀《詩》以通達人情世態的觀點，貫穿在他對詩篇的全部認識中。〔註13〕」有關《詩》與情的討論，早已有之。然千百年來的《詩》的經學身份，使《詩》與「志」長期黏連在一起。岡氏則認爲「人情」才是《詩》的靈魂。曰：

〔註13〕王曉平，日本詩經學文獻考釋〔M〕，北京，中華書局，2012，417。

　　若夫國風，多是農夫紅女之歌謠耳。應事則感，感物而吟志，志之見乎物，莫著於詩焉。民之蚩蚩，暴雨祁寒而怨咨之，喜則嗟歎舞蹈，哀則竊辟有摽，託物紓鬱，依微規諫，委曲婉轉，亡所不有焉。盡人情世態，又莫詳於《詩》焉。君子不達乎人情世態，不能為政。

這段引文中提及的「志」，實多包含人情的成分。岡氏不稱「人情」，而稱「人情世態」，二者不完全相同。「人情世態」除去感情部分還有別的社會規則約束，即還含有「理」的成分。我們且稱之為情理。這與其《詩》學的另外一個價值取向即教化論緊密相關。單一的《詩》情難以達到教化萬民的目的，反而具有「勸百諷一」的風險。曰：「愚謂詩之為教，不過達於人情世態、世道事變而已矣。君子不達於人情世態，不能為政。其言道之升降，時之治亂，俗之污隆於是乎在，固則是矣。至云舉其正者以戒之，則吾恐其勸百以戒一也。聖人之取詩，不若是迂矣。」《詩》不僅呈現詩人的內心感受，更提供了一段人生經歷。這段人生經歷中凝聚著我們需要汲取的處事法則，反映著我們需要了解的時代生活。《桑中》、《溱洧》等詩，從情感的角度分析，它們展示了一次淫亂的約會，教化無從談起，褻瀆了《詩經》的經學身份。政教意識強烈的岡氏如是解釋：「活嫌鄭衛淫慢，亦人情焉耳……蓋《桑中》可以知衛之亂，《溱洧》可以觀政之衰。在朝廷而知閭巷之志，居治世而觀衰亂之風。國史明乎得失之迹，詩可以觀，人情莫所不至焉。仍人情之所必有，而以此之善，何詩不可之教。」岡氏顯然是在調和人情和教化的矛盾，他首先肯定《桑中》、《溱洧》人情的一面，然他從中讀到更多的東西是衛亂鄭衰。當然，岡氏所道人情，與現代文藝理論範疇中的詩情還有一段距離。「情」依然受到「理」的束縛，實際上是情理。

　　以上為理論推導，下面實證分析。從前面得知，岡氏在鄭義的基礎上拓展《毛傳》。從行文中，可以發現明顯的痕跡，有著固定的程序。先從《鄭箋》、《孔疏》談起，疏解《毛傳》，後面有感發性地講一段情理。《漢廣》舊以為寫江漢流域，殷紂之時淫風流行，受文王教化後，無論男女皆無思犯禮。岡氏曰：「凡女之不能卻侮者，容輕佻也；不能持禮者，情短淺也。夫能顧百年終身之重，不牽一旦情慾之私者，容貌端正，神情深永，俾人望而自遠。」《氓》二章曰：「夫蚩蚩抱布之氓，非土著者，固不相識，何遽爾作緣邪？蓋物必先腐也，而後物敗之。此豈特女子，士君子平居屬行，可不慎哉？」於三章「士

之耽兮，猶可說也。女之耽兮，不可說也」。曰：「夫士有百行，可以功過相除；至於婦人無外事，惟以貞信爲節。一失其身，不可復解說也」。於五章言：「蓋愛隆，則膠漆，無以逾其耽；歡墜，則風雷不足比其暴。惟其有是耽也，乃其所以有是暴也。至是而始咎士之貳行，不亦晚乎？精思自悼，夫復何益？」《有女同車》寫忽不娶齊之孟姜，失齊之助，終至被逐，鄭人刺之。岡氏於忽的經歷，表達了其不同理解，曰：

> 忽之不婚於齊，未爲失也。丈夫不能自強，欲求寵於婦人女子，
> 以借援婦翁，此固小人之心耳。夫齊，大國也，於時小霸也。人情
> 思求系援，唯恐不得。乃齊侯欲妻之，而忽以非耦辭，再請妻之，
> 而又以不敢師婚固辭。其言云：自求多福，在我而已，大國何爲。
> 此毅然丈夫之志也。夫妻之所欲妻者，文姜也。向令忽婚於齊，縱
> 能免於見逐，亦何能逭鼓生之禍。國人見突挾宋之援，以逐忽。忽
> 之無援以至於此，乃追恨刺之。是事後成敗之論耳，眾人之情也，
> 故序國人刺之云。

這些議論以人情爲起端，得出的人生感悟與處事法則，裏面凝聚著作者的獨特思考，並非人云亦云的政治教條，客觀上大大地拓展了《毛傳》的意義。

其次，以《詩序》爲導向對《毛傳》內涵的豐富。岡氏對《毛傳》的任何發揮，其最終歸宿必指向《詩序》。岡氏認爲《關雎序》即大序，大序無大小之別，由子夏製作。關於小序，子夏裁初句，續序由源自子夏的魯人毛公潤益而成。大小序皆與子夏有關，故岡氏視之甚高，說《詩》一依《詩序》爲旨歸。如《葛覃》首章曰：「葛之覃兮，施於谷中，維葉萋萋」。

> 鄭箋：葛者，婦人之所有事也。此因葛之性以興焉。興者，葛
> 延蔓於谷中，喻女在父母之家，形體浸浸日長大也。葉萋萋然，喻
> 其容色美盛。

> 補義：葛者，女功之所在，故因葛以興焉。葛之延蔓移於谷中，
> 其葉萋萋，以喻后妃在父母之家，漸長成，容色美盛也。

岡氏意全承自鄭箋，但有兩個地方文字上發生了微妙變化。鄭曰：「夫人之所有事也」，「女在父母之家」。岡氏改爲「女功之所在」，「后妃在父母之家」，這種表述明顯受到《詩序》的影響。雖然微小的變動，無礙於詩義的理解，但鄭玄、岡氏與《詩序》的親近程度由此可見。二人同樣疏解《毛傳》，不同的是，岡氏不僅疏解，還常常牽引《毛傳》以就《詩序》。以《鵲巢》爲例：

序曰：鵲巢，夫人之德也。國君積行累功，以致爵位，夫人起家而居有之，德如鳲鳩，乃可以配焉。

首章：維鵲有巢，維鳩居之；之子于歸，百兩御之。

補義：鄭玄曰：鵲之作巢，冬至架之，至春乃成。喻國君積行累功，以致爵位也。鳲鳩不自爲巢，居鵲之成巢。喻夫人起家，而居有之也。御，迎也，或作迓。百兩御之，言其未嫁時也。婦人蓋不出閨壺之貞，業不過籩饋之事，所重均壹耳。均壹則不變，謂之貞。不自爲就人，謂之順。貞而順，婦德莫以尚焉。夫鳩，拙鳥也，其性均壹。不自爲就成巢，有順之象，雖拙乎，有取均壹而順焉。

故序曰：德如鳲鳩，乃可以配焉。

自「鄭玄曰」至「言其來嫁時也」，是疏解經文或《毛傳》。後面的文字是岡氏的補義，說女有均壹之德，又說鳩亦有均壹之德，故德如鳲鳩，可以配君子。行文略顯牽強，原因就在於以傳就序，將不甚聯繫的《毛傳》與《詩序》生拉硬扯在一起。

又如釋《草蟲》首章，「忡忡，憂貌。鄭玄曰：「既見，謂已同牢而食也。既覯，謂已婚。《易》曰：男女覯精。」草蟲鳴，阜螽躍而從之，喻大夫之妻，待禮而行，隨從君子也。婦人雖適人，不當夫氏，則有歸宗之義。其當與否，未可以知，憂心忡忡也。及其既見且覯也，乃我心降矣。謂放下心也。凡事之不成，多緣其心以爲易也。憂心忡忡，用心至矣。所謂以禮自防也。」從「婦人雖適人」至「用心至矣」八十餘字，繞來繞去，雲裏霧罩，就爲了得出「以禮自防」的結論。給人一種突兀之感。岡氏常常偏離《毛傳》鋪就的軌道，直接衝向《詩序》化作的霧氣之中，大大影響了《補義》的價值。但也不可一概而論，雖存在這樣的嚴重弊端，但有時的發揮還是非常成功的。特別是遵循孟子「知人論世」的原則，將一些《詩序》與傳文風馬牛不相及的情況穩妥地聯結起來，有效地消除了其間的隔閡。如《苤苢》、《漢廣》、《碩鼠》等篇，實現了其補義的目的。

江村北海《日本詩史》評價岡氏論著說：「傳注詩書論孟，以崇其名。然己急於名，又好勝人，故其所論說引證不精，且以臆見恧斷疑義，或剿襲他人說，以爲其著作。雖取快於一時，難免識者之摘。〔註14〕」雖然《詩經毛

〔註14〕江村北海，日本詩史〔M〕//蔡鎮楚，域外詩話珍本叢書〔G〕，北京，北京圖書館出版社，2006，501。

傳補義》存在徵引不詳，師心自用之類的缺陷，但其在人情和《詩序》指向下對《毛傳》的補義，還是極大地拓展了《毛傳》的意義，從而推動了宋學官學背景之下漢學的進程，維護了《毛傳》的經典權威，在當時引起強烈的反響，並影響了後世的一批人。

岡白駒《毛詩補義》依序說詩，旨在守護序說。江戶中期另外一部《詩經》漢學著述——戶崎允明《古注詩經考》，則帶有辨正漢說的特色，重新爲《毛詩》正義。

戶崎允明《古注詩經考》，從書名上則可以看出其回歸漢學的學術傾向。戶崎允明（1724～1806），初名哲，字子明，後改字哲夫，號淡園，通稱五郎大夫、淨岩。著述宏碩，撿其要者，有《周易約說》、《周易古斷》、《詩經考》、《書經考》、《左傳考》、《國語考》、《論語徵餘言》、《學庸證》、《讀荀子補》、《讀韓非子補》、《讀老子正訓》、《莊子考》、《管子考》、《申子考》、《屍牘彙林》、《淡園詩文稿》等等。允明師出荻生徂徠、太宰純爲代表的古文辭派一系，《古注詩經考》一書中於物茂卿、太宰純多有稱引。其《詩》學觀深受古文辭派影響。今存《古注詩經考》十卷，靜嘉堂文庫藏寫本。書末有「天明二年（1782）壬寅春允明志」印〔註15〕，此書當寫於此時。

該書體例分「注」「考」二體，「注」包括對《詩序》、《毛傳》、《鄭箋》的注釋，大致摘錄《毛詩正義》原文抄寫其下，以期爲序、《傳》、《箋》尋求先秦文獻依據。故書名題曰「古注」。「考」部份辨析《毛傳》、《鄭箋》、《孔疏》、《朱注》四家之得失，旨在重新爲《詩經》正義。以下分別從四個方面評介《古注詩經考》特點。

尊信《詩序》的評《詩》準則。允明信奉的古文辭學派，繼伊藤仁齋創立的古義學派而興起。不論古義學派抑或古文辭學派，皆是江戶中期疑朱思潮盛行之下，高舉復古旗幟，激烈抨擊朱子學說，重建新的經典話語體系而誕生的學術流派。早期的古文辭學派雖反對朱子學，但並不堅守《序說》。所倡導的復古口號僅僅是一個幌子，如二號人物太宰純就是典型例子。古文辭學派後期漸漸發生分化，其中一支走上回歸漢學的道路，允明即是其中一位。他借郝敬語表達了對《詩序》的態度。郝氏曰：「三百篇高絕千古，惟在其寄興悠遠矣。如非善讀古序，誰達作者之意與聖人刪定之旨哉！後人多疑與詩

〔註15〕戶崎允明，古注詩經考〔H〕，靜嘉堂文庫藏寫本。以下凡未標明戶崎允明引文出處者，皆出自該書。

不會，不會處正其所理會。各序首一句，爲各詩根柢。下文皆申明首句之意。故先儒謂首序作自子夏，餘皆毛公增補。今觀首句簡當精約，非目巧可撰。古人有詩即有題，或國史標注，或掌故記識，曾經聖人刪正，決非苟作。而毛公發明微顯，詳略曲盡，爲千餘年詩家領袖。」序文與經文的牴牾之處，護序派的理由是「後人多疑與詩不會，不會處正其所理會」「凡詩之詞渾雅，故溫柔敦厚而不切其事，不知之者爲不合序意。可一誦而盡，則何可以群，何可以怨，其不可不察也。」非序派攻擊序說的切入點，反被視作《詩序》的高明之處。允明又曰：

> 不微不婉，徑情直發不可以爲詩；一覽而盡，言外無餘不可以爲詩；美謂之美，刺謂之刺，拘繩墨，不可以爲詩；意盡乎此，不通於彼，膠柱則合，觸類則滯，不可以爲詩。

雖非明言指謫《朱傳》，但《朱傳》一依經文闡明詩旨的做法，顯然在允明「不可以爲詩」的行列之中。文中允明對《朱傳》多有詬病，且言《詩序》之有據。《叔于田》篇曰：「不知詩者之言，而廢序之僻見也。」《將仲子》曰：「序所言無可疑者，宋儒動云淫奔，嗟乎何心！」《木瓜》曰：「朱熹一廢舊序，終棄聖語甚哉。」《考槃》：「此謬總出於廢舊序矣。」《二子乘舟》：「漢儒之說，不可妄換也。」《式微》：「此必古來相傳而有據矣。」《雄雉》：「朱熹謂四章共征婦詞，不得依序解其詩，而換其義也。猶且未免臆說，宜從序而讀。而妄改其義，奚務廢古訓甚，理學之費至此。」《邶風‧柏舟》：「興寄所託，詩人之意也，晦庵何得知之矣，務廢小序，故有此弊。」《詩序》作爲《詩》學史上較早的文獻依據，今天看來，它確實帶有先秦時期準確地講是戰國時期的時代精神。但是，戰國時期的《詩序》原形與我們今天所看到的《詩序》決不可同日而語，今天的《詩序》是由戰國《詩序》歷經秦漢兩代不斷增補而成的形態。因此，一味地批判與盲目地信從皆非合理的態度。我們暫且擱置誰是誰非的問題，是非問題僅僅是學術內部爭論的焦點。跨越學術，探究從序與廢序背後的文化含義，無疑具有更爲深刻的意義。從序和廢序是不同價值取向的體現。《詩序》的基本精神在美刺，美刺的對象有時君、后妃和時風，后妃與時風的好壞最終仍然歸結爲時君責任，於是可以說《詩序》的功能指向是由下而上直至最高統治者。廢序派以朱熹爲代表，《朱傳》的基本精神在勸善懲惡，勸懲的指向是道德倫理。較之《詩序》，《朱傳》明顯淡化了政治，弱化了歷史，就詩論詩，甚至直指爲淫詩。其功能指向較之前發生了

根本的變化，由自下而上的美刺時君變爲由上而下的勸懲萬民。自宋以後，尊廢成爲一宗無法確解的歷史公案，二者形成此消彼長、輪流坐莊的發展態勢。每一次的爭鋒、交替皆以當時社會思潮的轉變爲背景。自上而下或自下而上的《詩經》功能指向一定程度上反映出特定歷史階段的一種文化訴求。從這個意義上分析，允明一批江戶中期湧現的尊序派，披露出江戶中期有向漢學回流的信號。

彙集四家的「正義」性質。《古注詩經考》集《傳》、《箋》、《疏》、《集注》四家之優長，重新正義《毛詩》。允明或辨析各家之優勢，擇其最善者而從之；或指出各家之得失，是此非彼；或駁斥眾說，重新注解。允明解詩以《詩序》爲根柢，將其視作《詩經》靈魂之所在，不容任何置喙。《詩序》之外，不論傳箋疏注一切圍繞《詩序》而展開。《詩序》的確解成爲允明取捨四家的唯一依據，且不以《朱傳》有違《詩序》而全盤否定，有意從《朱傳》中吸收其有益的成分補充到解詩當中。江戶以來出現一種極端的現象，隨著《朱傳》地位的迅速擡升，江戶前，漢學傳統出現斷層，後學惟知有《朱傳》，不復知有《毛傳》、《鄭箋》、《孔疏》。允明以接續傳統爲己任，由《朱傳》向前溯源，重塑漢學的古學地位。「然其意深遠難窺，則古序存焉耳矣。朱晦庵以義理解，其徒隨而和之，乃雖廢古序，竊採者十八九。甚可醜也。唯是一世之英髦也。其解間有可取者則擇之。然多是刪略孔疏文，使人易睹，而不謂其所出。」此言雖有失偏頗，但《朱傳》與前說暗合的現象則是不爭的事實。因此，允明摒棄門戶之見，兼收並蓄，將《朱傳》列入重要的參照對象。如《女曰雞鳴》篇：「朱熹云：此詩人述賢夫婦相警戒之詞。言女曰雞鳴云云，如此則不留於宴昵之私可知矣。第二章言射者男子之事，而中饋婦人之職。故婦謂其夫既得鳧雁歸，則我當爲子和其滋味之所宜，以之飲酒相樂，期於偕老。而琴瑟之在御者，亦莫不安靜而和好，其知樂而不淫。第三章言婦人語夫曰：我苟知子之所致而來，及所親愛者，則當解此雜佩以送遺報答之。蓋不惟治其門內之職，又欲與君子親賢友善，結其歡心，而無所愛於服飾之玩也。此解亦大得其辭與義。何則序云陳古義以刺今，不悅德而好色也。此云其夫賢則妻亦治其事，語勢然矣。覺毛鄭之附會，又見朱注悉合於序義也。」該篇反指謫毛鄭的附會，而充分肯定朱熹的解釋。於《竹竿》詩言：「此詩全篇，衛女適異國不見答，竟思歸，不得則述衛國娛樂也。朱注全篇得其義。」「此篇晦庵多得詩人寄興之趣。古注以禮而言喻，此是因序云能以禮者也，終致

其誤。序云思而能以禮者也，言女雖思歸，而有禮而不得，則已是能守禮也，非婚禮待禮之意也。」允明稱傳箋疏爲古注，這裡批評古注的失誤，認爲《朱傳》得詩歌寄興之意。不過，儘管大量採納《朱傳》的說法，《朱傳》也只是允明回歸漢學的一個配角而已。

揣摩辭氣的解《詩》途徑。前已言之，允明師出古文辭派。古文辭派特色，一言以蔽之，即通過對古文辭的本色解讀以還原經典的原意。故古文辭爲著眼點，復古爲目的。受其影響，允明亦非常重視對辭氣、語勢的把握。其書名曰「考」，然此「考」與清儒考據之「考」相距甚遠。《古注詩經考》重視一己之理解，清儒考據之學重視言必有據。如《鄘風·柏舟》首句「泛彼柏舟，在彼中河。」朱熹釋「中河」爲「中於河」。允明駁言：「於其意則得矣，於辭則不得。中河謂河中也，與中林中谷同，古辭皆然。」從語法的層面修正朱說。《考槃》「考槃在澗」，朱注「槃」爲盤桓意。允明以爲不妥，曰：「未穩，語勢亦不得。」《遵大路》篇，朱熹以爲淫詩，並引宋玉賦佐證。小序以爲寫思念君子之辭。允明守序說：「宋玉引此語，此文人有成語文理相當者必取焉。修文之道，古皆然，韓愈以來終廢。」這裡《詩序》與朱熹的衝突之處並不重要，重要的是允明解決矛盾的思路及方法，他是以唐以前人行文之法而言的，可謂是言必稱古文古法。另外一種情況是，允明還從情理出發推測揣摩詩中的應有之意。《東門之墠》首句「東門之墠，茹藘在阪」，《毛傳》以爲兩句描寫的是兩個不同的地方，《鄭箋》以爲是同一個地方。允明曰：「然而下文云：東門之栗，有踐室家。則鄭爲優。言東門之墠，阪有茹藘，不可逾過。所思之人，其室雖邇，有禮則不能逾至，故其人甚遠也。」由下文推導上文，雖不失爲一種途徑，但其可靠性是有限的。《伯兮》詩，《毛傳》解「伯」作「州伯」。《鄭箋》以爲當作「君子」解。允明認爲妻子稱呼丈夫不當言其官名，故鄭說爲優。《新臺》詩之「籧篨」「戚施」，朱熹據《毛傳》釋作惡疾，鄭箋分別釋作「口柔」「面柔」狀。允明按曰：「爲惡疾直通。然國人刺國君之行而言河上起新臺，又言醜惡之人遊於此。豈其如此哉，國君聽之可不咎哉！面柔、口柔佞媚婦人之狀，燕婉溫柔之德，即是微言。詩之妙用也。」殊不知惡疾可招致國君的罪責，難道把國君描畫爲一個在女人面前低三下四、不男不女的形象，就能逃過一劫嗎！所以，《古注詩經考》雖名「考」，其考證的途徑卻值得商榷。以古辭古法推衍辭意，以情理揣測詩意，很難完全規避主觀的武斷而給出客觀公允的解釋。較之清代考據學，其合理

性差之甚遠。允明可以根據自己的語感和缺乏理論依據的主觀情理演繹詩意，其它人也可以根據自我的理解給予完全相反的解釋。因此，《古注詩經考》一書是帶有鮮明主觀色彩的。它是在《詩序》的理論指導下，依據自我的判斷對前人成說的一次重新整合。

意在復古的學術本位。復古既是古文辭派高舉的學術大旗，也是《古注詩經考》的重要特徵之一。前已言明，《古注詩經考》由「注」和「考」兩部分組成。「注」指的是從《毛詩注疏》中耙梳先秦文獻依據以佐證序傳箋。故名曰「古注」。「考」中將唐前注疏統稱爲「古注」。加之不偏離《詩序》的評詩原則，說明《古注詩經考》以復古爲特徵的學術訴求是顯而易見的。復古的歸宿在於探求「先王之道」，本書開首即言：「蓋先王之道在詩書禮樂，故謂之四教，又謂四術。」夏商周三代聖王之治，既是中國歷代統治者心目中理想的王道政治，也是令日本民族稱羨的理想精神家園。尤其是周代的禮樂文明更是中日兩國人民難以磨滅的歷史追憶。因此探求聖王之道，建立禮樂文明就成爲歷代士子文人不懈的努力。在歷史的長河中常常以一種復古的社會思潮不斷再現這種內在需求。歷史不容重複，周有周之道，漢有漢之道，唐有唐之道，宋有宋之道，一起鑄就中華民族博大精深的民族文化。允明爲代表的古文辭派肩負的歷史使命是由宋之道上溯至周之道，即孔子之道。《詩》作爲先王之道的載體之一，允明於《詩》之用寄予厚望。引荻生徂徠語曰：「詩觸類而賦，從容以發之。非典則，旨在微婉。繁繁雜雜，零零碎碎，大小具在，左右逢源。故其義無窮，大非他經之比。乃朝廷閭巷之事，盛代衰世之迹，君子小人之行，丈人婦人之狀，皆萃於我矣。於是先王取焉，以觀其義之所有，以察列國政治風俗世運升降，此所以列於六經也。」允明又曰：「詩貴興象，古今同一揆也，不可不知焉。惟邇之事父，遠之事君，溫柔敦厚，可以群居也。主文譎諫，引譬連類，唱酬相乘，深契於道，可以興也，可以怨也，復可以多識鳥獸草木之名也。詩之義大類如此矣。」概括來講，即興、觀、群、怨四字。允明遍注群經，努力還原孔子本意，其明則復古，暗則透視現實社會的政治用意不言而喻。

以《詩序》爲準繩的評價標準，以正義爲目的的著述宗旨，以詩辭爲對象的考辯方法，皆服務於其以復古爲特徵的學術本位。《古注詩經考》成書於寬政禁學的前夕，自岡白駒《毛詩補義》漢學回流的信號發生伊始，至《古注詩經考》的出現，預示著一股新的社會思潮即將到來。

　　在岡白駒、戶崎允明的影響下，江戶末期尊序抑朱派中成就最高，影響最大的是龜井昱的《古序翼》和《毛詩考》。

　　尊序還是廢序是《詩經》漢學與宋學的重要分歧之一，龜井昱《古序翼》便是向朱熹發難以捍衛《詩序》的一部尊序抑朱之作。龜井昱（1773～1836），名昱，字元鳳，號空石，又號昭陽，通稱昱太郎，築前人。以才學顯，善治家學，肆力於經史百家，博綜淹通，以善古文詞顯。其家學淵源深厚，祖父初治醫學，晚年轉治儒學。諸儒皆習宋學，祖父獨愛物徂徠書，曰：「君子之學在茲」。父南冥，子承父學，曾拜僧大潮爲學，一代名儒。龜井昱嘗拜訪大儒中井履軒，中井履軒視其父臉面，才肯接見他。昱與其父南冥、叔曇榮、弟昇、弟季，並稱「五龜」〔註16〕。著有《家學小言》、《擬風》、《薖文談》、《孝經考》、《字例述志》、《大學考》、《烽山日記》等。

　　朱熹著《詩序辨說》駁難《詩序》進而廢序說《詩》。龜井昱以其人之道還治其人之身，撰《古序翼》駁斥《詩序辨說》以維護《詩》序。《詩序》經過否定之否定，再次返回到以序論《詩》的老路上。曰：「夫小序，孔門之遺策，古來儒者，我未聞得其門而入者，峷乎數仞之牆也。至朱氏駁序說詩，而江漢秋陽之美，變而爲牛糞馬矢，其臭穢殆不可近也。所著《辯說》者，余解剝條劃，而亦以排之，廓如也。雖惡雲蔽日，其靈曜未始有所損爾。〔註17〕」《古序翼》六卷，享和元年（1801）完稿，東京大學總合圖書館藏有寫本。

　　龜井昱視《詩序》如經文一樣重要，對其表現出極大的包容性。他說《詩序》是「先哲之遺言」，必須奉之爲「金科玉條」〔註18〕。又說：「必信序如經」「序者，堂之階也，室之戶也」「序不可疑亦無疑」「詩泯千有餘歲，其體與事不可得而知也，微序我其長夜乎」，還說：「微古序，雖曰無十五國風可也，而敢廢之乎」。尊崇《詩序》的執著態度到了無以復加的程度。恰恰相反，對以朱熹爲代表的疑序派則缺乏絲毫的認同感，不惜從對其觀點的質疑上升至對其人格的否定。十八世紀末期以來，要求復興漢學而攻擊朱熹的學人不乏其人，然能像龜井昱這樣有失風度地，態度激進地蠻橫少之又少。「朱子謂之不識文意，甚乎其罵古人也。欲片言隻語必穿求詄索，以成其惡，其同而不和之險也。」

〔註16〕關名，先哲叢談遺編〔H〕，國立國會圖書館藏寫本。
〔註17〕龜井昱，家學小言〔M〕，關儀一郎，日本儒林叢書，東京，鳳出版，1929，7。
〔註18〕龜井昱，古序翼，東京大學總合圖書館藏據天保二年（1831）抄本重抄本，卷一，以下凡未特別標記出處者，皆出自該書。

罵朱熹是同而不和的小人。「殆如奸酷之吏，陰險探索，巧舞文以陷人者。嗚呼！論詩而同爲孔門蓋臣，不念同貪協恭之道，包挾邪心，以圖陷之，豈係仲尼傳述之旨。」說其爲心懷叵測陷害聖人的酷吏。又如「古義則正，朱子則褻。正者，君子之道也。褻者，小人之道也。」「舉其人則喪心奪魄之頑也，誦其事則鑽隙逾牆之實也，稱其言則口澤污巇，歌其風則淫聲流辟。」「淫者，朱子毛病。五心六意，歧道多怪。執己私臆，驚然哲哆古人愷愷君子，一何驚也。」「朱注鄙陋，溷辱嘉言。雖非經筵，其可以講慘哉，風雅之污極矣。而人皆逐臭。臆呼！淫夫做君子，其詩亦拙。」還說其「一身五心，心有伏機」「以糞土污明珠」「倒行逆施」「老而耄昏」等等。連附和《朱傳》追隨朱子的人也不得幸免。「朱子鷹鸇之舉，一攫而靡之，群雛弱羽竟而學博鸞鳳，鏘鏘之聲遠矣。」說劉瑾是「小兒之見，以公膚之口吠朱子之聲音也」「以簧鼓而從其後，以詾先賢爲務，其狂鬧可厭。」說輔廣「廣之妄言，亦朱子教之者，輕薄烌古，其罪不可弇。」攻擊朱子學派可謂是不遺餘力。

朱熹與龜井昱《詩》學觀的主要分歧，集中體現在《詩序》的存廢問題上。尊序與廢序的爭論由來已久，代表著兩種不同的解詩視角，是《詩》學史上不同的兩個發展階段，各自有著立論的特定的時代文化背景，不能用是非對錯做簡單的處理。因爲兩派不能將這一問題置於《詩》學史的大背景下予以解決，只是主觀地決定《詩序》的去留，所以在一定程度上講，這一矛盾是不可調和的，反而有可能陷入輪迴的惡性重複，延緩《詩》學研究的進展。從龜井昱對《詩序辨說》的反駁來看，大致有兩種途徑。一種是能夠舉出有力的先秦文獻依據，直接否定朱熹的「臆說」。所謂的證據不外乎《左傳》中「賦詩言志」一類老生常談的材料。然「賦詩言志」帶有隨意性，不能等同於詩之本意，離詩之本意還有一段的距離。另一種是無法提供直接的文獻依據，而對朱熹的解釋吹毛求疵。如《子衿》篇，小序曰：「刺學校廢也。亂世則學校不修焉。」《朱傳》解之爲淫奔之詩。同一首詩的兩種解釋差之萬里。龜井昱曰：「豈唯詩哉？山川之勝，雲月之色，愁而見之則愀如，樂而見之則躍如。故朱子之以是爲儇薄者，亦其心之所感也。語曰：心多恨悔，出門見怪。非有怪也，氣焰而已。」他的含沙射影，意氣之爭對於解詩毫無意義。一則失之於舊調重彈，缺乏新意。一則失之於意氣之爭，脫離詩旨。以上兩點是尊序派共同具有的一個通病，都不是我們關注的重點。評介一部著述，我們更希望看到他獨有的一面。

　　龜井昱持有的一個不同於他人的觀點是，廢序的根源不在於朱熹，而在於漢學派的兩位創始人物毛公、鄭玄。他認爲自《毛傳》《鄭箋》始，對《詩序》的理解就出現了偏差，《朱傳》正是建立在以上兩種錯誤認識的基礎之上，才決定拋棄《詩序》。因此龜井昱對《毛傳》《鄭箋》頗有微詞。說：「朱子之滅古序，毛鄭之罪也」「據毛鄭不明之說濫黜小序」「《毛詩故訓傳》劖鑿紆腐之言，而《鄭箋》最甚」「毛鄭之釋此詩甚迂而強，朱子以毛鄭讀古序，宜乎蔑而排之」「毛鄭不達序之立文，一言隻語咸以當經，孔仲達又從衍之，拘局拗戾，詩竟斷裂，使後人藐古序。」鑒於此，龜井昱大膽突破前人成說，對一些詩做出新的闡釋。以《氓》爲例，小序最後一句說：「美反正，刺淫泆也。」《孔疏》解「美反正」曰：「美此婦人反正自悔。」意爲讚美女子對當初的私奔行爲有悔恨之心。《朱傳》以爲詩寫女子被丈夫拋棄，敘述事件經過而表達其悔恨之意，小序中的「美反正」純屬子虛烏有。龜井昱則認爲詩中確有讚美的成分，讚美的是女子出嫁後的良好表現，與「自悔」無關。他說：

> 是女之過，私約至於頓丘是已。其嫁車迎賄遷，則父母許之媒妁成之。比卓氏女奔相如者雲霄間隔。淫風之行，人皆其人也，不可引繩墨正之。予近出國治而寓於西鄙，其寒細之有室家者，鮮非逾牆而從之。既從之，又不安其室以鳥龜，其夫習以爲常。其或稱靜女者，亦自桑中洧外來，而不說初耳。然而父老所稱譽之，亦以其今之好而不以昔之醜。況衛數世淫放，喪亡將及，則民間之亂殆有不可道必矣。當此其時而等其人，有女卑遜，克自抑損，則雖不善於始，不猶愈自爲虔婆以老淫泆焉者乎？此詩人所以美反正也。

龜井昱講許多道理爲女主人公開脫，並深表同情。這是與孔、朱同樣面對失足婦人時所持有的截然不同的態度。雖有附和《詩序》的嫌疑，然較之《孔疏》爲佳，也符合人情的實際。《十畝之間》篇，小序曰：「刺時也。言其國削小，民無所居焉。」《孔疏》爲迎合小序的意思，經文的解釋過於牽強，簡直令人難以置信。《朱傳》乾脆拋開小序，另起爐灶，以爲是寫隱士安貧樂居的生活。龜井昱則以爲寫國小民閒，人們期望離開此地，另謀樂郊的願望。此解顯然比《孔疏》要通順的多，縮小了小序與經文間的差異，使二者趨於一體化。美中不足的是龜井昱接著說：「《左傳》晉荀吳滅陸渾之戎，陸渾子奔楚，其眾奔甘鹿，此陸渾民少而甘鹿地小也。」有畫蛇添足之嫌。此舉反映出其崇序的極端性，小序最大的一個特點是與歷史相比附，龜井昱最後也

不忘記爲自己的新說尋求《左傳》的旁證。不過在沒有任何跡象表明《左傳》史實跟《十畝之間》有絲毫聯繫的情況下，主觀地將二者硬綁到一起，就顯得太不近人情了。《東方未明序》曰：「刺無節也。朝廷興居無節，號令不時，挈壺氏不能掌其職焉。」自《鄭箋》始規定了本詩闡釋的基調。將朝廷無節，號令不時的罪過歸咎於挈壺氏，後世遵照不違。龜井昱以爲不妥，說：「挈壺氏不能掌職者，君妄行也。君有妄行，興居不度朝夕漏刻之節，急緩遲速一決於意，而使挈壺氏告諸朝，故挈壺氏不能掌職者，所以顯君之行妄也。」諷喻的對象從挈壺氏身上轉移到君王身上。這是符合實際情況的。挈壺氏只是微不足道地計算時間的一個小人物，不敢也不可能隨心所欲地擾亂朝廷的正常秩序。唯有君王才具備這種可能性。因此龜井昱的結論是可行的。

尊序派有一個共通的特點，就是喜歡談論歷史，以史解詩，經史互證。龜井昱也不例外，《左傳》常常掛在嘴邊，用大量筆墨討論歷史，向讀者傳遞《詩序》和《春秋》皆來自於先哲遺言的理念。他對《詩序》有一個基本的認識，即一國之風必繫於一人之本。通俗地講就是無論詩歌呈現了怎樣的地方風俗，這種風俗必源自於一個具體的人。這個人往往就是最高統治者，小序美刺的對象都直接或間接地與最高統治者有關。唯有如此，《詩經》才能實現其諷喻的理想。龜井昱的認識突出《詩》的載道精神，強化《詩》的經學身份。朱熹的《詩序辨說》徹底地否定了《詩序》的合理性，經文的光輝形象也受到前所未有的挑戰，原來的先哲聖言頃刻間變成了村野妄夫的污語穢言，必然引起龜井昱的強烈不滿。《古序翼》攻擊的重點就集中於朱熹的淫詩說。《詩序》是支撐《詩經》神聖經學地位的理論保障，經文好比身體，《詩序》好比是遮羞的衣服。《詩序》一旦遭到顛覆，《詩經》千年經營的經學大廈必然面臨瞬間坍塌的危險。可以說，是《詩序》成就了《詩經》的經學地位。從這個角度思考，龜井昱看似在復興《詩序》的正統地位，又何嘗不是在守護《詩經》高貴的靈魂。不過，龜井昱顯然偏離了這一思路，走向了一條偏執極端的危險之路。殊不知，單純地關注《詩序》而不顧及經文的牽絆，卻是一種棄本求末的愚蠢行爲。儘管在漢學的領域裏，打破成說，提出一些新的觀點。但他的本意並不在創新，而在於維護《詩序》。不得不承認龜井昱的新解全是緊扣《詩序》的核心宗旨延伸出來的。所謂的一些新的提法也是無心插柳柳成蔭的結果。

無論如何，以上都是值得肯定的地方。然其無視經文的存在，限定在《詩

序》狹窄的圈子裏，用政治、歷史爭辯的方式爲《詩序》爭取一席之地的做法，卻是不足取的。《盧令》篇，小序曰：「刺荒也。襄公好田獵畢弋而不修民事，百姓苦之，故陳古以風焉。」朱熹以爲寫打獵者在路上偶遇，彼此讚譽。單從經文來講，《朱傳》的解釋更爲合理。龜井昱則認爲朱熹的新造之說遠不及小序意。論據有二。其一，《子貢詩傳》說：「襄公好田，大夫風之，賦《盧令》。」其二，《國語》齊桓公謂管仲曰：「昔吾先君襄公田狩畢弋，不聽國政。」龜井昱的爭論明顯離題，《盧令》詩的詩旨才是辯題，龜井昱討論的卻是襄公的爲政。更何況《子貢詩傳》還是後人的僞作。如此的爭論純屬詭辯，毫無意義。《溱洧》篇，小序曰：「刺亂也，兵革不息，男女相棄，淫風大興，莫之能救焉。」朱熹以爲寫男女情人約會，並且認爲鄭國淫亂風俗的形成與「兵革不息」「男女相棄」無關。龜井昱抓住政治與風俗的關係跟朱熹理論，大談特談，全然不顧小序和《朱傳》的解釋哪個更適用於《溱洧》詩。他說：

> 硬哉朱子之舌乎！鄭國之淫雖自風習，上有綱紀則可以過，可以移，可以致善焉，何習之有？若夫長國家而不恤世變之本，委之風習而無已責其可乎？且膏粱之性難正久矣，茲將籍口朱子以掩其不肖。朱子一言流毒，其翅儒說中之洪水猛獸乎？昔人之言渾厚而教存焉，不獨虛喝其理，鷔辨嚇人而已。修辭之道泯，而立誠之義苦矣。密察之智勝，而寬裕之仁微矣。生今之時而頌論古，亦是信以爲本，循而議擬之乎。而未究其旨，乃鞭撻以臨之，不恭甚矣。

> 孟子曰：人倫明於上，小民親於下。其在於今日，尋干戈以爭者，非公子乎？公子非兄弟乎？骨肉而白刃相屠。上之不倫，小民其親也哉？故曰兵革不息，男女相棄。人之有道也，不念其親親之義，急難相棄，夫婦衰哉！禮不云乎：夫婦之道苦而淫辟之罪多矣。故曰男女相棄，淫風大行。夫君防也，庶人水也。防決而水從之，雖泛濫其如之何乎？鄭之亂君實使之，故曰淫風大行，莫之能救焉。序之修辭，其周到精確，不易窺爾。問者曰：所謂兵革，何必公子？予曰：前篇不云乎？公子五爭，兵革不息，男女相棄。茲有一句而意則相通。

首言朱子言論的危害性，再言《溱洧序》的內在理路，無一語言及《溱洧》經文的意向，甚至不清楚其對於朱熹新造之說的態度，分明是在借題發揮闡

明自己的政治觀。又如《竹竿》詩，序曰：「衛女思歸也。適異國而不見答，思而能以禮者也。」朱熹說經文中沒有「不見答」之意。從經文中確實看不出衛女不被重視的意思。龜井昱辯曰：「通篇是不見答意也……三衛一也，《泉水》《竹竿》其序互相發明。《泉水》稱父母終，《竹竿》稱不答可玩。夫既爲人婦，而父母亦既終，於是切切懷舊土者，非居逆境而何？我故曰《泉水》之女亦不見答者也。父母存，有歸寧之意。子之思親，可以禮寧，我故曰《竹竿》之女亦喪父母者也。序果昭明確切，大非後儒所及也。」因爲《泉水序》《竹竿序》首句皆爲「衛女思歸」，龜井昱就二詩互解，彷彿一首詩似的。他的辯言牽強姑且不論，單就分屬於不同國風中的兩首詩當作一首詩來解，其隨意性已經大大超出人的預料。除此之外，龜井昱還常常取經文遷就《詩序》，多次徵引《子貢詩傳》的材料等等。總之，龜井昱在糾正朱熹廢序說《詩》的同時，走向了另一個極端。一切按照《詩序》的旨意領悟《詩經》，《詩序》在他的手中已然亙古不變的眞理，且逐漸神聖化，甚至於不惜將《詩序》凌駕於經文之上。

　　龜井昱不僅遵循《詩序》的古意，還比較讚賞《詩序》的古文辭，無疑深受荻生徂徠古文辭派的影響。《古序翼》是十八世紀末期興起的文化復古思潮下，誕生的駁斥《朱傳》，倡導回歸《詩序》的一部《詩》著。特殊的時代背景造就了其糾妄過正的性質。另外龜井昱還著有《毛詩考》一書，與《古序翼》相呼應。《毛詩考》是昱在仔細玩味《詩序》的基礎上，順著《詩序》設定的方向，爲《詩》蒙上更爲濃厚政治教化色彩的一部傳疏之作。

　　《毛詩考》體例，錄小序與經文，用小字釋之。小序與經文似乎與生俱來便是一個不可分割的整體。昱爲紀念逝去的母親，曾模仿《毛詩》樣式作《擬風》一書，每首詩由題目、序、詩文組成。這裡需要注意兩點，一是序與經文並存，二是序的樣式完全仿照《詩序》。如《擬風》第一首《邱壟序》：「念母也。先妣之病發也劇矣，似將不能終日者。昱奉藥，見如書者於懷，扱而視之，大磯妓虎哭贈我十郎歌二首。先妣知厲虐之將至也，邪將大命之將殞，心氣蕭索，有感而錄之也。邪嗚呼昱先妣之絕筆也。乃裝潢緹襲，以爲子孫藏。因斟其歌之意，演之而賦是詩，庶乎以足先妣之志矣。」〔註19〕此序的長度，遠遠超過其三章詩文，來龍去脈記之甚詳。有此序文，詩文之意躍然。這也是昱偏愛《詩序》的根源。他絲毫不懷疑源自孔門遺策的小序，

〔註19〕龜井昱，擬風〔H〕，國立國會圖書館藏文政二年（1820）寫本。

倍加讚譽。評《漢廣序》說：「文辭古雅，在孟荀以上。〔註20〕」《凱風序》
說：「序豈不精緻。」《蝃蝀序》說：「序之周密，豈不盡善者乎。」《兔爰序》
說：「我是以見序之爲古義古文也。」《野有蔓草序》說：「序義不明，則詩亦
長夜耳。」《溱洧序》說：「序之修辭精粹，寓教如此，惡得以膚淺議之。」《終
南序》說：「序果高明哉。」《宛丘序》說：「古序可以雪大姬之冤。」《東門
之楊序》說：「序是不刊之典。」《東門之池》說：「唯古序，仰之彌高。篤雅
君子，以崇戴之。」諸如此類，盛讚《詩序》背後的用意，昱意在重建《詩
序》的價值體系。其論證方式主要有以下三個顯著特點。

　　首先，爲《詩序》尋求古義證據。龜井昱家學崇尙徂徠爲代表的古義學
派，其祖父曾慨歎說君子之學在此。徂徠學的核心理念是直接以早期文獻爲
支撐，還原經典古義。龜井昱接受了這一思想，《毛詩考》便是作者在其支配
下，還原《詩經》本義的一部代表作品，具體體現在爲《詩序》古義尋求古
文獻依據。今本《詩序》，製作年代未詳，隨著時代的變遷，今天的人們已經
很難通過詩序清晰地理解詩歌產生的政治歷史背景。《毛詩考》運用「考」的
手段，將原本含糊不清，簡易深奧，缺乏文獻依據的《詩序》具體化，詳細
化。如《日月序》說：「衛莊姜傷己也。遭州吁之難，傷己不見答於先君，以
致困窮之詩也。」此序給我們留下三個疑問，一則「遭州吁之難」暗指何事
而言。二則「傷己不見答於先君」是怎麼回事。三是前兩條有何必然的聯繫。
龜井昱以《左傳》立說，疏通小序，於「遭州吁之難」下小字釋曰：「弒桓公
而自己」。又於序末說：「《左傳》「州吁有寵而好兵」，莊姜惡之，然則豈無幾
諫？公惑而不察，以至大逆。莊姜之感，必非一端。然無斥言及州吁，特以
不見答自傷，眞賢媛辭氣也。」較序文而言，歷史脈絡更清晰完整。《叔于田
序》：「刺莊公也。叔處於京，繕甲治兵，以出於田，國人悅而歸之。」龜井
昱於「刺莊公也」下，說：「《左傳》稱鄭伯譏失教也。三篇皆風切其志在不
教而殺也。」「國人悅而歸之」下說：「稱國人則闔國也。《左傳》「大叔命西
鄙北鄙貳於己。公子呂曰「國不堪貳」是也。」《左傳》與《詩序》可以互證。
《綢繆序》：「刺晉亂也。國亂則婚姻不得其時焉。」毛、鄭皆未對「晉亂」
二字作解，龜井昱說：「昭公之後大亂五世，此其始也。《左傳》惠之二十四
年，晉始亂，故封桓叔於曲沃，是昭公元年也。」由「晉亂」推知昭公封桓

〔註20〕龜井昱，毛詩考〔H〕，國立國會圖書館藏寫本。以下未標明龜井昱引文出處
　　　者，皆出自該書。

－119－

公於沃的年代。《葛生序》:「哀三良也,刺穆公以人從死,而作此詩也。」龜井昱說:「《左傳》曰「死而棄民」,則穆公有遺命可知,與序符合。」又說:「考《史記》,襄公之後四世,武公初以殉葬。又四世,穆公從死百七十七人。然《左傳》無多殉文,則《史記》恐雜說。或云穆公無遺命,是康公之罪也。不合古序、《左傳》,臆說耳。」其它大部分篇目雖無明說援《左傳》解說,但分明出自《左傳》無疑。除《左傳》外,所引材料最晚不過漢代。無論從引證的形式內容,還是從求古義的結果而言,徂徠學派的影響都是顯而易見的。而且龜井昱有著明顯的以史附《詩》,將《詩》政治化的傾向。引證材料絕大多數源自史料,如《國語》、《左傳》、《竹書紀年》、《史記》、《漢書》等,尤其頻繁徵引《左傳》解《詩》,甚至二者互證,表明作者將《詩》與《春秋》的性質同視的學術觀點。

龜井昱常常將《春秋》與《詩序》並提,如《柏舟》中說:「頃公,《史記》作侯。如晉僖公、昭公,《左傳》亦曰侯,而序皆稱公。猶《春秋》蔡某侯,皆改稱公,是亦序之可畏敬者也。」《山有樞》中說:「《詩》之序,猶《易》之翼,《春秋》之《左傳》。如公穀,是齊魯韓已。」《盧令序》說:「襄公好田獵畢弋,而不修民事。」龜井昱說:「《左傳》后羿不修民事而淫於原獸,又晉悼公修民事,田以時。古文不期符合如此。」《有女同車》說:「序不曰昭公而曰忽,與《春秋》符合。忽,《春秋》所不君也。」《衛風》末說:「變風唯三衛不與諸國同,《左傳》所附,足以觀焉。《春秋》經傳大要詳釋之。」《遵大路》說:「思君子也,與《風雨》思君子,文同義異,合左氏釋經法。」龜井昱完全是在講經了,他將《詩序》與另一部經聖人之手而成的《春秋》一同觀照。《春秋》講求微言大義,講究從辭氣、用字等方面入手,揣摩筆者的褒貶。龜井昱受其啓發,玩味序中文字,感悟文字背後的含義。如於《葛覃》說:「二「則」字可玩,父母與師傅對,女功與婦道對。」於《卷耳序》「又當輔佐君子」,說:「周家徽音自大姜大任,皆有內助,后妃不可無此志,「當」字宜精繹之。」於《漢廣序》的「猶勉之以正也」,說:「《殷其雷》勸以義,大夫妻也,而此賤女也,「猶」字有無亦可玩。」於《草蟲序》「大夫妻能以禮自防」的「能」字,說:「「能」字,《采蘋》亦出,二篇相照可玩。」《君子陽陽》中說:「「而已」字,照閔周,可味。」《羔裘》說:「是序宜與《蜉蝣序》並玩變。」《鳲鳩》:「「壹」字貫通篇,詩之精神也。」《伐柯》:「「不知」字要訣。」《東方之日》:「「禮化」字可玩。」《猗嗟》:「而添「以禮」二

字精矣。」「玩」字幾乎成爲龜井昱的口頭禪，只可惜他玩得不是詩情，而是
《詩序》文字背後的詩理。雖然用的是文學意味濃厚的「玩」字，但離《詩
經》的文學本質愈走愈遠。這裡的「玩」意可看成是「興」的替代品。

　　其次，大量使用以《詩》證《詩》的解詩方法，一方面有利於準確理解
詩旨，另一方面揭示出歌子之間千絲萬縷的聯繫，從而有利於《詩序》理論
體系的構建。龜井昱對於小序的熟悉程度要遠遠高於經文本身，常常由此及
彼，舉一反三，似乎小序的每句話都暗誦心中。因此，他時刻向讀者輸出一
個信號，即注意運用比較的方法研讀《詩經》。如《采蘩》、《采蘋》共列召南
中，龜井昱在《采蘩》中言：「《采蘋》序可並考。」在《采蘋》中言：「與《采
蘩序》，其辭相表裏而義備矣。」二序無論內容形式，極其近似，皆舉祭祀一
事以明大夫妻的稱職，實可歸爲一類。《卷耳》寫后妃欲輔助君子，以至困窮。
《日月》寫衛莊姜，傷己不能力諫先君，以致遭州吁之亂，故困窮而作詩。
二詩的作詩動機是一致的，又如《泉水》與《竹竿》，龜井昱認爲二詩可作一
首看，詩序可互相參看。曰：

> 《竹竿》，衛女思歸也。首句與《泉水》同，而廣語則與《泉水》
> 互相備，嚴哉。適異國《泉水》曰嫁於諸侯，是文相變。而不見答，
> 《泉水》無是句，以此互之也。若安其國，何故思歸如二詩。思而
> 能以禮者也。《泉水》曰：「父母終，思歸寧而不得。」《竹竿》亦父
> 母終者也。能以禮，《泉水》亦同。《竹竿》比《泉水》，辭氣頗和平。
> 故序之造語亦和平於《泉水》矣。

運用比較的研究方法，解一而得二，且二詩彼此充實豐富，有助於全面理解
詩意。龜井昱的大量使用，已經轉變爲一種慣性思維方式，成爲其一個顯著
的特色。龜井昱的比較研究不僅表現在橫向的詩意比較，而且體現在縱向的
聯繫比較。通過縱向比較，發現三百篇編列的內在邏輯。如《周南》前三篇
言：「曰德，曰本，曰志，所以示三篇一貫也。」於接下來的三篇言：「《樛木》，
后妃逮君子也。《螽斯》，后妃蕃子孫也。《桃夭》，后妃正國人也。三篇亦一
貫，序皆以不妒忌本之。」接下的《兔罝》寫教行俗美，連捕兔之獵人，亦
可以爲賢人，本無關后妃。龜井昱說：「《周南》唯《兔罝》不關閨門，而序
繫之后妃，猶《召南》之有《羔羊》也。化如春風吹物，后妃之德而及武夫，
無之使而格者，所謂化也。」就「化」字引申，牽扯后妃與武夫，顯係牽強。
緊接的《芣苢》寫天下太平，婦人樂有子，很難想像它與《兔罝》之間有何

必然的聯繫。龜井昱說：「亂世則武夫實衛封疆，《茉苢》所以次《兔罝》也。」意思是武夫捍衛邊疆，天下太平，故婦人樂有子。又莫名其妙地稱「亂世」、「封疆」，可這些內容與《兔罝》毫不相干。於《草蟲》章末說：「《草蟲》是《鵲巢》所化，故列婦人之詩二首於始，以《草蟲》受《鵲巢》，以《采蘋》受《采蘩》，蓋編輯之意也。」於《簡兮》說：「《兔罝》，《羔羊》之反也。《式微》《旄丘》次以《簡兮》，猶《甘棠》《行露》次以《羔羊》。」於《女曰雞鳴》說：「不悅德，君子所以去也，故以是次《遵大路》。」《魏風》七篇歌子，龜井依照順序總結說：「《葛屨》嗇於衣，《汾沮洳》、《園有桃》嗇於食。《陟岵》悲於外，《十畝》窮於內，侵削相匹。《伐檀》貪而君子屬於下，《碩鼠》貪而君子退於上。」我們暫且稱歌子與歌子之間的關係為小關係，龜井昱還非常關注國風之間的大關係。如於《邶風》開首說：「邶風者，二南之反也，編本意大可見。」於《鄭風》說：「三衛之外，鄭詩最富，故以鄭次王。」於《魏風》言：「魏滅入晉，故附於唐之前。」於《秦風》言：「陳國小無主，故當後於《秦》耳，以《豳》終國風，蓋大義所存也。」諸如此類，龜井昱好像特別關注三百篇的篇次問題，一直試圖從中抽繹出今本順序合理的解釋。姑且不去質問這些觀點的正確與否，他不惜牽強，去附會篇章之間聯繫的出發點又在哪裡？《毛詩考》中，除了尊序之外，中日兩國沒有任意一個權威是龜井昱依附的對象，完全是作者在尊序的前提下，對經文作出的全新解讀。如此一來，龜井昱的一切努力，只能歸結到迴護《詩序》權威的宗旨下。大量以《詩》證《詩》的事實表明，龜井昱是在向人們傳達一種意識，即《詩序》是經聖人裁定地，理論體系完備地打開《詩經》之門的唯一管鑰。

其三，經序互證的研究方法，處處印證著序文與經文天然的一體性。將小序的精神貫穿於經文的解讀中，容易理解，不足為奇，是毛公及後世的漢學派學者常用的思維。但是將經文原文直接作為小序的注腳，還不常見。龜井昱便是其中的一位。如：

> 《淇奧》美武公之德也。鄭初篇曰：「《淄衣》，美武公也。」故此添「之德」二字以相變。《左傳》曰：「衛康叔武公之德。」非敦古序者，必不能信余言。有文章，藝文威儀。又能聽其規諫，切磋琢磨。以禮自防，瑟僩赫垣，戲謔不虐，以禮制心，所謂德也。故能入相於周，寬綽而重較。美而作是詩也。

以上抽取經文字句疏解詩序的行為，顯而易見。其它如《卷耳》、《騶虞》、《鶉

之奔奔》、《南山》、《還》、《伐木》、《鴻雁》、《四月》等等，皆以經就序。雖然龜井昱用事實迴護了經序一體的天然屬性，宣告了《詩序》淵源有自的經典地位，並促成了《詩序》價值系統的形成，但是犧牲了經文的價值，歪曲了經文的本意。這是一種捨本求末的錯誤指向。

龜井昱依據古文獻求解《詩序》古義，運用以《詩》證《詩》的比較研究方法，甚至不惜犧牲經文的意義去維護《詩序》的經典位置，一定程度上將《詩序》推到了至高無上的地位，主觀地構建了以《詩序》為鋼筋結構的《詩》學大廈。

以上已經提到，龜井昱是一名唯《詩序》論者，重在揣摩《詩序》的基礎上，對經文做出解釋。之所以將其放在漢學的一面論述，也是因為其獨尊《詩序》的治學前提。至於文字訓釋和經文闡釋，龜井昱則有繼承，有創新，雜採諸家，不立門戶。

第一，龜井昱對詩的結構格外關注，其貢獻主要在於對章旨的總結和對辭章的藝術分析。如分析《羔羊》三章，說：「三章無前後深淺之辭，唯其反覆詠歎，自有愈入愈深之妙，與《殷其雷》同其體裁。」《澤陂》中說：「通篇之意，括之首章，而二三則顧盼首章，鼓吹之也。然愈出愈新，讀者先得詩人立格，而後紬繹之。」於《素冠》說：「是篇亦獨格，下二篇亦奇格。」《采蘋》：「《采蘩》一蘩一被而再出，《采蘋》六物六事而不復。《采蘩》其辭簡而其德富，《采蘋》其辭富而其趣簡，是六格之異。」《杕杜》：「是詩異格，前三章四句言征夫，三句言思婦，卒章全以思婦收結。」《出車》：「四章將率之言，五章室家之言，卒章君勞還之言，與《采薇》立格不同。」《鶴鳴》：「是篇獨格，取於鳥魚木石為比，而有皋有野，有淵有渚，有園有山。」《斯干》：「是篇，宣王小雅之最美巧者，章法亦可玩。」材料中頻繁出現的「格」字，即章法或結構。龜井昱不僅分析每篇歌子的章法，還比較篇與篇之間章法的異同，「先得詩人立格，而後紬繹之」是其慣用的手法。這已經擺脫了經學的陰影，完全是用文學解讀的方法剖析藝術結構，對於讀者把握詩篇的意義，領會詩篇的藝術結構，是大有裨益的。如概括《氓》的辭章，曰：「是詩宜與《采薇》之詩並考，而求其寓意所存焉。首章序淫夫之情，必若可信之詩。二章序迷於不信之人，徒自戀傷，以禮于歸亦不足賴之事。三章序色衰身廢，悔恨必及之事。四章序淫夫無賴，女雖貞且勤，必不終之事。五章序女雖無罪，必反覆至於暴，不慎始而致冤結之事。卒章序偕老之誓，雖然淪骨髓，

己自取之，未可如何，爲女子者不可不愼之事。凡六章之言，雖借一人之口
出之，其所序之事，每章皆所以風切感悟乎時人也。全與《采薇》之詩，同
其立格，學者須嘔心呻吟序文。」條分縷析，章意詩意詳盡，其結構亦呼之
欲出。

第二，雜採諸家，對詩意作出新的理解。如《綢繆》篇，序曰：「刺晉亂
也。國亂則婚姻不得其時焉」。毛公以爲詩寫男女婚姻及時，反諷晉亂婚姻不
得其時。鄭玄與毛公不同，認爲詩寫結婚時間已過，男女有結婚者，賢人束
薪夜歸，見而責之，因此晉亂則婚姻不得時。朱熹廢序說詩，以爲詩寫「國
亂民貧，男女有失婚期而終遂其婚姻之志者，夫婦慶祝而作此詩。」龜井昱
則認爲這是一首淫詩，說：「採薪至昏，雖庶賤，必非一女。子兮子兮，同人
相呼之辭也。庶女出樵，及夕將束而歸，則有人誘己者，情意愜矣。喜曰：「此
何夕而得與是人相見？」乃呼其友曰：「甲兮乙兮，如此良人何而可乎。」願
其爲己週旋而得成室家也。時既非時，又相私約，遂成婚姻。國亂而民紀馳，
淫黷多，故詠其狀，以規君大夫。」女子不合時宜地私自結成婚姻，遂有失
「淫」。這是龜井昱順著朱熹的理解進一步涵蘊詩意得出的結論。最後還不忘
與《詩序》相呼應，針砭時弊，曰「國亂而民紀馳，淫黷多，故詠其狀，以
規君大夫。」既有漢學的尾巴，又有宋學的影子，顯係融合漢宋諸家說，摻
入自己的思考凝聚而成。充分展現出龜井昱博採眾長，自鑄新說的獨立思考
精神。《山有樞》篇，孔疏以爲寫昭公有財不能用，四鄰謀取其國家而不自知。
朱熹以爲詩中之「子」泛指，蓋勸人當及時行樂。龜井昱亦不認爲「子」專
指晉昭公，而是假設一富貴之人，曰：「「子」是詩中人也，非直指昭公呼之，
然昭公是意中人。」「他人」亦非直指周邊民族，而是「對己身言之」。《毛詩
考》與《毛詩正義》都認爲該詩刺晉昭公而作。不同的是，《毛詩正義》以爲
是直接諷刺。《毛詩考》則認爲是間接諷刺。《陟岵序》說：「孝子行役，思念
父母也。國迫而數侵削，役乎大國，父母兄弟離散，而作是詩也。」《鄭箋》、
《孔疏》、《朱傳》解此詩都體現出孝子行役路上思念親人的主題，而未及《詩
序》所謂的「國迫而數侵削，役乎大國」的政治背景。龜井昱糾正前說曰：「長
國家者，其可務財用乎，是序意也。而特說孝子思親之詩者，不知周樂之本
耳。」又說：「《凱風》美孝子，其編之邶，所以示淫風流行也。雅有《蓼莪》，
刺幽王也。風有《陟岵》，豈唯爲一孝子而作乎？故序不明，則詩乃亡。」雖
然龜井昱是在《詩序》設定的範圍內發揮詩意，無甚新意，但能以《詩》證

《詩》，以明序說之不誣，拉近《詩序》與經文之間的距離，比前儒大大進了一步。《子衿》末章：「挑兮達兮，在城闕兮。一日不見，如三月兮。」孔疏譯爲：「學人廢業，侯望爲樂……一日不見此禮樂，則如三月不見兮，何爲廢學而遊觀。」朱熹解爲男女淫奔之詩。龜井昱兼收二家折衷說：「深憂其遊情消日，將惑逆不反也。國無綱紀，風俗淫辟，少年皆棄業，遊蕩失志，於卒章著之。」龜井昱吸收了朱熹鄭國淫逸的社會背景，同時捨棄了孔疏以禮樂說詩的價值內涵，綜合二家之說，提出自己的理解。

當然，《毛詩考》過於尊序，不惜以經就序，難免存在一些弊病。如文字訓解不講證據，自由臆說，還有闡述詩旨始終受到《詩序》的牽絆，顯得過於拘謹等等。但是這些都不至於遮掩《毛詩考》的《詩》學貢獻。其在重建《詩序》價值理論體系作出的種種努力；綜合漢宋，加進自己的思考，對詩旨作出全新的解讀；以及分析章法、章意，從文學的視角賞析《詩經》，都有不俗的表現。

與龜井昱有所不同，諸葛晃《詩序集說》則將《詩序》專門作爲研究對象，予以集注。但是他們尊信《詩序》的取向並無二致。諸葛晃（1783～1847），名晃，字君韜，號歸春、艮軒，通稱次郎大夫。仕任姬路藩儒。著《周易晰義》、《爾雅集釋》、《詩序集說》、《孟子雜記》等。所著《詩序集說》二卷，寫本，至《魏風·碩鼠》，現存內閣文庫。《詩序集說》是一部專門研究《詩序》的專著。其採擷漢唐宋元明清史上有影響的各家詩說，辨異訂誤，以求證《詩序》之不誤。尤其對朱熹廢序說微詞頗多。總體看來，《詩序集說》彙輯諸般說法集說《詩序》，爲《詩序》的深入研究奠定了堅實的文獻基礎，功不可沒。然徵引有餘，辨析不足，難免陷入拾人牙慧的尷尬局面。不過從其獨尊《詩序》而流於程序化的簡單評判中，我們不難窺察到作者「有補教化」的《詩》學價值追求。

諸葛晃以《詩序》是非作標準衡量後世一切諸說。《詩序集說》看似網羅古今各家說法客觀探求詩旨，實際上晃有著鮮明的主觀立場，即恪守序說，將《詩序》視作評價是非的最高準則。甚至只見樹木不見森林，不惜爲維護《詩序》而抹殺後世的一切努力。《詩序》無疑一定程度上更多地反映歷史的本眞，然而《詩序》也經歷過歲月的雕琢，現存的《詩序》與原來的《詩序》存在多大的差距不得而知。因此晃教條地執行序說的做法，不可避免地會產生有失公允的地方。如《螽斯序》曰：「后妃子孫眾多也。言若螽斯不妒忌，

則子孫眾多也。」後世諸儒大致遵守序說無異議，唯有一點朱熹提出了疑點，他認為「若螽斯不妒忌」一句不符合情理。螽斯微蟲，何以知其妒忌或不妒忌。之後嚴粲、蔣悌生、何楷等人附和朱說，並對《詩序》的語序作出各種調整。朱熹的質疑不無道理，所以得到後人的重視。鄭玄依序說詩，愈嫌荒誕。箋云：「凡物有陰陽情慾者無不妒忌，維蚣蝑不耳。」真所謂欲蓋彌彰，本欲袒護序說卻造成更大的誤會。晃這樣為《詩序》辯護，「蓋妒忌則孤立獨居，所謂水至清則無魚是也，不妒忌則眾多會聚，必然之勢也。〔註21〕」雖較鄭玄含蓄，牽強附會的痕跡依然十分明顯。此不待贅說。《兔罝》篇，因《墨子》言：「文王舉閎夭、泰顛於罝罔之中，授之政而西土服。」故後世諸儒有據此言而還原《兔罝》詩作的歷史背景。晃缺乏有力的文獻證據駁斥此說，不得已而言：「墨子之言本屬事實，則亦非此詩之所由作。」《墨子》說與《兔罝》篇的歷史關係，雙方皆未有明確的論據，姑且認為晃說言之有理。然而在《甫田》篇，《序》曰：「大夫刺襄公也。無禮義而求大功，不修德而求諸侯。志大心勞，所以求者非其道也。」朱熹認為序說大致無誤，只是於首序「刺襄公」表示質疑。全詩不見其為襄公時詩。所以朱熹斷定此詩泛刺時人，不專為某人而作。晃強辯曰：「襄公無禮儀而求諸侯霸業，卒以無成事，具於《春秋傳》，朱熹何云未見其為襄公之詩乎。」事實上，《春秋傳》關於襄公歷史事實的記載，與《甫田》詩的創作有多少聯繫，我們同樣缺少明確的論據。晃時而信從先秦文獻，時而否定先秦文獻，全部依憑序說的需要主觀臆斷，令人難以置信。《雞鳴序》曰：「思賢妃也。哀公荒淫怠慢，故陳賢妃貞女夙夜警戒相成之道焉。」朱熹依從序說，但認為「哀公」的提法有失妥當，文獻中並沒有記載哀公「荒淫怠慢」的行為。晃無以回應，只得以一言回絕，「序說必有所傳，今當從之。」又如《君子于役序》曰：「刺平王也。君子行役無期度，大夫思其危難以風焉。」就經文而言，「刺平王」與「大夫思其危難以風」純屬空穴來風。全詩所寫正如朱熹所言，「大夫久役於外，其室家思而賦之。」因此後儒多承認朱解精確。晃在事實面前首肯朱說，但為了維護序說又百般辯解道：「大夫思其危難，言思平王之危難也，與本文「如之何勿思」本無干係。全章述婦人思夫之情，而其本繫於平王之好兵，故首序題曰「刺平王也」，風字可味……又考牛羊下來本借喻之語，則自與大夫無礙。然

〔註21〕 諸葛晃，詩序集說〔H〕，內閣文庫藏寫本，卷一 13～14，以下凡未標明諸葛晃引文出處者，皆出自該書。

總之村落之況不若唯歸之於征婦之家也。」勉強爲「大夫思其危難」找到一個理由，卻完全不能令人信服，穿鑿之感讓人生厭。尊重傳統，在經典的闡釋中追求《詩序》賦予《詩經》的美刺精神，我們不難理解。但是任由《詩序》擺佈，一味迷信舊說，生拉硬扯，牽強附會，不但影響到《詩序》的權威形象，而且離作者《詩經》干預現實的初衷亦漸行漸遠。

　　受學力所限，晃自己沒能爲恢復《詩序》的傳統地位提出更新更有力的論證。大多數時候，晃採取的研究方法則是假前人之成說代己立言。晃在批駁前人論點的時候省略了必要的辨析步驟，直指爲「不可信」「不足論」，往往給人留下簡單武斷的印象。如曰：「朱氏之說未審何據，想唯以詩解詩耳。今熟玩詞旨，止奔之意自見。」（《蝃蝀》）「何楷定爲許穆夫人之詩，要皆臆揣之見耳。且此詩意思悠緩，絕非穆夫人之詩。」（《竹竿》）「何楷斷爲刺王子頹，不過讀莊二十一年左傳，急作意以立說耳，竟亦無據。」（《君子陰陽》）「采葛之興懼讒，其義不明，故朱子以爲淫奔之詩。然味「一日不見」語氣，自含蓄懼讒之意，朱說非是。」（《采葛》）「玩味詞句，刺忽之用人，文義自明。朱子固執鄭多淫詩之說，欲一掃序說，可謂誤矣。」（《山有扶蘇》）「朱氏云序意甚美，然考詩之詞，輕佻狎暱，非思賢之意也。今玩味詞氣，絕無輕佻狎暱一意，不知晦庵何以有此言。」（《風雨》）如此之類，不能盡言。各執一見，絕不相讓。多數情況下，晃習慣援引他人的成說，以達到罷黜眾說，獨尊《詩序》的宗旨。如《干旄》詩，引朱熹、朱善、嚴粲三說羽翼序說，而晃自己鮮有新見。《遵大路》詩，列述何楷、呂祖謙、王鴻緒三說駁朱熹，晃幾乎不留一言。《出其東門》篇，先引孔穎達、嚴粲、郝敬三說發揮序義，再引王鴻緒說駁斥朱說，晃僅留隻言片語承接四說。以上是晃慣用的思維方式和解詩路徑，不必詳說。實難讓人接受的是，晃用 B 說否定 A 說，反過來又否定 B 說。眞不知其用意何在。如《中谷有蓷》篇，晃引何楷言駁斥朱熹，接著言：「此駁當矣。但何氏不取序說而用僻書之說，此亦可訝。」《豐》詩，晃借助何楷之口否定朱說、《子貢詩傳》和《申培詩說》。接著按曰：「其（序，筆者按）說明晰，無可疑者，何氏卻不取之，據昭元年《左傳》以此詩爲美貞女之詩，然絕無明據，文義亦不相似，不可從。」《伐檀》詩同樣故伎重演。此種論說方式細究起來雖無大礙，終覺不妥。總之，諸葛晃特殊的集說方式的形成，皆起源於其獨尊《詩序》的解詩態度和理論思辨相對欠缺的個性特徵。

　　《詩序集說》對《詩》最大的貢獻是，從經史子集中遍採各家詩說集中述說《詩序》，為《詩序》的深化研究夯實了文獻基礎。《關雎》篇廣採諸如《法言》、《史記》、《漢書》、《後漢書》等等說法多達 20 種之多。《黍離》詩在歷史上同樣異說紛呈，旁及《新序》、曹植《令禽惡鳥論》、《容齋隨筆》等達 12 處。以上繁雜的材料作者有意分作三類，一是以《詩序》為代表的漢說派；二是以朱說為代表的宋說派；三是獨立於漢宋之外的異說派。從大量的實證中，我們不僅強烈的感受到漢、宋、異大類間的異趣，而且能明顯的體察到每個大類內部間細微的差別，有助於更深層次地認識到《詩序》在歷史中的地位和價值。《詩序集說》是研究《詩序》的一部不可多得的重要參考書。

　　晃選擇《詩序》作為論詩的準則，等於默認了《詩序》賦予《詩經》的現實精神，即詩歌與國家現實之間存有不可否認的種種聯繫。晃特別重視對詩歌發生的現實根源的探究。如《式微》，晃說：「小序所傳必非無本，且因此而見錄於詩，亦其有關係於國家存亡之故。」《考槃》，序以為刺莊公不用賢，朱熹以為美賢人隱居。晃說：「從序說為刺莊公，大有味。若從朱傳直謂美隱者之詞，則甚無味也……且刺人君之棄賢，干係甚闊，可知序義之不可易矣。」晃不滿足於於事無補的美隱者說，序說的針砭時弊才最有「味」，才「干係甚闊」。這無疑是由作者的《詩》學取向所決定的。《氓》詩，序說以為刺時，朱熹以為婦為夫所棄後悔恨之意。晃曰：「若從舊說，則意思悠暢，大得風人之旨。序言刺時者干係甚大。」「大得風人之旨」「干係甚大」透露出他對《詩》的價值認識。於《有狐》篇，晃認為朱說「意思索然，未及舊序之干係時政也。」《大車》詩，序說以為借古諷今，朱說以為讚美當時的大夫，晃說：「如若朱說，則革面而不革心，聖人何取焉，義亦淺矣。」指朱說頌今不及序說諷今意義更為深遠。《大叔于田》詩，序說以為刺莊公陷其弟於不仁不義的境地，朱說以為段多材好勇，國人作詩表達愛慕之情。晃說：「夫子刪詩存此，戒人君父兄子弟愛之能勿勞乎。若謂鄭人美段而作，何足以風。」強調的是詩的諷刺功能。晃認為每首歌子都是對某種社會現象的真實再現，而這種現象又都植根於一定的社會背景。小序的價值就在於不僅陳述了詩歌的內容，而且揭示出詩歌產生的現實根源。朱熹不懂得這一點，致使成為朱熹批判《詩序》無據的焦點所在。晃在《詩序集說》中一再澄清這一事實。如《蘀兮》，晃曰：「此雖罪在人臣，而其本繫於君之失道，故首序題曰刺忽也。」於《豐》詩言：「男親迎而女不從，既而悔，思復從之，其失在女子也，

而推其本則繫於衰亂之俗，故首序題曰刺亂。其說明晰，無可疑者。」於《東門之墠》：「淫風雖不與於國之治亂，而序推其本而曰刺亂。何必咎之。」於《出其東門》：「公子五爭，兵革不息，本敘室家相棄之由，與詩語無涉。」總之，晃關注的是詩歌發生的社會生態，積極發揮的是詩歌「干預時政」的美刺效果。

江戶末期的《詩經》研究，從學術層面著眼，有向漢學回流的顯性特點。但若從價值取向深層發掘，則會發現江戶末期的詩學者不約而同地有著以學術諷喻現實的集體表現。諸葛晃的《詩序集說》除去其整理文獻的貢獻外，學術研究上可取之處不甚多，但依然可以看出其江戶末期典型的《詩》學特質。

尊序派信從《詩序》，不容有絲毫的背離，可謂是力挺《詩序》的強硬派。然而，《詩序》與經文之間客觀存在的齟齬卻是不爭的事實。如何巧妙地解決這一矛盾，以更好維護《詩序》的傳統地位，就是擺在尊序派學人面前需要亟待解決的現實問題。針對這一難題，藍澤祗於《詩經講義》中提出了「離合」論。

藍澤祗（1792～1860），字子敬，號南城，通稱丈助。著《孝經考》、《五經一得鈔說》、《詩經愚得》、《古文尚書略解》、《三百篇原意》、《周易索隱》、《春秋講義》、《荀子定義》、《讀國語》、《孟子考》、《孟子趙注補證》、《禮記講義》、《論語私說》等等。《詩經講義》一卷，又名《三百篇原意》，約成書於天保庚子（1840）年，尊經閣文庫藏寫本。祗於《自序》中為《詩序》鳴冤不平，說：「序文古奧，細繹之，詩人之原意，歷歷可觀焉。《毛傳》雖短簡，合於序說者猶多。《鄭箋》附會禮文，穿鑿居多，不解得其十一二。《朱傳》捨訓詁之舊，唯新之謀。序之合於私意者取之，不合者不取，肆然自放矣。此習之弊，終至於何楷而極矣。後人從毛鄭朱之解以觀序文，謂其意不過如此，是眼隨意移，以白為黑，何其冤乎！〔註22〕」除序文、《毛傳》外，祗對後世箋傳皆表示懷疑。因此，祗注《詩經》，「詩篇之大意必以序為斷，而章句訓詁取諸家之善解。蓋其為說也，與序合而離，離而合，亦奉孟子以意逆志之教耳。其故何也？如《采蘩》詩述列士之妻助祭公廟，而序以為夫人不失職。如《小星》詩述使臣途中之歎，而序假之以說夫人與妾命貴賤。

〔註22〕藍澤祗，詩經講義〔H〕，尊經閣文庫藏寫本，4。以下凡未標明藍澤祗引文出處者，皆出自該書。

凡此等處，先從詩之原意說之，則與序相離，說到結尾則又與序相合。舊解規規拘說，大失風人之志。學者如以意逆志，自得離合之解，則其於十五國風如指掌。序之不可廢，亦從而知也。」衹這裡提出的所謂「離合之解」的命題。也就是講，他發現了詩文字面語意與序文涵義的不一致性。如此說來，衹與以往尊序學者的最大不同在於承認經文與序文的差異，也即「離」。儘管如此，他沒有像《朱熹》一味地偏離，盡力使經文的表意向序意靠攏，終使二者趨向一致，也即他所謂的「合」。與其他尊序者相比，衹對序文的尊崇程度明顯更勝一籌，也更加頑固。不過，從價值觀的角度分析，衹表現出的是對產生《詩序》的那個時代價值觀的高度認同。

《樛木》篇曰「南有樛木，葛藟纍之」，舊說以爲后妃能體諒眾妾之情，使她們樂意附事后妃。衹則認爲是君子恩情下垂妻妾，妻妾得以有所安生，故祝福君子「福履綏之」。然而此解卻與序義「后妃逮下」相衝突。衹進一步解釋，「家有妬妻，則君子之恩不逮婢妾，實本於賢妻，故序曰后妃逮下也。」既「離」又「合」，雖然不免有強詞奪理之嫌，卻不難看出《詩序》在作者心中佔有何等重要的位置。《葛覃序》曰：「后妃之本也。」衹曾就此序表示出極大的懷疑。后妃富貴出生，生長於深宮大院，何以遠出山谷冒險割葛。此一疑也。文獻記載后妃夫人養蠶繰絲，從不見其刈葛製服。此二疑也。后妃受寵惟恐不及，何以親洗衣服，雖曰勤儉卻不合於禮儀。此三疑也。以此三疑足以證明序文之不可信。衹最終還是信從《詩序》，並爲其作出似乎合理的解釋。按曰：「下篇采采卷耳，亦非后妃自親采之也。采采芣苢，亦不必爲婦人自親采之。而云爾者，詩之興比爲然。夫詩不可以常理解，古公亶父，陶復陶穴，未有室家，姜嫄之初生民。以常理觀之，豈不可疑乎？故知序所言本於周之先公質樸之世而稱之也。又何疑哉？」《采蘩序》曰：「夫人不失職也。」舊說皆以爲詩中采蘩的女主人公就是公侯夫人。衹依照古禮考證，采蘩助祭之事當爲士妻所爲而非夫人。可是這樣以來就與《詩序》「夫人」的說法不相一致。衹曰：「蓋夫人恭敬奉宗廟，則下至列士之妻，皆能誠心助祭。故詩人舉列士之妻助祭之事，以示夫人不失職之效也。」《小星序》曰：「惠及下也。夫人無妬忌之行，惠及賤妾，進御於君，知其命有貴賤，能盡其心矣。」舊說依序說詩。衹的注解卻與上說大相徑庭，他認爲此詩專寫使臣行役在外，苦不堪言，感歎與在君側效勞的股肱之臣命有貴賤之分。此解頗有新意，卻離序萬里。衹沒有作過多的闡釋，只是說：「序所述專言眾妾進御之

事，而不及使臣之勞，蓋與《周南·卷耳》似。」可見，袛並不認爲自己的
新解與序說相左。至於兩種解釋何以調和，因爲袛本人語意含混，我們也無
從得知。當然這並不影響我們對藍澤袛《詩》學觀的價值判斷。

以上四例共同揭示出袛的「先離後合」的解《詩》路徑。先「離」，作者
從經文出發體味詩意，繼承了宋學以來的一貫做法，體現出作者富於創新的
一面。後「合」，無論多麼離奇的結論，最終都難逃脫服從《詩序》的宿命。
總之，「既離又合」的思維模式，表明在復古思潮風起雲湧的社會大背景下，
《詩序》所彰顯的美刺精神正是藍澤袛孜孜以求的時代精神的一個體現。

其它尊序派的代表作還有八田縠的《詩經古義解》。《詩經古義解》，八田
縠著，二十卷，築波大學中央圖書館現存第一卷。八田縠（1762～1817），字
靖民，號華陽，通稱大二郎。著《學庸說統》、《三禮一家言》、《周易說統》、
《詩古義解》、《書經說統》、《大學說》等。據作者在《條言》中說，該書完
成後，因卷帙厚宏，無力一時刻之，故歲刻一二卷〔註23〕。今存第一卷「二
南」部分，其餘十九卷未見。書題名曰《詩經古義解》，意在還原《詩經》古
義。《詩經》學史上，試圖恢復《詩經》本義，一統眾說者不在少數。然多在
《詩序》劃定的圈子裏反覆揣摩，一再申述，鮮有創說，《詩經古義解》亦未
能逃脫此命運。

朱熹作爲「廢序論」最主要倡導者，八田縠對其表現出極大的不滿，非
朱是序的言論充斥全書。

　　朱氏之道不息，孔子之道不著。

　　詩者所以觀時世也，若捨序直即辭以求之，則一詩百說，將焉
　　知其所以爲作，而觀其興敗得失哉。宋人朱熹，盡廢《詩序》，徒求
　　諸辭，其於國風諸篇之序，訾斥尤甚，不啻若欲唾之，實聖門罪人
　　也。

　　蓋欲曠朱熹，不自知其陋者耳，學者勿惑焉。

　　熹謂無文理，是其昧乎文義而已，非序實無文理也？

每篇結尾，以圈標示，專辯與《詩序》相左的觀點。朱熹在其間出現頻率最
高，八田縠駁之甚激，曰其「好異」「所見之陋」「任意濫說」「自信大過」「詿

〔註23〕八田縠，詩經古義解〔O〕，築波大學中央圖書館藏寬政十二年（1800）刊本，
　　　　條言，以下凡未注明八田縠引文出處者，皆出自該書。

－131－

誤後人之罪，不可掩矣」「師心自用」「鄙哉朱氏之論詩」等等。八田緜也並非一意攻擊，朱熹與《詩序》一致之處，他還是能比較平和地採用，以佐證《詩序》。由此看來，八田緜是一唯《詩序》論者。他將《詩序》比作君，自己比作臣，挑戰《詩序》猶如無禮於君，自己必「誅之如鷹鸇之逐鳥雀」。連他自己都稱「不若是不足以致愚忠」。為了重新確立《詩序》的權威，他將《詩序》的來由上溯至孔子，重新清理了有關《詩序》長期以來一直沒有定論的諸多難題，提出了自己的看法：

> 孔子訪求四方，博採諸侯之志以講詩，審其所以為賦之意以教學者。七十子之徒，並受其義，各記所聞而傳之，今傳於世。三百篇之序，蓋是也矣。乃其源流雖不必出於子夏氏，亦必七十子之徒所傳，孔子之遺言無疑。但其世載已遠，轉傳相受，或失其真者，不可謂無焉。是以有若蘇氏言者。然據鄭氏說，諸序本自合為一編，毛公始分以置諸篇之首。則毛氏未作傳之前，即已有序，而毛據之。而謂出於衛宏可乎，意是當時異學之徒，以宏所傳，故或疑其自作。而范曄不之辨，遂以筆於史者。

上述推論提出三種觀點，一則《詩序》源自孔子，二則毛公據序作傳，三則衛宏與《詩序》的創制無關。作者不再糾纏於《詩序》與子夏的關係，而直接上溯自孔子，體現出作者欲重新確立《詩序》權威地位的迫切心態。

由於作者過於依賴《詩序》，常常出現曲解經文，牽就詩序的弊病。這種棄本趨末的做法，總給人一種牽強之感。以《葛覃》為例，為便於比較，特抄出《詩序》和首章。《序》曰：「后妃之本也。后妃在父母家，則志在於女功之事，躬儉節用，服澣濯之衣，尊敬師傅，則可以歸安父母，化於天下以婦道也。」首章曰：「葛之覃兮，施於中谷，維葉萋萋。黃鳥於飛，集於灌木，其鳴喈喈。」我們很難將首章與《詩序》聯繫起來，分明就是兩個世界，連朱熹也至多認為是后妃追敘初夏的一段景物描寫。可經過八田緜的演繹，「葛覃」與「黃鳥」都與「后妃之本」有了千絲萬縷的聯繫。曰：

> 凡物推本可以知末，按今可以要後。后妃之在父母家，婦道浸長，喻如葛之於生所，自蔓延焉。又其女德，和諧於父母兄弟，喻如黃鳥在幽谷，素有好音。以是推之，其既及時，出嫁遷於王公之邦，而婦道滋盛，亦由葛之移於谷中，則枝葉滋茂盛。又其至君子之家，而德音更昭，亦猶黃鳥集於叢木，則和聲更遠聞。道得其所，

德得其時，及教化大行可知。故詩人興於葛、黃鳥之性，以陳其義
如此。然則道德之成敗藏否，固有素焉，不漸成之於父母之家，而
足改之於君子之室，其難矣乎。

八田綮揣摩《詩序》，以經就序的演繹之功，令人咋舌。在他的眼中，經文中
的一草一木，不再是簡單的自然物，而是與《詩序》相關的，時刻準備犧牲
其自然屬性去附會社會屬性的意象。八田綮只是尊序派中的一個代表，他們
解詩之思路與方法如出一轍，都是局限在《詩序》的狹小視野中，肆意發揮。

　　八田綮的思維束縛於《詩序》的樊圉裏，如果沒有超強的想像力，很難
自圓其說，更難以說服對方。八田綮的一些臆斷之辭，看似前無古人的創見，
實際上很難令人信服。如曰雎鳩：「蓋雎鳩潔澡乎水，在河中之洲，遠人之地。」
釋「參差荇菜」曰：「荇菜長短不齊，亦喻淑女之有優劣也。」釋「采采卷耳，
不盈頃框。嗟我懷人，置彼周行。」曰：「卷耳之易得，頃筐之易盈，然其不
盈如此。君子求賢，以置朝廷之列，蓋其易得易盈，而其不盈，亦必如此。」
釋「陟彼崔嵬，我馬虺隤。我姑酌彼金罍，維以不永懷！」，曰：「言臣出使，
離其列位，升彼山險，則其馬應疲病。我及其使功成而還，與君且酌彼金罍，
以賞勞之，則不復長懷思也。」《草蟲》本寫一婦人思念丈夫，見景傷情，故
曰：「陟彼南山，言采其薇。未見君子，我心傷悲。」八田綮釋曰：「蓋是二
菜（蕨和薇，筆者按）可食之不永，可采之不久，其采之者懼失時，春風至
則動其心。」八田綮下評語，習慣用「蓋」字，恐怕有時連自己都無法說服。

　　客觀地說，尊序抑朱派無甚創見，無非就《詩序》之說反覆揣摩而已。
不過，尊序抑朱派整體反映出日本學人對《詩序》價值的重新認識和確認。
我們知道，《詩序》產生於「天下無道」的戰國時期，倡導的是文學對政治的
干預功能，寄託著普通民眾對聖君、治世的渴求。江戶末期的治《詩》學者，
於幕府鞏固朱子學意識形態的同時，反其道而行之，從《詩序》中尋求人生
理想。這其間用意不言而喻。

第三節　折衷派的《詩經》研究

　　十九世紀初期，江戶幕府統治搖搖欲墜。為挽救頹勢，知識分子紛紛建
言獻策。各種社會思潮風起雲湧，交織碰撞。《詩經》研究領域具體表現為，
出現了一批雜採眾說的《詩》著。它們摒棄門戶之見，折衷古今，雜採漢宋，

形成自己的特色。日本學界稱之爲「折衷派」。廣瀨淡窗《儒林評》曰:「當時著名儒者,十之七八折衷學。〔註24〕」雖不免誇大,但足可以見出當時「折衷學」之盛行。折衷派因廣納眾說,又有意識地借鑒清代考據學方法,所以不乏一些眞知灼見。赤松弘、豬飼彥博、日尾瑜、野呂道庵等皆屬此一派。

兼採漢宋的《詩》著最早可上溯至江戶中期赤松弘的《詩經述》,但眞正形成氣候卻在江戶末期。赤松弘,生於 1709,卒於 1767,字毅甫,號太庾、赤草、述齋、木瓜翁,名弘,江戶人。其父名赤松舊邦,以儒生遊事於松山侯。弘弱冠學於家中,少有宏志,慨然歎曰:「先王之教,成周備矣,照照如日月。今遇封建之制,當是之時,不修經術於男兒之業,果其何爲哉!」於是專精六藝,研究不輟,以經藝名於當時。弘以傳道授業爲己任,雖有王侯貴人重祿厚幣聘之不從。松觀海稱曰:「毅甫風義高標,雄視一世,足以爲後師表矣。」〔註25〕著有《易述》、《書經述》、《詩經述》、《二禮述》、《禮記述》、《春秋述》、《論語述》、《孝經述》、《家語述》等《九經述》一百三十卷。其學不專主漢宋,自成一家言。《詩》學著述有《詩經述》。

《詩經述》十一卷五冊,早稻田大學圖書館藏《九經述》寫本。總結其特點,以《詩集傳》爲底本,將小序首句美刺主旨,化解到《朱傳》的敘述中,同時摻入自己的思考。弘其實是努力在漢宋之爭中尋求一條中間道路,消解二家之矛盾,使之合理融合。以《邶風・柏舟》爲例,弘曰:「仁人不遇,小人在側,詩人刺之,故有此作。然其辭皆如婦人怨其夫者,比興之義也,風刺之體也……仁人不獲乎其上,詩人乃爲婦人不答乎其夫之辭,風刺之曰:以柏爲舟,堅致牢實,而不以承載,無所依簿,但泛然於水中而已,故其隱憂之深如此,非爲無酒可以遨遊而解之。〔註 26〕」小序以爲此詩寫「仁人不遇,小人在側」,《朱傳》以爲寫「婦人不得於其夫」。弘以爲二說皆有理,賢人不遇的主題是通過夫婦不和才得以呈現。其中比興手法是結合二者的關鍵繩結,是貫通漢宋之說的一個可靠依據。

我們知道,小序有附會歷史人物和歷史事件的顯著特點。弘卻似乎在有意迴避歷史,或者說是淡化歷史。如《漢廣》篇,朱熹說:「文王之化,自近

〔註24〕 王家驊,儒家思想與日本文化〔M〕,杭州,浙江教育出版社,1990,144。
〔註25〕 生平請參看東條耕,先哲叢談後編〔M〕,松榮堂,明治二十六年(1893),116～117。
〔註26〕 赤松弘,詩經述〔H〕,早稻田大學圖書館藏寫本。以下凡未標明赤松弘引文出處者,皆出自該書。

而遠，先及於江漢之間，而有以變其淫亂之俗。」弘採用《朱傳》的原話，但對個別字詞作出調整，將「文王之化」改作「周邦之化」。類似的略微變動屢見不鮮。如《汝墳》，弘刻意避諱「文王之化行乎汝墳之國」的提法。《草蟲》篇，朱熹說：「南國被文王之化，諸侯大夫行役在外，其妻獨居，感時物之變，而思其君子如此。」弘則改爲：「南國諸侯大夫行役在外……」，有意刪掉「被文王之化」五字。偶而的簡略不能說明任何問題，而頻繁的省略則可以判斷爲作者地故意爲之，暗藏著著者一定的著述用意。《盧令序》：「刺荒也。襄公好田獵畢弋而不修民事……」，弘則曰：「此篇刺荒也……蓋時君好田獵畢弋而不修民事，故詩人刺之。」改「襄公」爲「時君」。《雞鳴序》曰：「思賢妃也。哀公荒淫怠慢，故陳賢妃貞女夙夜警戒相成之道焉。」弘以爲：「時君荒淫女色，怠慢朝政，此由內無賢妃以相警戒故也。君子見其如是，思上得賢妃，乃陳此辭以風之也。」序說與弘意意同言不同，最大的區別即在於，小序諷刺的對象鎖定於哀公，而弘則含糊其辭稱之爲時君。由此不難看出，弘雖然以小序作爲闡釋詩旨的重要參照物，其秉承的是《詩序》蘊含的美刺精神，至於歷史事實的正確與否，並不是特別在意的地方。弘有著跨越國界的宏大歷史視野和關注現實的強烈使命感。兩千餘年前的《詩經》事實鉤沈，已經變得不太重要，而自戰國以來一直秉持的美刺精神，卻有著穿越歷史的現實意義。弘以傳道授業爲己任，道的核心理論價值要遠遠大於史實本身。

　　集漢宋於一體，體現出著者治《詩》的一種研究方法。要準確把握他的《詩》學觀，還有賴於其別具一格的《詩》學新見。弘解《葛覃》曰：「此篇欲其君子愛養臣下，慰其勞苦，而接以恩意。而其在君子之側，諷詠使臣勤勞之狀，室人思慕之切之辭也……后妃爲此辭以諷詠之，君子聞之，豈不起愛憐之情哉？」顯係受小序影響，但又似乎離小序之意甚遠。小序曰：「后妃之志也。又當輔佐君子，求賢審官，知臣下之勤勞。內有進賢之志，而無險詖私謁之心，朝夕思念，至於憂勤也。」弘抓住其中一條后妃以使君子知臣下之勤勞反覆說解，強調后妃應以德輔助君子爲重。《兔罝》篇，弘釋曰：「后妃不媚以色，而輔以德也。」同樣強化著后妃以德輔君的內在品質。《野有死麕序》以爲該詩寫女子受文王之化，能「無思犯禮」。弘採用了小序首句「惡無禮」的主題思想，卻將此詩解讀爲一首淫詩。「此篇極言士女姦淫之狀者，詩人惡其無禮而風刺之也。然而雖痛刺之乎，不行刺之迹；雖極惡之乎，不

著惡之情。其言也直而婉在其中矣，斯之謂之謂風詩之體也……淫亂之夫，出野射獸，遂誘懷春之女，與相亂於草萊之間，故詩人因起所事而起興。言野有死麕，則白茅包之，有懷春之女，則吉士誘之矣。死麕無專主，過者輒取之，士女相亂之狀似是矣。」又曰：「汝男子姑徐徐而來，毋妄動我之帨，恐犬見其發揚而吠之，故曰「無使尨也吠」，皆微行懼人之辭也。」弘解《草蟲》詩說：「君子行役在外，少婦不以獨居貳其心，能以禮自防。其貞純之志，於詩辭可見矣。」以禮自防的詩歌主旨與序說無異。不同的是，弘將主人公私意推測為少婦，應是對當時社會生活的現實折射。江戶中期思想的鬆動，人性的解放，導致尊重人性需求，追求現世幸福成為社會主流價值觀。如此勢必造成與禮儀道德的衝突。因此批判淫泆之風，回歸禮樂傳統，就成為部分漢學者的一致要求，借助經典的注釋表達上述訴求。《園有桃序》曰：「刺時也。大夫憂其君國小而迫，而儉以嗇，不能用其民，而無德教，日以侵削，故作是詩也。」弘解此詩曰：「此刺時君不用賢，國日以侵削，故忠良憂之。」將其歸結為明君與賢臣之關係。無獨有偶，《蒹葭序》以為詩寫襄公未能用周禮以固其國。弘則曰：「蒹葭必待霜而後堅實，國家必須賢才而後安固。」周禮向賢臣的改動，主旨也隨之發生變化，明君與賢臣的關係再次成為著者關注的焦點。總之，弘不專主漢宋，但又兼採漢宋，自成一家之言。尤其是堅守小序首句規定的詩歌主旨，以首序為指導，運用比興手法的無限張力，結合江戶中期的社會現狀，以拓展詩歌的含義。受小序的影響，弘大致將詩歌作用的對象歸結為三類：一后妃，二時君，三時俗。始終貫穿著強烈的現實關注精神。相信弘對漢宋成說的改造，必然帶有生活社會的現實刺激。從《詩經》的故鄉而言，我們可能視之為臆解。但從作者傾注一生心力專治九經的行為，和以傳道授業為己任的社會責任而言，任何「臆解」都不會成為信口開河的廢話，而是帶有特定意義指向的社會審視。

另外，從藝術形式的角度而言，《詩經述》「述」體的成功運用，也值得一書。其書名曰「述」，此「述」有譯的意思。大約是受到《朱傳》的啟發，注解中避免了繁瑣的考證，直以己言疏解經義。與《朱傳》不同的是，弘逐句疏解，並試圖通過藝術加工以還原故事的本事。《東門之楊》篇，弘如此說解：「女子既與一男子期，又有他心，負約不至，男子徒待之，以至明旦，女子之亂亦已甚。而男子之愚，可以一笑矣。」「又有他心」與「女子之亂」是弘的想像之辭，但是，一旦加入此八字，故事性瞬間變得飽滿而生動，也與

「刺時」的主旨相匹配。又如《東門之池》首章曰「東門之池，可以漚麻。彼美淑姬，可與晤歌。」弘述曰：「言東門之池，可以漬麻，是婦女所有事之處。而男子就而相謔，乃曰：彼美好之女，可以與相遇歌樂而已矣。」經弘的演繹，詩意變得明朗，並呈現出當時的生活圖景，可謂詩中有畫，男子的無禮之舉越發招人厭惡。再如《東方之日》，詩曰：「東方之日兮，彼姝者子，在我室兮。在我室兮，履我即兮。」弘還原道：「言東方之日既出矣，而其所淫之男猶踐我床蓆而相即就也。言無忌憚之甚也。」「踐我床蓆」的點綴使畫面感愈強。《燕燕》篇首章：「之子于歸，遠送於野。瞻望弗及，泣涕如雨。」弘引申曰：「之子往歸於國，我莊姜遠送至於郊外之野。既至於野，與之訣別，己留而彼去，稍稍更遠，瞻望之不復能及，故念之，泣涕如雨然也。」離別之恨，內心的微妙變化，在弘富有節奏感的語言中淋漓盡現。最精彩的是《綢繆》詩，首章曰：「綢繆束薪，三星在天。今夕何夕，見此良人。子兮子兮，如此良人何。」弘釋曰：「蓋男女託採薪蒭在田野之中，待夜以相亂，故見三星之在天。言三星者，古者仲春為嫁娶之時，心星未見。今此宿既見，則是婚姻失時也。今夕何夕，嘉美此夕之辭。淫者悅其人而及時日也。言今日之夕，何等良夕，而得會此良人乎。言子兮子兮者，亦謂良人也。淫女不堪其喜，一則子兮，二者子兮，口不絕其人也。如此良人何者，亦喜之甚不自堪之辭也。詩人詳述淫者之情態，其醜自見焉。」意思大致與《朱傳》相類，但經過弘的「述」意，女子見男子後的那份喜不自勝、激動難抑的情態暴露無遺。這種藝術欣賞的視角，邏輯演繹地表述，對於詩意地傳達具有十分明顯的效果。今天我們的《詩經》教學或經典譯介，同樣面臨採用怎樣的表述向今人推介的類似難題。既不喪失經典的教化意義，又能保持詩歌藝術的原滋原味，赤松弘的《詩經述》為我們提供了一條可供參考的思路。

江戶中期的治《詩》者都在摸索各自的方法，試圖對《詩經》作出全新的理解。赤松弘貫通漢宋的治《詩》路徑，將小序首序與《朱傳》的巧妙結合，開闢出研治《詩經》的一條新路。其弱化歷史，關注現實的人文精神，通過富於藝術的文學敘述，傳達到他的每一個學生的心中。不僅豐富了江戶中期的《詩》學花園，也為江戶後期折衷學派的出現作出了表率。

江戶末期折衷派的代表人物有豬飼彥博和日尾瑜。豬飼彥博（1761～1845），初名安次郎，字文卿、希文，通稱三郎右衛門，號敬所，名彥博，近江人。著《四書標記》、《論孟考文》、《讀禮肄考》、《荀子補遺》、《西河折妄》，

《逸史糾繆》等。豬飼常吉《敬所先生行狀》曰:「其學本古義,折衷古今。
〔註27〕」《詩經集說標記》,豬飼彥博學生記錄他講課的筆記。不分卷,上中
下三冊,寫本,現靜嘉堂文庫藏殘本。此書不要求對經文逐字逐句的全面疏
解。一篇之中,分序分章,選擇注解,有文字考釋,有篇意理解,具有很大
的隨意性。時而引用前人觀點,時而斷以己見。總體來講,此書可稱者有二。

一是彙集漢唐以來諸家之說有可據者鎔鑄一體,顯示出注者寬廣的學術
視野和開放的學術態度。這一點從其書名「詩經集說」中也可窺見一斑。因
為書的第一冊的前面部分佚失,《邶風・終風》以前情況不得而知,加之引用
文獻題名多用二字概括,所以我們很難詳細統計該書徵引文獻書目。不過從
後面的詩篇中,依然可判斷其數量是相當可觀的。該書在輯佚《詩經》文獻
方面具有重要的參考價值。

其二,在研究方法上,彥博偏重於運用考據學的方法。《凱風》「睍睆黃
鳥」之「睍睆」二字,《毛傳》以為美好貌,《鄭箋》以為顏色鮮美悅人眼目,
至朱熹改為形容聲音清和圓轉。彥博按曰:「小雅:睍睆牽牛。檀弓:華而睆,
大夫之簀與。或謂明,或謂美。且睍睆二字並從目,其言黃鳥之美好也必矣,
古注不可改。〔註28〕」既有文獻依據,又有文字訓詁,雙重證據一致佐證《毛
傳》說法的古而有據。《狡童》篇,小序以為狡童暗諷昭公忽。朱熹駁斥曰:
「昭公不幸失國,非有大惡,使其民疾之如寇讎也。況其在位也,豈可忘其
君臣之分,而遽以狡童目之邪。且昭公之為人柔懦疏闊不可謂狡。即位之時,
年已壯大,不可謂童。殊不相似。」彥博駁朱熹說:「朱說極是,而猶有未可
者。《史記》箕子過殷墟,作《麥秀》之詩云:彼狡童兮,不我好仇。狡童者,
紂也。紂亦非少壯之人。然則詩云童者何至少年,此詩刺鄭之他君亦為可知
也。」朱熹由狡童字面意思出發,否定序說。經彥博考證,狡童完全有可能
專刺某君,從而在朱熹疑序的基礎上更進一步,他認為該詩有可能針對的是
忽以外的其他國君。這一懷疑是值得肯定的。較彥博稍長的冢田虎,就認為
該詩的諷刺對象是屬公而非昭公。《還》詩「並驅從兩肩兮,揖我謂我儇兮」
之「肩」字,自《毛傳》以來,先儒皆釋為「獸三歲曰肩」。彥博以為不妥,

〔註27〕豬飼常吉,敬所先生行狀〔M〕//關儀一郎,日本名家四書注釋全書,東京,
鳳出版,1973。
〔註28〕豬飼彥博,詩經集說標記〔H〕,靜嘉堂文庫藏寫本。以下凡未注明豬飼彥博
引文出處者,皆出自該書。

認為「肩」與「豣」「狷」「豤」音通意亦通，《廣韻》釋作「大豕」。採用以音求義的方法，對肩重新定義。《唐風・羔裘》曰：「羔裘豹袪，自我人居居。」《毛傳》訓曰：「居居，懷惡不相親比之貌。」不知何據。彥博以為「居」與「倨」聲音相通，可引申為倨傲的意思。整句的意思是晉國大夫有表而無裏，有服而無德，役使其民而不知愛惜。《東山》三章「鸛鳴於垤」，先儒釋「垤」作「蟻穴」，鸛鳥於蟻穴之上鳴叫，顯然不符合實際情況。彥博以為這裡的「垤」當解作「土之高者」，即小土堆。彥博的解釋不無道理。總之，我們從《詩經集說標記》中體會到注者較之同類著作更加理性的精神和研《詩》思路的靈活多變。

彥博折中前儒諸說，斷以一家之言。文字考釋以外，對一些詩篇的詩旨也提出新的見解。《青衿》詩，小序以為寫亂世則學校廢而不修，朱熹以為是淫奔之詩。彥博考證青衿是「為人子者所服」，不必一定是學生的固定著裝。彥博推測該詩有可能寫朋友相思之情。《秦風・無衣》詩，小序以為寫秦人刺其君尚武好用兵，彥博按曰：

> 《左傳》定公四年，吳入楚，昭王出奔。申包胥如秦乞師，立依於庭牆而哭。日夜不絕聲，勺飲不入口七日。秦哀公為之賦《無衣》，秦師乃出。杜預以為賦古詩，竊疑左氏所載賦古詩以見其志者，皆宴會之時也，必是有音節。包胥立哭七日，哀公乃為之歌謠，恐不近人情矣。所謂為之賦《無衣》，如秦人哀三良為之賦《黃鳥》，許穆夫人賦《載馳》之類，謂作此詩也。杜從小序云云者誤矣。今從左氏以為哀公之作，則子指申包胥，王指昭王，其義最明白矣。

彥博從新的視角對「賦詩言志」之「賦」字作出全新的理解，且有理有據，對於我們重新界定「賦詩言志」的意義有新的啟發。早在諸葛龜就認為該「賦」有「作」之意，不過缺乏細緻分析。再如《鳲鳩》詩，朱熹承小序言說，認為詩歌讚美君子用心均平專一，無偏愛之心。彥博則不以為然，詩歌其實寫的是君子教育子女有方，且影響到天下子民。

彥博保持中立態勢，超然於漢宋之爭外，依據自己的判斷解《詩》。簡單說來，彥博不信漢，不信宋，摒棄齊魯韓毛門戶之見，雜採眾家，注意吸收清儒考據之學對文字作出精當的訓釋。

相對而言，日尾瑜的《毛詩諸說》雖也持有兼採的態度，卻未免有失偏頗。

　　《毛詩諸說》從題名上判斷，一眼可以看出它也是一部折衷漢宋的書。
靜嘉堂文庫藏寫本，起自《召南・羔羊》，終至《邶風・新臺》，共 26 篇。至
於該書現存 26 篇，還是原書是 26 篇，還有待進一步考證。關於此書的作者
等一些相關情況，至今仍是一個謎。靜嘉堂文庫藏書目錄上標明日尾瑜所著，
不過根據文中內容推理，事情遠沒有如此簡單。該書的執筆者應該與一位名
「璞」的人直接相關，因為在大段的引述之後，常有以「璞案」的形式總結
上文。因此書的主體部分很有可能體現的是一個人的《詩》學觀，且由名「璞」
的人親自執筆寫成。日尾瑜究竟是主體部分的創說者，抑或是執筆者，抑或
根本與此書無關，現在還難以推斷。為研究的方便，暫且以靜嘉堂文庫藏書
目錄為準，姑且認為作者就是日尾瑜。

　　日尾瑜（1789～1859），江戶末期折衷學派的一位漢學家。字德光，號荊
山、至誠堂，通稱多門或宗右衛門，私諡文貞先生。主要成果有《左傳折衷》、
《尚書折衷》、《書經蔡傳渾天儀圖考》、《四書折衷》、《論孟二大疑辨》、《講
餘隨筆》等。《漢學者傳記及著述集覽》、《儒林源流》中都未提到《毛詩諸說》。
從《毛詩諸說》體現的折衷的研究態度，則是與瑜本人一貫的治學方法相一
致。

　　理論上講，折衷派擺脫了非漢即宋，非宋即漢的簡單輪迴，應該可以站
在一個全新的視角，繼承以往一切優秀的研究成果，作出能代表其時代精神
的新的解讀。然而從《毛詩諸說》的身上，我們沒有看到所期待的那樣。它
確實打破了漢宋學派的疆域，自由地使用前人的一切成果，不必顧忌學派所
設定的任何條條框框。不過，《毛詩諸說》雖說擺脫了漢宋學派權威學者的影
響，卻不自覺地走進自己心中確立的權威形象的陰影之下，最終成為心中權
威的延續者。

　　瑜所謂的折衷其實蜷縮在《子貢詩傳》、《申培詩說》、《世本古義》等幾
部著作狹小的空間裏。眾所周知，以上三書皆是明代求新求奇的典型代表。
由於其研究方法的偏執，導致他們很多令人耳目一新的結論並不為眾人接
受。相反遠在日本的瑜卻對他們表現出濃厚的興趣。不僅有選擇地接受了他
們關於詩旨的結論，更可怕的是接受了他們的研究方法。因此《毛詩諸說》
一書折衷表象的掩蓋下力求新奇的旨趣格外顯眼。如《召南・羔羊》篇釋「羔
羊之皮」「羔羊之革」「羔羊之縫」，瑜說用羔羊的外皮製作的裘衣，是帶毛的
新衣。時間長了，羊毛漸漸脫落，僅剩下皮革，說明裘衣變舊。再過一段時

間，皮革也出現了裂縫，就需要縫補，故末章言「羔羊之縫」〔註29〕。瑜認爲《羔羊》三章暗含時間的推移，穿在大夫身上的裘衣也出現了程度不同的破損。乍一看似乎合情合理，但也只能算作一場演繹。如此解釋既有朱熹義理推演的故伎重演，也受到何楷等人求新求奇思維的無形推動。再如《殷其雷》篇，瑜據何楷說，以爲詩寫文王被紂困於羑里，文王的臣子謀求解救，臣妻思念君子。在這一主旨的牽引下說解詩文，就難免陷入臆解。於是末章「殷其雷，在南山之下」具有了特殊的象徵意味，「比紂怒將解也。」何楷的詩旨說成立與否本身還是一個問題，建立在此基礎上的詩文解讀的可信度可想而知。顯然，瑜的解詩思維完全是觀念先行，先給詩文選擇一個自己認爲合理的論調，然後再依據此論調大膽揣測。瑜的很多富有創新色彩的論說缺乏嚴密的論證就是最好的證明。又如《摽有梅》「求我庶士，迨其吉兮」，解釋爲女子的父親迫不及待地於吉日選擇女婿。《簡兮》篇解「山有榛，隰有苓」句，說：「興也。榛可供籩實，資民生之用；苓可備菜物，救民之患害。皆有益於人者。此以興教化行則人才盛也。山有榛以興國君之子，隰有苓則興鄉大夫之子耳。」因《泉水》篇中「思須與漕」一語，就斷以爲詩寫穆夫人傷己不能救衛國。與何楷的做法簡直如出一轍。當然他的結論不一定完全是錯的，只是這種觀念先行，妄自揣測的解詩思維是不可取的。如果每位讀詩的人都可以沒有原則地胡亂解釋，恐怕我們永遠無法接近事物的本真。折衷的研究方法也並不爲過，如果解詩者的視野足夠開闊，思考問題的方法足夠科學合理，相信一點問題都沒有。

其次，瑜專注於通過對文字本義的探求獲得詩意正解，《說文》是其常用的工具書。運用《說文》解釋經意，自漢以來就是一種常用的手段，它在經典的闡釋中一直扮演著重要的角色。不過，它並不是唯一正確的渠道，如果一意依賴文字本義，忽略語境等要素對字意的要求，恐怕難以實現準確解讀的目的。瑜對於文辭的訓解，就犯了以上簡單單一的毛病，致使文字的理解一刀切而缺少應有的變化，喪失了文字在不同語境中的生命活力。如《邶風·谷風》中對「習習谷風，以陰以雨」中「谷風」的訓解。《毛傳》曰：「習習，和舒貌。東風謂之谷風。」《毛傳》的解釋放置在《谷風》中完全可以講通。包括《小雅·谷風》「習習谷風、維風及雨」「習習谷風，維風及頹」「習習谷

〔註29〕日尾瑜，毛詩諸説〔H〕，靜嘉堂文庫藏寫本。以下凡未注明日尾瑜引文出處者，皆出自該書。

風，維山崔嵬」等語境中，也並無大礙。瑜卻提出不同意見，他的理由有二，一則從文字表意分析，谷風本指從山谷中吹來的大風。「習」指鳥數飛義，可轉訓爲重複。《詩詁》曰：「風自谷出也。」陸佃云：「谷風言其自，詩「大風有隧，有空大谷」者，謂土囊谷口也。」嚴粲曰：「來自大谷之風，大風也，盛怒之風也。又習習然連續不斷，所謂終風也。又陰又雨，無清明開霽之意，所謂曀曀其陰也。皆喻其夫之暴怒無休息也。」第二條理由是《詩經》中多以風雨比喻暴亂。如「北風其涼，雨雪其雱」象徵君政暴虐。「風雨淒淒」比興君居亂世。「風雨所飄搖」喻危室。「大風有隧」喻貪婪。儘管如此，但也存在大量谷風釋爲東風的例證。《釋天》曰：「東風謂之谷風。」孫炎曰：「谷之言穀，穀，生也。谷風者，生長之風。」可見東風稱之爲谷風的說法早已有之，且《爾雅》的明證顯然較後世諸說更爲直接有力，說明《毛傳》的釋文並非空穴來風。與後世諸多說詩者相較而言，《毛傳》的可信度無疑更高。瑜指責舊說的第二條理由是說《詩》中的風雨多用以比興暴亂。事實上也僅適用於部分詩篇中。我們同樣可以舉出很多不以風雨興暴亂的論據。如「凱風自南」「靈雨既零」「靈雨其濛」「雨雪雰雰」「陰雨膏之」等等，其中有些是帶給人喜悅的微風和雨，有些僅僅用以烘託氣氛，並沒有暴亂的成分。更不可思議的是，《北風》中「北風其涼」句，瑜在《谷風》中用來比喻政教酷暴，而在《北風》篇中卻因爲何楷「賢者去國」主題的牽引，將「北風其涼」解釋爲「虛言君子在野也。」好像「北風其涼」已經不再是暴亂的暗喻，又變成君子在野的環境描寫。同一句話在不同的位置出現矛盾的兩種說法，很難令人信服。又如《靜女》「靜女其變」，舊說以爲好。瑜則以爲當依《說文》釋作「慕」。好是形容詞，符合語法規範。慕是動詞，放在句中總覺忸怩不安，有違語法。且首章曰「靜女其姝」，姝，好也。同一首詩中同一種表述形式何以會產生如此大的差異。故舊說較瑜新解更勝一籌。《甫田》、《南山》篇中的「變」當「好」解也皆無礙詩理。其它如釋「我心匪鑒，不可以茹」之「茹」爲接納。《燕燕》篇「遠於將之」之「將」爲相攜持而行。《北風·谷風》「黽勉同心」之「黽勉」爲「力所不堪猶勉強爲之」。《旄丘》「必有與也」之「與」作相偕而行。《北風》「王事敦我」之「敦」作憤怒。《靜女》篇「愛而不見，搔首踟躕」，「愛」釋作彷彿，「搔首」作束髮，「踟」作不進，「躕」作不前，整句意思變爲「靜女安處於後宮幽閒之地以待君命，雖彷彿見其容貌而猶未得見，方且莊其首容，跱躕而未遽進，其守禮如此。」《新臺》篇「籧篨不鮮」

之「鮮」作惡疾講，「新臺有灑，河水浼浼」之「灑」作滌解，浼作「污水」
釋，意思是新臺下面的水也稀釋不掉因公昏淫而污染的水源。等等。皆是瑜
依據《說文》對文辭作出的推演，有些地方明顯帶有向明代立異派靠攏的跡
象〔註30〕。明代特定的文化生態背景下孕育的《詩》學立異派，對《毛詩諸
說》的影響是不言而喻的。

　　秉折衷態度的日尾瑜，本應能在批判前人成果的基礎上對《詩》學作出
更大的貢獻，但受其學術視野和個人喜好的干擾，不經意間滑入明代立異派
的漩渦，繼續沿著求新求異的思路越走越遠。當然日尾瑜的《詩》學觀在日
本江戶《詩》學史上並不是個案，早在江戶中期其實就出現了大量頗具個性
特色的《詩》學著作，如皆川淇園《詩經繹解》等也曾對日尾瑜產生過類似
的影響。

　　值得一提的還有生活於江戶末期明治初期的野呂道庵〔註31〕。他親身經
歷了日本歷史上由封建社會向資本主義社會轉型的巨大變革。儘管如此，道
庵始終未曾放棄通過注疏經典挽救時世的經世理想。他在《述經隨筆》中說：
「聖人之道在六經，六經浩博，豈尋常說話之所能盡哉？學者博讀古書，遍
涉諸家，而後其義可得而言已。」「孔子之所讚述在六經，以此遺之，其惠天
下萬世也大矣。〔註32〕」由此可見，六經在道庵精神世界中的神聖地位。即
使在西學東漸，漢學退潮的強勁時代潮流中，道庵依然保持著對漢學傳統的
情有獨鍾。

　　道庵說：「序不可盡信，亦不可全廢。」小序作為最古老地詮釋詩旨的範
本，無疑是道庵解讀《詩經》最可值得信賴的理論依據。從前人的堅信不疑
到道庵此時地半信半疑，說明社會思潮的巨大變遷還是對傳統學者的學術產
生影響。表面看似《詩序》的權威性在下降，實質上反映出江戶末明治初學
者新的學術動向。如《螽斯序》曰：「后妃子孫眾多也。言若螽斯不妒忌，則
子孫眾多也。」道庵相信首句是古序，其餘則為衍序不足信。《麟之趾序》曰：
「《關雎》之應也。《關雎》之化行，則天下無犯非禮，雖衰世之公子，皆信

〔註30〕立異派請參看劉師毓慶，從經學到文學——明代詩經學史論〔M〕，北京，商
　　　　務印書館，2001，175～213。

〔註31〕野呂道庵（1813～1889），江戶人，《詩經》著述有《述經隨筆》上下兩卷，
　　　　無窮會圖書館平沼文庫藏寫本。

〔註32〕野呂道庵，述經隨筆毛詩辨誤〔H〕，無窮會圖書館平沼文庫藏寫本。以下凡
　　　　未注明野呂道庵引文出處者，皆出自該書。

厚如麟趾之時也。」他以爲首句足以概括全詩，衍序簡直就是畫蛇添足。《桑中序》一樣只信首句。連《詩大序》中的部分表述都不能幸免。綜觀全書，我們不能不承認道庵是一個不折不扣地帶有漢學血統的學者。然而，他又在不停地對漢學進行解構。因此，我們可以稱他是一個成長於漢學傳統中的叛逆者。他的叛逆帶有一定的民族特徵。

　　《述經隨筆》一書，最富意義的部分莫過於道庵提出的多處與舊說不同的新解。仔細揣摩這些新說，會發現它們都是在一種異質思維模式控制下得出的結論。而異質思維的發生完全與他所處的文化環境有關，所以我們講道庵的叛逆帶有一定的民族特質。如《何彼穠矣》篇言「平王之孫，齊侯之子」，舊說解「平」爲「正」，平王就是文王。而道庵卻將二字坐實，認爲平王即指周平王，與文王無關。平王或文王的說法，不單涉及到詩歌歷史時期的劃定，實關係到「二南」的正風本色。道庵的一家之言直接破除了漢學賦予「二南」的特殊形象，其本質是對傳統道德的巨大戕害。《邶風・北風》篇曰：「莫赤匪狐，莫黑匪烏」，舊說以爲比喻衛國君臣的暴虐本性。道庵卻將其認爲是實有發生的事實，說衛國遍地是狐狸、烏鴉等不祥之物，預示著衛國末日的即將來臨。此解本出自《朱傳》，顯然不合情理。類似狐狸、烏鴉等物遍佈國中的自然現象，幾乎是不可能發生的異想天開。更爲重要的是它同樣消解了舊說溫柔敦厚的說教宗旨。《靜女》篇曰：「愛而不見，搔首踟躕」，舊說對「愛」字無解，意爲女子雖有傾慕之人，然知禮而不往。道庵訓「愛」爲掩翳、遮蔽意，意思變爲男子因障礙物看不見忠厚的女子。釋「愛」作遮擋不要緊，要緊的是原來的發乎情止乎禮義的道德約束不復存在了。《二子乘舟》詩曰：「二子乘舟，泛泛其影」，舊說以爲比喻伋、壽二子忠父母之命，念兄弟之情視死如歸，乘舟只是一種修辭的用法，二子未必眞正乘舟。其中飽含著國人對二子深深的憐憫敬愛之情。道庵同樣將其坐實，認爲二子赴死路途中實有乘舟渡河的事實。如此一解，詩句中凝結的一切感情因素蕩然無存，國人思念伋、壽暗諷宣公的創作旨趣也大打折扣。《蝃蝀》詩曰：「大無信也，不知命也。」舊說意爲淫奔之女不待父母之命私自締結婚約。道庵釋「命」作天命。父母之命原屬道德範疇，而天命歸於神秘的天命範疇。用天命替代父母之命，婚姻關係中謹遵的媒妁之言、父母之命亦不復存在。諸如此類，字詞的微妙轉換直接抹殺掉漢學傳統中的倫理道德觀念，而變作毫無意義可言的敘事詩。

折衷派中有兩部個性特色鮮明的著作,一個是稍早的冢田虎的《冢注毛詩》,另一個是稍晚的會澤安的《刪詩義》。

冢田虎(1745~1832),字叔貔,號大峰、雄岡,名虎,通稱多門,信濃人。西野忠陣《尾張名家志初編》曰:「從學於室鳩巢。大峰資性明敏豁達,年十六遊江戶,力學有年,諸經傳皆自作解,其意在以經解經。於是自諸侯大夫至草野之士,執贄贊入門者日多月盛。天明紀年,仕明公爲侍讀。文化辛未擢明倫堂督學,乃改立學規,增學職,益生員,專以經術誘掖後進。乙亥又加賜秩祿。其講經援引賅博,教誨懇到,聽者心醉。老而克壯,著述不倦。〔註33〕」著《冢注孝經》、《冢注論語》、《冢注家語》、《冢注毛詩》、《冢注尙書》、《冢注老子》、《冢注孔叢子》、《冢注孟子》、《春秋左傳增注》、《國語增注》、《荀子斷》、《聖道合語》、《聖道辨物》、《聖道得門》、《大峰詩文集》等。

虎在《冢注毛詩序》中回憶自己的治《詩》經歷言:

> 虎少而讀宋儒集傳,壯而讀《毛詩》《鄭箋》,乃愚心頗惑焉,
> 不知所去就焉。以爲彼亦一是非,是亦一是非,久而未能斷於思。
> 於是乎,擲漢儒以來之說,放彼孟軻氏之言,以意逆志,更自設解。
> 〔註34〕

虎注《詩》徑直於《詩序》、經文之下注解經意,或採用毛、鄭、朱一家之解,或下己意。即使引用別家之說,亦不注明出處,以爲己意。有別於毛鄭朱之新解,則用小字手批於正文上欄以辨明是非。書之所以取名曰《冢注毛詩》含兩層意思。一則強調「冢注」的獨立性,以區別於《毛傳》、《鄭箋》、《朱注》等其它注作。如訓釋詞語,虎往往能擺脫傳統說解的干擾,突出「冢注」的獨特性。「關關雎鳩,在河之洲」之「河」釋作「西河」,「參差荇菜,左右流之」之「左右」釋作「河水之左右」,「陟彼崔嵬,我馬虺隤」之「崔嵬」釋作「山之高大」,「嗟我懷人,置彼周行」之「周行」釋作「思得賢者以置庶位」。《螽斯》篇一系列連綿詞「詵詵」、「振振」、「薨薨」、「繩繩」、「揖揖」、「蟄蟄」,分別解釋作「羽聲眾多貌」,「盛多貌」,「群飛貌」,「相續而不絕貌」,

---

〔註33〕西野忠陣,尾張名家志初編〔M〕//關儀一郎,日本儒林叢書,東京,鳳出版,1971,23。

〔註34〕冢田虎,冢注毛詩〔O〕,山西大學詩經研究信息中心藏享和元年(1801)序刊本複印本,序4,以下凡未注明冢田虎引文出處者,皆出自該書。

「和集貌」,「靜集貌」等等,都是作者揣摩上下文語氣,作出地訂正舊說的
新解,表現出勇於挑戰傳統,自立新見的良好學術品格。「冢注毛詩」題名的
又一層含義則強調「毛詩」的特殊性。虎認為現存《毛詩》既脫胎於孔子刪
定之《詩經》,又經過漢人的增補。因此虎對於《毛詩》的感情比較複雜,既
不能不信又不可全信,「雖有贍其乏者也,雖有失其所者也,然其大體,則是
聖業之遺文,而風雅之餘教也。」所以特別於書名格外表明「毛詩」二字,
同時也表明虎批判地接受《毛詩》的一種態度。

　　《冢注毛詩》仿《毛傳》風格,力求簡單明了,避免了大量繁複材料的
堆砌。然而卻帶有鮮明史家觀照的特徵,尤其是在對《詩序》的歷史考察上
不遺餘力。《詩序》所涉人物關係、事件經過務求考辨明晰,《左傳》及孔子
言論成為其評判詩旨最值得信賴的兩個文獻依據。曰:

　　　　左氏內外傳中,列國君臣之所取以賦焉,則就而稽之;孔子之
　　所引以解焉,則據而徵之;而後斟酌漢儒以來之說,遂以成斯注。
如《定之方中序》曰:「美衛文公也。衛為狄所滅,東徙渡河,野處漕邑。齊
桓公攘戎狄而封之,文公徙居楚丘,始建城市而營宮室,得其時制,百姓說
之,國家殷富焉。」虎緊接著於《詩序》下用小字回顧這段歷史說:「魯閔公
二年冬,狄人伐衛,衛懿公及敵人戰於熒澤而敗績。宋桓公迎衛之遺民而渡
河,立戴公以廬於漕。戴公立一年而卒,於是齊桓公率諸侯而城楚丘以封衛
文公。事見於左氏傳閔公二年及僖公二年。」《南山序》曰:「刺襄公也。鳥
獸之行,淫乎其妹,大夫遇是惡,作詩而去之。」虎曰:「襄公之妹,魯桓公
夫人文姜也。襄公素與之淫通,及嫁桓公謫之。公與夫人如齊,夫人愬之襄
公,襄公使公子彭生搚殺公,夫人久留於齊。莊公即位,乃歸於魯,猶復會
齊侯者再三。襄公惡行如是,卒為公孫無知所弒。事在左氏桓公十八年至莊
公八年經傳。」齊襄公與文姜的醜事賴《左傳》敘述詳細。又《狡童序》曰:
「刺忽也。不能與賢人圖事,權臣擅命也。」虎就史質序曰:「權臣蓋謂祭仲
也。事見於左氏桓公十一年至十八年傳。而十五年傳曰:祭仲專,鄭伯患之
者,厲公突也。初莊公卒,祭仲立昭公忽,又與宋人盟而立厲公。昭公奔衛,
祭仲專政,厲公患之,欲使其婿雍糾殺之,祭仲殺雍糾,厲公出奔。昭公復
入,終為高渠彌所弒。此詩果為祭仲擅命之故,則恐作於厲公時之詩也與。」
注者的思路是由詩至史,再由史返詩而形成的詩史互證的路子。從《左傳》
的記載來看,此詩當作於鄭厲公時而非鄭昭公時。換言之,則《狡童》詩當

刺突並非忽也。在詩與史的迴環往復之中，注者發現了詩與史的矛盾，從而使虎產生了對《詩序》的質疑。如此以史證詩的事例不是單一的，而是群體的行為。如以《左傳·閔公三年》事闡釋《牆有茨》，以《左傳·閔公二年》事復原《載馳》，引《左傳·隱公三年》事折射《碩人》，引《左傳·襄公三十一年》事旁見《子衿》，引《左傳·桓公十一年》事質疑《出其東門》等等。《詩經》與《左傳》的不謀而合，不斷強化著《詩》的史學價值，也披露出注者觀照《詩經》的一種獨特視角。

《左傳》作為早期優秀的史學著作，是《冢注毛詩》立論的重要理論依託。除上面所提到的與《詩經》相暗合的具體歷史事件以外，另一個重要的理論支撐是《左傳》中大量存在的「賦詩言志」條目。「賦詩」體現的是歷史早期人們對詩作的一種習慣理解，一定程度上更接近詩旨的歷史真實。因此虎將賦詩言志句立為重要的參考標準，甚至不惜以此否定《詩序》的種種說法。《鄭風·羔裘序》曰：「刺朝也。言古之君子，以風其朝焉。」《左傳·昭公十六年》記載鄭國子產曾賦此詩以美韓宣子，虎因此認為此詩乃是鄭人讚美其國君之詩，與《詩序》所言古之君子有別。《野有蔓草》詩多次出現在賦詩的場合，虎據此認為此詩寫「邂逅所思慕之人之詩」。而《詩序》曰：「思遇時也。君子之澤不下流，民窮於兵革，男女失時，思不期而會焉。」冢注與《詩序》有著明顯的差異。再如《有女同車》、《褰裳》、《風雨》、《緇衣》、《雞鳴》等等，皆是注者以「賦詩」解詩的例子。無論是具體歷史事件的引據，抑或賦詩言志句的取證，都表現出作者以《左傳》釋《詩》的解題思路。《左傳》的史書性質，更表明注者的史學觀照。

由此以來，虎特別注重對詩作寫作年代的推測，同樣表現出注者的史學視野。如說《谷風》是「春秋前之詩也」，《北風》是「春秋以前之詩」，《靜女》是「春秋以前之古詩」，《桑中》是「殷末之詩」，《干旄》是「春秋之古詩」，《氓》是「春秋以前之古詩」，《鄭風·羔裘》「蓋亦是武公桓公之時所作」，《狡童》「恐作於厲公時之詩」。並對《雞鳴》、《還》、《甫田》等詩的寫作時間提出疑問。

伴隨江戶晚期社會危機的不斷加深，江戶末期《詩經》研究中的經世思想表現愈加明顯。會澤安結合現實提出的政治主張，直接體現在《詩》學專著《刪詩義》中。

會澤安（1782～1863），字伯民，號愆齋、正志齋，通稱恒臧，水戶人。「初因藤田幽谷推薦爲彰考館寫字生，次爲諸公子的侍讀。文政三年三十九歲時開學塾八年，完成其代表作《新論》。同十二年水戶藩主齊修卒，正志齋和藤田東湖擁立敬三郎有功，天保元年拔擢爲郡奉行。其後轉爲彰考館總裁。十一年任弘道館總教。十三年因齊昭受幕府嫌疑被禁，正志齋亦致仕禁錮於水戶仲町之廢室。在幽囚中，偶於囊中得朱藍二碇，乃磨瓷器嚙著爲筆，寫《孝經考》、《江湖負喧》等書，更著《下學邇言》。嘉永三年齊昭遇赦，再參與幕政，正志齋亦出，力主對外強硬外交，唱主戰論。安政五年，齊昭再被戒飭，正志齋以時局有急轉直下之勢，志不得申，乃決心退職，其最後著作爲文元二年（1862）上齊昭之子慶喜之《時務策》。翌年病卒，年八十二。〔註35〕」正志齋著書甚多，如《孝經考》、《中庸釋義》、《典謨述義》、《讀論日札》、《讀書日札》、《讀易》、《讀周官》、《學制略說》等。《刪詩義》，不分卷，尊經閣文庫藏刻本。該書運用考據的研究方法，試圖從歷史的視角還原孔子刪《詩》編《詩》的宗旨。表面上看似從孔子刪《詩》的行爲當中，探求《詩》中所寄寓的孔子的政治理想，實際上是在借古諷今，寄託了作者會澤安面對動蕩不安的日本現實所作出的政治思考，形成了此書「假經鑄史」的學術風格。

會澤安將《詩》與《春秋》相比賦，等量齊觀。他認爲《詩》與《春秋》一般，皆凝結著孔子本人的微言大義。孔子作《春秋》意在「審時變，明大義，以復興文武之業。」同樣孔子刪《詩》也不是簡單的學術事業，而是在「雅頌足以觀文武功業之盛與幽厲敗國之由；國風足以觀化民成俗之迹與興衰治亂之狀〔註36〕」的執著信念驅使下進行的文化活動。《刪詩義》著重從兩個方面考察了孔子的這一編《詩》綱領。其一，《詩》具有「風世化民」的內在特質。其二，孔子於詩篇次序的有意安排中寄寓了他的政治理想。尤其是後者，孔子的處境與理想引起作者的強烈共鳴，因此作者在探求孔子理想的同時也暗示了他對現實政治的訴求。

「詩者，王者所以風世化民也。」首先作者用大量篇幅考證《詩》在歷

〔註35〕朱謙之，日本的朱子學〔M〕//朱謙之文集，福州，福建教育出版社，2002，302。

〔註36〕會澤安，刪詩義〔H〕，尊經閣文庫藏寫本。以下凡未注明會澤安引文出處者，皆出自該書。

史上的教化意義。《詩》以其特有的文辭與音樂相結合的屬性，將各種不同形態的人情，傳達給社會不同階層的人物。在禮樂文明昌盛的周王朝統治當中，承載著其它經典無可比擬的教化功能。讀詩則以明確詩的功能爲目標。然而，每首詩的詩旨受文獻資料多寡的限制，可考者不甚多。會澤安提出立足經文，考究並還原其歷史本事，發揮想像予以彌合的讀詩方法。其實他採取的是通過考據手段進行背景還原的研讀方法。「苟能玩索得其實，然後詩之有用於世教可得而知也。」關於《詩》之功能的探討，在此書的謀篇佈局當中僅僅是一個鋪墊而已，眞正體現作者主旨思想的地方，還在於書中後半部分有關孔子「東周之志」的闡發上。

　　所謂「東周之志」，指的是孔子編《詩》過程中刻意流露出的希望東周能匡扶周室，重振西周文武盛世的政治思想。這一思想主要依賴國風次序的有意設置而得以呈現。會澤安說，二南居國風之首，文王德化自閨門而及邦國，是周朝禮樂文明巔峰時期的傑出代表。前儒論述甚多，也是分歧最少的二風。二南之後次之以邶鄘衛，邶鄘衛舊屬殷地，三監叛亂平定以後，周公命弟康叔治理。此三國既傳入康叔教化的新風尙，又帶有商紂餘民的陋習。邶鄘衛與二南相較，不難得出周朝之所以崛起，商朝之所以滅亡的歷史原因。會澤安稱之爲「興亡盛衰之一大機關。」三國之後繼之以王風，東周偏舉洛邑，遠離岐豐，棄二南之淳風，近山東之浮靡，「東周之志」愈見渺茫。王風之後而繼之以鄭風，鄭國近鄰東都，鄭風尤爲君子所厭惡，東周衰敗的世風越發顯現。後繼之以齊風，齊桓稱霸之後，禮樂征伐自諸侯出。繼之以魏唐，唐風乃晉國風俗，晉獻公滅周之同姓魏國，之後又有曲沃篡權的大逆不道。東周卻封曲沃爲諸侯，可謂威信掃地。晉國不顧東周自強稱霸的意圖昭然若揭。魏唐之後繼以秦風，秦風居西周故地，世風質樸。齊桓既末之後，秦穆踵興而起。齊後繼以陳風，徵叔弑君，楚莊王藉故討伐，外敵日漸強盛。陳之後繼以檜曹，檜曹小國，設置在十二國的末尾，是因爲有《匪風》、《下泉》等思念西周主題的詩歌，正是夫子「東周之志」的顯現。諸侯稱雄，外敵入侵，小國想念禮樂征伐自天子出的美好時代也在情理之中。最後以《豳風》收尾，《豳風》並非同時代詩，置於末尾，敘述成就王業的根基在於農業，並展現周公東征的歷史事實。這些正是孔子爲實現「東周之志」而指明的出路。由此可見，十五國風排列中貫穿著周王室從極盛向極衰轉變的巨大歷史變遷。造成以上局面的原因主要來自於兩股勢力，一是諸侯兼併，二是荊蠻入侵。

　　諸侯爭霸，外夷問鼎的亂世局面，嚴重窒礙了「東周之志」的進程，孔子不得不將全部的希望寄託於魯國身上。曰：

　　　　魯不列國風而取其頌，足以見周之禮樂可由魯而興也。

　　　　《魯頌》終於《閟宮》，《閟宮》言后稷纘禹，文武纘大王，而又言魯爲周室輔，足以見魯可行爲東周之志。言「公車公徒」者，以見政不在大夫。「膺戎懲荊」，以見魯之可尊王攘夷。「泰山岩岩，淮夷來同」，以見魯可輔天子巡狩之事。「復周公之宇」，以見必如周公東征，而後周室可輔，猶《狼跋》《召旻》在《豳風》《大雅》之終也。

　　　　若使魯國以親鄰國誅不義輔周室，則其勢亦有如漢祖用思東歸之士者，其復興周道致太平，豈其難爲哉！

會澤安對春秋大勢的分析，及對《詩》中「東周之志」的發掘，雖難免牽強附會，然將其置於會澤安所處的歷史背景中卻驚人的暗合。

　　會澤安生活於江戶晚期，目睹了江戶幕府行將逝去的整個歷史過程。江戶幕府面臨的巨大挑戰首先來自於西方國家的強力入侵，加之內政的一再失敗，引起大名與普通民眾的強烈不滿。內憂外患的社會現實與孔子所處的歷史境遇驚人相似。日本的政體將何去何從，擺在每一個有責任感的知識分子面前。江戶幕府向西方勢力持續妥協，激起有志之士的巨大憤慨，「尊王攘夷」的呼聲不斷高漲。這裡的「王」指的是朝廷，由朝廷最終完成振興日本的偉業，會澤安無疑是其中倡導者之一。「尊王攘夷」的提法多次直接出現在《刪詩義》中。朱謙之說：「正志是水戶政教學的代表人物，是尊王攘夷論的巨擘，他的思想是建立在大義名分論和排外主義上的。〔註37〕」書中飽含濃鬱情感對「東周之志」的陣陣哭訴，正是作者希望有勢力的大名能夠擁護朝廷，退卻外侵政治思想的經學表述。

　　活躍於十八、十九世紀交替之際的這批漢學家，他們有著大致相同的學術經歷。幼年多接受朱子學。成長過程中，始終伴隨朱子學與非朱子學之間的激烈衝突。多元化的學術取向，形成他們折衷的特色。此派人物解詩之法各有所重，有偏向漢學的，也有「採漢補宋」者。折衷之中，多有創新。且這種求新求奇之中，又兼顧穩妥，顯示出其成熟與理性的一面。更爲可貴的

〔註37〕朱謙之，日本的朱子學〔M〕∥朱謙之文集，福州，福建教育出版社，2002，75。

是，部分《詩》著秉持一種深層的文化觀照，於經典闡釋中寄寓自己的治國理想。

第四節　考據派的《詩經》研究

江戶末期漢學的復興，理性精神的回歸，《詩》學界大體呈現出三種走勢，一是尊序派的《詩經》研究，二是折衷派的《詩經》研究，三是考據派的《詩經》研究。三個方向並不是互不牽涉的獨立形態，它們往往互相交織著共同向前演進，你中有我，我中有你。比如在前一節提到的冢田虎、豬飼彥博等，雖主要採取的折衷的研究方法，但已經開始嘗試考據的手段，並取得不錯的效果。它反映出早在安永、天明之際，考據之風已經波及到日本《詩》學界。東條耕曰：

> 及改醫爲儒，專奉崇漢學，首唱考據學於安永天明之間。近時清人考據之說盛行，而人爭知搜索元明以上之古鈔影本者，實自篁墩始。

> 今按篁墩之所爲，多與近世清人盧見曾、畢沅、孫星衍、段玉裁、戴士震、阮元等諸家之所言，暗合者多矣。蓋考證精覈，雖使氣運之然，先鞭之見，隔地而相同，眞可謂卓絕矣。〔註38〕

而將考據學自覺地運用到《詩經》研究之中並取得豐碩成果的是大田錦城。錦城曰：「與得明人之書百卷，不如清人之一卷也。〔註39〕」後經仁井田好古、安井息軒等人的努力，《詩經》考據學漸成規模，臻於成熟。

江戶260年的學術思潮經歷了三次轉變：初期藤原惺窩、林羅山等人一變之前的漢唐注疏而爲宋元義理。中期伊藤仁齋、荻生徂徠再變宋元義理爲孔孟儒學，後期大田錦城等人三變孔孟儒學爲清代考據。大田錦城是日本江戶儒學史上引領學術風氣轉向的標誌性人物，開啓了日本《詩經》考據學的先河。

大田錦城，日本江戶史上少數以精於考據而聞名於世的學者之一。生於1765年，卒於1825年。又名元貞，字公幹，一字才佐，號多稼居士，加賀大聖寺人。其父玄覺，讀書強記，精於陰陽本草之說。錦城五歲始識字，十一

〔註38〕 東條耕，吉田篁墩傳 // 關儀一郎，日本名家四書注釋全書〔M〕，東京，鳳出版，1973。
〔註39〕 朱謙之，日本的古學與陽明學〔M〕// 朱謙之文集，福州，福建教育出版社，2002，341。

歲作詩，十三歲講說經史，鄉里稱其神童。早年從其兄伯恒習家學，然不甘為方技之人。是時京師有皆川淇園，江都有山本北山，一時皆稱大儒。錦城乃西遊事淇園，不滿其意，乃東行從北山，亦不滿其意，於是慨然直求之古人。醫官多紀掛山，是當時名儒，特別嘉許錦城才學，錦城從此賴之名顯都下。曾為吉田侯世子講說經書，吉田侯待之甚厚。後又事加賀金龍公〔註40〕。著述豐碩，連他自己本人皆言「既近等身」，廣涉諸子百家之學，曾言：「吾史學得經學之半，詩學得文學之半。〔註41〕」舉其要者有《疑問錄》、《九經談》、《錦城漫筆》、《錦城文錄》、《梧窗漫筆》、《周易象義》、《春草堂集》、《尚書孔傳纂注》、《大學考》、《中庸原解》、《孟子解》、《論語大疏》等，詩集有《錦城詩稿》、《鳳鳴集》、《錦城百律》、《白湯集》，有關《詩》學的有《六藝考》、《大序十謬》、《續六義考》、《三緯微管編》。是日本學者中於《詩》關注最多，成果最多的學者。

就其學而言，他在《九經談》中有一段自評，評價較中肯全面，曰：「予十二三時，既慨然有求道之志。僅逾弱冠，既有定見，資性崛強，不願立人之門牆。然於漢宋之學略窮其淵源，積習之久，所見益確，遂舒其所見著述經解，其書既近等身。欲繼往聖而啓來學，其意一如宋儒之志焉。世之奉古學者，聞予之談天論性則謂佞宋學矣。奉宋學者聞予之講經用漢魏傳注，則謂佞古學矣。人之所見淺之，實無知予者。〔註42〕」他認為經學古今之間有三大變，分別為漢學、宋學、清學，漢學長於訓詁，宋學長於義理，清學長於考證。錦城兼採三家之學，不立門戶，揚長避短，擇善從之，自建一家之學。三家之學中，錦城實偏重於宋學。在錦城看來，宋學以義理見長，是學問歸趣之所在。訓詁、考據僅是闡明經意的手段而已。以考據為途徑，以義理為終點，是其基本的思維模式。《大序十謬》、《六義考》、《三緯微管編》都是同一種方法的產物。《大序十謬》指出詩大序的十處謬誤並予以糾正，《六義考》辨析六義的含義〔註43〕。《三緯微管編》兼採毛、鄭、朱及宋諸儒關於

〔註40〕無名氏，先哲叢談遺編〔H〕，國立國會圖書館藏寫本。

〔註41〕清原富賢，錦城百律〔O〕，國立國會圖書館藏文化六年（1809）弘文閣、萬笈堂合梓本，跋。

〔註42〕大田錦城，九經談〔O〕，國立國會圖書館藏大阪河內屋太助文化甲子（1804）刻本，卷一—18。

〔註43〕大田錦城，大序十謬，六義考 // 錦城全集〔H〕，國立國會圖書館藏文政八年（1825）寫本。

賦比興的解釋，重點糾正朱熹「三緯」說的錯誤，提出自己的觀點〔註 44〕。三書均未能發現新的材料，多引用宋人觀點，沿襲朱子的說法，而稍有調整，無甚參考的價值。日本學者江口尚純說：「其研究方法的特徵是用考證家的手法研究對象，將中國或日本到當時為止的成果整理分類。網絡並把握當時的研究水準，並將其問題點導入他自己的結論中。其結果，導入的結論未必受到諸家的採納，但其網絡博收的資料及其恰當的整理，帶給諸家非常多的益處。它的特色也就在這裡。〔註 45〕」江口尚純先生非常準確地指出了大田錦城的研究特色，他的確存在徵引有餘而論證不足的弊端。考據學剛剛興起，錦城收集整理文獻的能力就達到了清儒的水平，這也是他對日本《詩經》考據學的貢獻之一。藤田一正曰：「上自先秦古文，下至後世雜書，苟有關經義，莫不旁引曲暢，審其異同，辨其是非。其漢唐宋明，及近時清人與我國朝諸儒之說，會萃演繹，必歸諸至當而至。〔註 46〕」然而真正引起我們興趣的反而是那些散列於《九經談》與《錦城漫筆》中具有隨筆性質的考據條目。其中關於《詩經》的考證並不多，值得注意的有「辨偽」一條，「賦詩言志」一條，「六義」兩條，考慮到內容的多寡，我們放在一起討論。其它有關詩義考證三條，文字考據若干條，單列討論。

　　錦城說：「予於詩學用力最久，故所得最多。〔註 47〕」《九經談》中列《詩》凡三十五條，滿意度最高的是有關「六義」的解析，自評說：「予通觀三百篇，沉潛多年，始得其解。愚者千慮之一得，自以為啟千古之幽微，興起詩人於九原，亦或首肯予之言矣。」又說：「古來無知之者，非以其難知乎。雖然得予之此解而興之一字昭然明白，雖兒童可得而知，則後之學《詩》者或當以予解為正焉。」其得意之相溢於言表。錦城認為興是「託興彼物而引起此辭。」一章之中，以上兩句之比喚起下兩句之賦，即是興。以《關雎》二章為例，「參差荇菜，左右流之」是比，「窈窕淑女，寤寐求之」是賦，上託比，下引賦，

〔註 44〕大田錦城，三緯微管編〔H〕，共三卷，築波大學中央圖書館藏寫本。

〔註 45〕江口尚純，江戶時期《詩經》研究動向之一：以大田錦城為主〔J〕//張寶三，楊儒賓，日本漢學研究續探：思想文化篇，上海，華東師範大學出版社，2008，46。

〔註 46〕藤田一正，錦城先生大田才佐墓表〔M〕//關儀一郎，日本名家四書注釋全書，東京，鳳出版，1973。

〔註 47〕大田錦城，九經談〔O〕，國立國會圖書館藏大阪河內屋太助文化甲子（1804）刻本，卷八 1。

四句構成一個「興」意。自古以來，關於「興」的討論不計其數，錦城的觀點還是首次提出。再看風雅頌，錦城以詩之風格區別它們，說：「風者，詩之瑣屑者也。雅者，詩之典正者也。頌者，詩之古奧者也。雅之雜風者，是爲小雅焉，純乎雅者是爲大雅焉。〔註 48〕」瑣屑、典正、古奧都是描述語言風格的詞語，從《詩》的用語辨別風雅頌，也是前所未聞的首創之舉。《子貢詩傳》、《申培詩說》出，欺騙了許多人，很多學者對之深信不疑，轉相引用。清朱彝尊《經義考》、毛奇齡《詩說駁議》駁斥甚詳無所遺，二書一致認爲明豐坊僞作，這個結論一直延用至今天。錦城有所懷疑，並舉出新的文獻依據。《海鹽縣圖經‧儒林》曰：「王文祿，字世廉，所著有《藝草》、《丘陵》、《學山》、《邑文獻志》、《衛志》，而《學山》首帙申培子貢兩書，則其所節選云？」又《雜識》部說：「王泝陽先生家多藏書，所萃《丘陵》、《學山》中有《子貢詩傳》、《申培詩說》，云皆出於其手也。〔註 49〕」可惜錦城缺乏進一步論證，僅憑一條孤證，很難說明問題。在《九經談》的末尾，錦城有一段關於「賦詩言志」說的精彩評論，首次提出了「神用」「形迹」說。說：

> 《詩》有神用形迹之二義焉，形迹者，作者之原意也。神用者，學者之所取也。故古人引詩，皆神用之意也。《左傳》賦詩斷章，後儒所謂斷章取義者，皆神用之謂也……若夫解《詩》者不得不就形迹求之，而其取義當於神用焉。〔註 50〕

這是他二十二歲時學《詩》的感悟，剛學《詩》即能區別《詩》之作者之義與讀者之義，提出「神用」「形迹」說，與清初王夫之《詩》學觀有異曲同工之妙，實難能可貴，可見錦城識見之高。

其二，關於文字考證。文字訓解是錦城考據學最充分的展示，也是最精彩的部分。如「萬舞考」〔註 51〕，《簡兮》篇「簡兮簡兮，方將萬舞」「碩人俁俁，公庭萬舞」之「萬舞」，《毛傳》云：「以干羽爲萬舞，用之宗廟山川，故言於四方。」又云：「萬舞非但在四方，親在宗廟公庭。」立意過廣，具體指向不明，重點強調其功用。呂祖謙《讀詩記》領悟《毛傳》較清楚，曰：「萬

〔註 48〕以上關於「六義」的引文，皆採自大田錦城，九經談〔O〕，國立國會圖書館藏大阪河內屋太助文化甲子（1804）刻本，卷八 3。

〔註 49〕大田錦城，九經談〔O〕，國立國會圖書館藏大阪河內屋太助文化甲子（1804）刻本，卷八 9～10。

〔註 50〕大田錦城，九經談〔O〕，國立國會圖書館藏大阪河內屋太助文化甲子（1804）刻本，卷八 14～15。

〔註 51〕大田錦城，錦城漫筆〔H〕，國立國會圖書館藏寫本，卷十。

舞，二舞之總名。干戚者，武舞之別名。籥舞者，文舞之別名也。文舞又謂
之羽籥。」意義變得明確起來，《毛傳》認爲所謂萬舞者即是文武舞之總名。
鄭玄解釋爲：「萬舞，干舞也。」干舞其實是武舞。錦城從大量文獻分析得出
古舞分文武兩種，隨後發現《毛傳》與《鄭箋》之間微妙的差別。如果沒有
對上古舞蹈的禮制研究，這種細小的差異是很難發現的。綜合各種材料，錦
城將前儒的解釋大致劃爲三類，以《春秋公羊傳》爲代表的一系解之爲武舞，
以《毛傳》爲代表的一系釋之爲文武之總舞，最後一系以《左傳》杜解爲代
表認爲是一種舞名。前兩派影響較廣，最後一派相對微弱。錦城否定三家之
說，徑直從經文中揣摩其意，曰：

> 經云：簡兮簡兮，方將萬舞。又云：碩人俁俁，公庭萬舞。下
> 受之云：左手執籥，右手執翟。所舞萬舞，所執羽籥是萬舞之爲羽
> 籥文舞。經有明證焉，經云：壬午猶繹，萬入去籥。爲仲遂喪。執
> 羽去籥者，去其有聲，執其無聲也。是仲子之宮將萬，公問羽數於
> 眾仲。萬舞用羽是最可證。毛公詁《簡兮》爲干羽，詩中不見干戚
> 之字，是其誤也，明矣。鄭玄從《公羊》直爲干舞，至左手執籥，
> 右手執翟，其說窮矣。因巧其言曰：碩人多才多藝，又能籥舞，言
> 文武道備。是以干戚爲武，以籥舞爲文，以謂文舞道備。夫雖舞分
> 文武，均是文具，豈足言文武道備哉？巧言如簧，徒亂經文，其誤
> 也明矣。

從經文文本出發，釋「萬舞」爲文舞。這一結論不僅能夠疏通《簡兮》，也適
用於《左傳》等文獻記載中「萬舞」材料。同樣《詩經》中一連串的問題得
以冰釋。《那》詩「庸鼓有斁」，《賓之初筵》篇「籥舞笙鼓，樂既和奏」，《君
子陽陽》篇「君子陶陶，左執翿」，《宛丘》「無冬無夏，值其鷺羽」，舞者所
持無非籥、翿、羽之類的道具，都是文舞代表性的樂器和裝飾。顯然作文舞
解更切合經文的意義。《素冠》篇「棘人欒欒」，《毛傳》注「棘，急也。欒欒，
瘠貌。」《鄭箋》說：「急於哀感之人，形貌欒欒然腜瘠也。」《朱傳》說：「棘，
急也。喪事欲其總總爾哀遽之狀也。」錦城認爲「棘」字釋爲「急」未免有
些不妥，他從《呂覽》中得到啓發，牽強之感釋然。《呂覽》云：「棘者欲肥，
肥者欲棘。」又云：「地可使肥，又可使棘。」高誘注：「棘，羸瘠也。」〔註
52〕羸瘠的解釋要優於急意。遺憾的是，錦城沒有舉出更多的例證，缺少必要

〔註52〕大田錦城，錦城漫筆〔H〕，國立國會圖書館藏寫本，卷九。

的論證。《葛覃》詩「我馬玄黃」之「玄黃」，《毛傳》說：「玄，馬病則黃。」
後儒皆從之，眾口一詞。諸葛蠶對此解表示過質疑，以為「玄黃」不是一種
具體的顏色，而是顏色的總稱。此解也不高明。錦城啓發於皆川淇園的解說，
加以演繹。大量例證表明「玄」通「眩」，「黃」通「皇」，「皇」又與「惶」
通，故玄黃與眩惶意一致，說：「馬涉高崗則目眩心惶而失其步也。」〔註53〕
《擊鼓》篇「死生契闊」，《毛傳》釋契闊為勤苦。錦城曰：「契，後世所謂深
性密契之契，闊所謂疏闊之闊。「死生契闊」猶言存亡離合也，言存亡離合不
相背違，與子曾為此誓約，男女相悅之辭。」〔註54〕《載馳》篇「女子善懷」，
鄭玄解「善」為「多」，《朱傳》從之。錦城認為「善」直訓為「多」不妥，「善」
大多數情況下與「喜」相通，故應釋為喜〔註55〕。有關名物一條，也在此一
併列之。「蟊斯」，《毛傳》解為蚣蝑，孔疏以為此「蟊斯」與《七月》篇「斯
蟊」同物異名。錦城以為不然，「斯蟊」與「蜇蟊」音同，其義相同。蟊斯之
斯當為助詞，蟊是蟊類的統稱〔註56〕。與諸葛蠶所見略同，不同的是蟊不通
考據，錦城善於運用考據的手段而已。他治學持開放的態度，能辨正地審視
材料，提取其中合理的成分，摒棄無足輕重的部分，快速地捕捉到材料中核
心的內容，具備一種冷靜客觀的科學態度。他不盲從權威，注重從問題本身
著眼實事求是地合理解決問題。不足的是，錦城的考證僅僅依賴文獻的一重
證據，不具備清人多視角，多渠道考證的能力。且由於其過於集中精力於經
文的合理解釋，有時在舉證與討論的精密方面有嫌欠缺，失之於主觀。

其三，關於詩義的三條，體現出錦城的好學深思。《北風》篇「莫赤匪狐，
莫黑匪烏」，鄭玄以為寫君臣同流合污，狼狽為奸。朱熹以為寫國家危亂，盡
見不祥之物。錦城另有新解，說：「狐，妖媚之獸。烏，慈祥之鳥。赤，明顯
也。黑，幽潛也。其明顯者莫非邪媚之人，其幽潛者莫非慈仁之人，國家到
此，雖欲不危亡得乎。〔註57〕」錦城視「烏」為「慈烏」，是產生不同理解的
關鍵所在。烏有兩種，有一種確為慈烏。《齊風·甫田》篇「婉兮孌兮，總角

〔註53〕 大田錦城，錦城漫筆〔H〕，國立國會圖書館藏寫本，卷九。
〔註54〕 大田錦城，九經談〔O〕，國立國會圖書館藏大阪河內屋太助文化甲子（1804）
刻本，卷八 11。
〔註55〕 大田錦城，錦城漫筆〔H〕，國立國會圖書館藏寫本，卷四。
〔註56〕 大田錦城，錦城漫筆〔H〕，國立國會圖書館藏寫本，卷九。
〔註57〕 大田錦城，九經談〔O〕，國立國會圖書館藏大阪河內屋太助文化甲子（1804）
刻本，卷八 11～12。

屮兮。未幾見兮，突而弁兮。」鄭玄說：「人君內善其身，外修其德，居無幾何，可以立功。猶是婉孌之童子，少自修飾，屮然而雅，見之無幾何，突而加冠爲成人也。」《朱傳》說：「總角之童，見之未久，而忽然戴弁以出者，非其臘等而強求之也，蓋循其序而勢有心至耳。」鄭朱皆持褒揚態度。錦城恰與之相反，說：「味「未幾」二字，則是童子而假成人之儀容也，以喻人之躐等犯分，德不足而願大功，力不足而求遠略。〔註58〕」此解與《詩》上二章意思連貫一致，且與小序契合，高鄭朱解一籌。《兔罝》篇，小序以爲寫賢人之眾多，朱子也說卑賤之人可用於賢人，比喻國家人才興旺。此解與《墨子》文王徵用閎夭、太顛的史實相一致。錦城解曰：

> 兔者，狡猾之獸。《戰國策》云：東郭逡海內之狡兔也。《晉書》亦以王衍爲狡兔之三窟。則其狡猾可知也。考諸詩文曰：有兔爰爰，雉離於羅。此小人得意，而君子陷於刑網也。曰：躍躍毚兔，遇犬獲之。比小人爲事蹤迹詭秘，反覆多詐，一遇君子則洞見其情而不可得掩也。《兔罝》亦比捕狡猾之獸，故喻武夫防寇賊戡暴亂也。肅肅兔罝興赳赳武夫。椓者，張罝也。肅肅兔罝，張之待兔，以喻武夫爲公侯禦侵侮，故曰干城。施於中逵者，張之於要路也，以喻舉而措之於顯職，以爲輔翼之臣，故曰公侯好仇。施於中林者，張之於幽隱之地也，以喻參之於廟謨機密以爲腹心之臣，故曰公侯腹心。

以名物作爲突破口，探求文意，不同的視角不一樣的結論。不過，義理演繹的痕跡還是很明顯的，與上面《北風》的思路如出一轍。通過考證「兔」意，以爲「兔」在詩中多有小人的含義，由此在義理上演繹。再次證明錦城以義理爲本，旁及考據的解經方式。

　　大田錦城是致力倡導考據學，並身體力行貫徹於經文中的第一人。但是他僅視「考據」爲不登大雅之道的小技巧，而崇尚宋學的義理之學。他的學生美濃平尾順在《錦城漫筆》序中有一段中肯定的評價，我們可以清楚地了解到其師大田錦城的治學思路：「夫考據末也，義理本也。執考據而遺義理者，貴其末而遺其本也。豈可乎哉？吾師錦城先生有見於此，以發揮義理爲主，傍及清人考據之學。〔註59〕」大田錦城自己也說：

〔註58〕 大田錦城，九經談〔O〕，國立國會圖書館藏大阪河內屋太助文化甲子（1804）刻本，卷八12。

〔註59〕 大田錦城，錦城漫筆〔H〕，國立國會圖書館藏寫本，序。

近世考據之學行焉，人好獺祭，學問之博，過絕前古。然不論義理當否，而唯欲援據之多，書名人名物卷帙，而義理之學荒矣……考據之精，欲得義理之微也。考據雖博，義理舛乖，則亦何用乎？且也考據之學，其所費精，則在瑣義末理，而聖道大原，則措而不講，是亦近世學者之弊也。若夫講明經義道學，考證精確而義理正當，則是謂之儒者之學矣。〔註60〕

現在看來，他的義理之說對《詩》學而言，並沒有留下太多記憶，反是那些被視爲粗枝末節的考據之說，幫助我們打開了多扇窗戶，讓我們看到更多別樣的風景。

大田錦城首開考據學之風，但考據學仍然被視作義理之學的附屬品，並沒有形成一門獨立的學問。至仁井田好古，考證視角開始變得靈活多樣，論證詳密，大有清儒之風，較錦城明顯要高出一籌。

仁井田好古（1770〜1848），字伯信，號南陽，又號松隱，諱好古，幼稱兵太郎，後稱模一郎，堂名樂古堂，私諡紹明先生。幼而沉毅，好讀書，凡有爲冊者，莫不視之。七歲，從師受句讀，稍長讀十三經疏，苦學常至深夜。時南方衹園氏之詩學，護園氏之詞學盛行，學者多務雕蟲詞賦。好古獨特立，閉居謝客，研治群經。平生慕仁齋、東涯二先生學，惜其創業未純，慨考亭氏陷佛理誣聖經，惡護園氏唱禮樂紊斯道，欲祖述二先生續業，修正其短，自爲一家。立志在經濟，曾先後任講官、勘定組頭、侍中、侍御督、假參政等職，仕途順達。不育生徒，故門人寥寥，其學顯亦甚晚。爲人臨事不迫，從容自若。治官謹愼，安貧樂道。齋壁書：「砥正廉於污濁之中，樂清雅於塵俗之中。」嘗曰：「進不與命鬥，退不與俗偶。」其特立安命的性情可想而知。其爲文祖韓、柳、歐陽，以經義爲主。爲詩年少從詩言，拘聲律，後悔其非。及晚年，文益巧，詩盡自得。著有《論語古傳》、《樂古堂文集》、《毛詩補傳》、《周禮圖說》、《韓詩小錄》，主編《紀伊續風土記》140 卷〔註61〕。

仁井田好古著《毛詩補傳》，三十卷，十六冊，國立國會圖書館藏文政六年（1823）序刊本。《補傳》是好古時任藩主世子講讀，將及講《詩》，慨乎

〔註60〕 大田錦城，九經談〔O〕，國立國會圖書館藏大阪河內屋太助文化甲子〔1804〕刻本，卷八 15。

〔註61〕 以上據仁井田好古，仁井田紹明先生行狀 // 仁井田好古，樂古堂文集〔H〕，國立國會圖書館藏寫本。

其一源十流，是非紛錯，無所歸宿，遂萌發補《傳》之念，旨在闡明先王之道，有益於藩主。故作傳態度自然較爲己而作更嚴肅，更規範。事務纏身，爲完成《補傳》的寫作，私宅、官署皆置筆，曉窗夜燭，暫閒操觚，傾八年之力始完成，期望甚高。《進〈毛詩補傳〉啓》說：「欲洗剔千古歸之一途。」《上世子進〈毛詩補傳〉啓》說：「繼千歲之遺響。」菊池沌評價此書說：「收羅博採，間亦爲一家見解，多以一生精力竭於此矣。〔註62〕」好古於此書用力可見一斑。他多次提到寫作《補傳》的成因，現引一處，在給伏原清的書信中寫道：

> 僕嘗謂朱子注經，武斷最多，而《詩》殊甚矣。其廢小序而發新義，棄《毛傳》而逞臆見，誣聖慢經之尤者也。然明氏科舉之制，於詩獨取朱一家，著爲攻令，於是天下無復他學。此風延及皇國，毛鄭雖存，皆絀而不講，古義湮晦莫甚於此。蓋聖門傳詩，莫古於毛，又莫善於毛。唯其說簡深古奧，後儒推衍雖勤也，義歸或乖，異論逢起，無復全學。僕爲此發憤，皐牢諸家而折其衷，綴修補合以成其義，命曰《毛詩補傳》。〔註63〕

這段話披露了《補傳》的三個信息。一則時儒解詩皆宗《朱傳》，好古逆流駁其廢序逞見。二則該書爲羽翼《毛傳》而作，宗序宗毛。三則帶有鮮明的集注《毛傳》的性質。《毛傳》不足，則求之於鄭孔。鄭孔不明，則旁取於漢唐諸儒之解、宋明清諸子之說。刪裁補合，皆用來通暢毛義。據統計，先秦引13家，兩漢32家，三國至隋25家，唐17家，宋66家，元16家，明65家，清 8 家。其中明郝敬《毛詩原解》、何楷《世本古義》、清陳啓源《毛詩稽古編》三書，好古表現出高度的認同感。他生活於江戶時代的末期，有條件汲取前人的研究成果，同時受到了清代考據之風的薰陶，共同成就了《補傳》一書。

　　《補傳》正如其名，補注《毛傳》，與《毛傳》保持高度的一致性。唯有一點，好古與毛公產生分歧，即比興說。好古認爲導致分歧的原因不在於《毛傳》，而是由後儒傳寫錯誤引起的。也就是說，《毛傳》的本來面目應是好古在《補傳》中糾正的樣子。《六義》中說：「感物以起情謂之興，借物以喻事

〔註62〕仁井田好古，樂古堂文集〔H〕，國立國會圖書館藏寫本，序。
〔註63〕仁井田好古，上金紫光祿大夫伏原清公書//仁井田好古，樂古堂文集〔H〕，國立國會圖書館藏寫本。

謂之比。〔註 64〕」他認爲興即比也,比即興也,置之首章謂之興,置之二章以下謂之比。現存 305 篇,唯有《車鄰》一篇「興也」二字在第二章,他認爲是其它篇目脫落於此。他根據自己的理解重新對三百篇中的比興作了調整。認爲《毛傳》關於興格有固定的行文程序,先言「興也」二字,後解興意。如《鹿鳴傳》曰:「興也。鹿得萍呦呦然鳴而相呼,懇誠發中,以興嘉樂賓客,當有懇誠相招呼成禮也。」據此認定《殷其雷》、《小星》、《二子成舟》、《相鼠》、《鄭風·揚之水》、《唐風·羔裘》、《破斧》、《伐柯》、《皇皇者華》、《無將大車》、《有駜》、《泮水》十二篇有興解而脫「興也」二字,當是興體。又有雖無傳文之可證,就它篇例推之,當爲興者六篇,分別是《螽斯》、《燕燕》、《鶉之奔奔》、《將仲子》、《碩鼠》、《我行其野》。以上十八篇「興也」二字脫落。有非興體而衍「興也」二字者六篇:《葛覃》、《東門之楊》、《車鄰》、《無衣》、《頍弁》、《車舝》。以上有關「興」說,完全是好古的創說,或者說是一家之言、臆說。我們只能視之爲一種推測,毫無根據可言,有待商榷。關注一部書,不僅要指出其不足,更要發現其貢獻學術的地方。《補傳》看似大多數情況引用前人成說,尤其體現在闡明詩旨的「論」中,幾乎全部抄錄他說,鮮有己見。但是在大片的引文中,不時可以發現好古精彩的考據之說,特別是好古造詣極深的上古農田制度和禮俗方面,每一處都絕對稱得上是一篇論說美文。以下分條述之。

其一,關於古代制度禮俗。本孟子「知人論世」說,通過對古代制度禮俗的考證,以求對詩篇作出確解,這是好古探求詩義的一種方法,也是其考據功力最精彩的展示。如《吉日》篇,首章曰:「吉日維戊,既伯既禱。」於「伯」字,毛簡單釋曰:「伯,馬祖也。」鄭、孔附和《毛傳》,含糊其辭,「伯」字背後湮沒無聞的古代禮俗制度,難得其詳。好古憑藉其對「三禮」的熟知,徹底清除了蒙在「伯」字上厚厚的歷史沉澱。

> 《王制》云:禡於所徵之地。鄭注云:禡,師祭也,爲兵禱,其禮亡。其田獵之祭,則名之爲貉。《周禮·大司馬》:肆師旬祝,四時之田,皆有祭表貉之事。鄭注云:貉讀爲千百之百,於立表處爲師祭,祭造軍法者,禱氣勢之增倍也,其神蓋蚩尤,或曰黃帝。《爾雅·釋天》云:既伯既禱,馬祭也。又云:是類是禡,師祭也。《毛

〔註64〕仁井田好古,毛詩補傳〔O〕,國立國會圖書館藏刊本,卷首 15,以下凡未注明仁井田好古引文出處者,皆出自該書。

傳》云：伯，馬祖也。將用馬力，必先爲之禱其祖。禡，禱獲也。
合以上諸文考之，禡、伯、貉古音皆通，故先儒遂混而爲一。蓋禡、
伯本是一字，故《王制》作禡，此詩作伯。《說文》引此詩作禡，《皇
矣》詩作禡，是其證也。或作貉者，因音轉耳，當作禡爲正。禡，
馬祭也。故字從示，以馬諧聲，義亦有取。毛公曰：伯，馬祖也。
將用馬力，必先爲之禱其祖。是也。其言師祭者，因師行焉，其實
馬祭耳。田獵行師皆藉馬力，故必祭之。應劭曰：至所徵之地，表
而祭之，謂之禡。禡者，馬也。馬者，兵之首，故祭其先神也。其
說良是。鄭以爲師祭，祭造軍法者，其神蓋蚩尤，或曰黃帝。其說
無稽據。且禡與貉爲一，皆誤矣。貉，田祭也。將田獵必先取貉以
祭，禱多獲禽也。即《周禮》所爲祭表貉，及《七月》詩於貉，此
詩既禱，皆是也。然則既伯是馬祭，既禱是田祭，本是兩事，故《毛
傳》分而解之，其義顯然矣。《爾雅》曰：既伯既禱，馬祭也。是釋
既伯一事耳，非釋祭禱之義也。今徵諸《周禮》，亦有確據。《甸祝
職》云：禂牲禂馬，皆掌其祝號。杜子春云：爲田禱多獲禽牲，爲
馬禂無疾，然則禂牲即田祭，禂馬即馬祭。其爲兩事益明矣。諸儒
不深考，依《爾雅》文，以既伯既禱爲一事。孔疏又釋伯爲長，皆
誤矣。云伯馬祖者，謂祭馬祖名爲伯耳。非謂伯即馬祖也。

鄭注、《爾雅》、《毛傳》解「禡、貉、伯」各執一詞，紛繁複雜，幾無頭緒。
好古從同文不同字的引文中受到啓發，運用文字學知識，對多種文獻辨析，
最終得到可以消解材料間所有矛盾的唯一答案，這個答案是完全可以成立
的。從中不難看出，好古駕馭眾多文獻資料的超常能力。具備了以上抽絲剝
繭的能力，是成爲一個優秀考據學家的必備素質。《節南山》篇，「我疆我理，
南東其畝」，《毛傳》解「南東」曰：「或南或東也。」對今人而言，幾乎等於
無解。鄭玄有所詮釋，猶欠明晰。好古曰：

　　《匠人職》曰：一耦之伐，廣尺深尺，謂之畎。田首倍之，廣
二尺深二尺，謂之遂。九夫爲井，井間廣四尺深四尺，謂之溝。而
洫，而澮。《食貨志》曰：后稷始畖田，以二耜爲耦，廣尺深尺曰畖。
長終畝，一畝三畖，一夫三百畖，而播種於三畖中。苗生葉以上，
稍耨隴草，因隤其土以附苗根。隴盡爾根深，能風與旱。按一畝三
畎，義或然。言播種於畎中者，則不然也。何則畎畖中之小溝，所

以注水。故《説文》畎作𤰜，從田從川。《書》曰：濬畎澮距川。注云：畎澮之間，有遂、溝、洫，皆通田間水道，言畎澮而不及遂溝洫者，舉小大以包其餘也。《匠人職》亦言爲溝洫，而下連舉畎遂溝洫澮。其爲田間之水道，不可易矣，何得謂播種於其中也。且一畝三畎，播種於三畎中，則畎間之地，空闊過廣，此亦理者不可通者，吾故知班史之謬。今姑因一畝三畎之説言之，《司馬法》：六尺爲步，步百爲畝。百畝之田，方百步。就中爲畎三十，每畎廣深一尺，長百步，畎首皆通於遂。畎間之畝，廣三步二尺，長百步，百畝而三十畝。《班志》言一夫三百畎者，以方一畝之積言之耳。畎以通於遂，遂以通於溝，溝以通於洫，洫以通於澮。其水道小大相連，該如此也。畎間之土謂之畝，又謂之壟，畝即田身也。《諸葛亮傳》躬耕隴畝是也。壟實田中之高處。《陳涉傳》：輟耕之壟上。師古曰：隴上謂田中之高處是也。畝何以有高下，爲向背也。以南畝言之，畎間之畝，南北廣三步二尺，東西長百步。使北稍高，而畎在其南，則畎勢背北向南，得陽爲多。且使雨水南下，每畝皆如此，謂之爲南畝。畎間之畝，東西廣三步二尺，南北長百步，使西稍高，而畎在其東，則畝勢背西向東，亦得陽爲多。且使雨水東下，每畝皆如此，謂之爲東畝。然則南畝之畎，西通於遂，遂則南通於溝，溝則西通於洫，洫則南通於澮。故鄭注《遂人》曰：以南畝圖之，則遂縱溝橫，洫縱澮橫，九澮而川周其外焉。是也。東畝之畎，則南通於遂，遂則東通於溝，溝則南通於洫，洫則東通於澮，此則遂橫溝縱，洫橫澮縱，九澮而川周其外焉。此喻之大較也。

好古由畎而及澮，用文字描繪出周代井田制的圖卷，畎遂溝洫澮各得其所，南畝東畝躍然畫中。他對農田制的熟悉程度，與其曾經從事過管理農業的官員有密切聯繫。再如《鄘風·柏舟》篇，序曰：「共姜自誓也。衛世子共伯蚤死，其妻守義，父母欲奪而嫁之，誓爾弗許，故作是詩以絕之也。」共姜之貞信值得尊敬，後儒因之蓋以爲再嫁不義，如程頤說：「餓死事極小，失節事極大。」李樗亦說：「失節之大罪，不容誅。」好古考之禮經，徵引《喪服傳》、《檀弓》爲文獻依據，伯魚死，孔子許其妻再嫁於衛爲實例，又從情理作理論推導，駁斥了宋儒「再嫁不義」說。《長發》篇曰「洪水茫茫，禹敷下土方。」《詩》中類似的表述還有「信彼南山，維禹甸之」「纘禹之緒」。《尚書》也說：

「纘禹舊服」「陟禹之迹」等等，無不稱頌大禹平治水土，再造華夏疆域之功。然《禹貢》所載禹服與周服大小不等，後儒紛爭不已。好古羅列前代之說，大致分爲兩類，司馬遷、孔安國、歐陽修、鄭樵、蔡沈諸人主禹服「方五千里」說，鄭玄、許愼、王肅、孔穎達諸人主禹服「方萬里說」，辨析眾說甚詳，認爲禹服實大小等於周服，方五千里與方萬里的數字差異，實由里程單位標準不一所造成。極富說服力。好古不株守一家之言，從禮俗制度著眼，情理並重，理路活突，辯證詳悉，每個問題的論證都是一篇精彩的論說文。好古特意將以上四篇編入《樂古堂文集》，可見他對以上問題的解決是相當得意的。仔細觀察，會發現他有固定的「論證程序」，首先羅列前人成說，全面佔有資料，然後調動一切考據手段，詳加辨析，最後得出一個穩妥的結論，帶有鮮明的清儒考據學派的色彩。

其二，關於文字訓解。一般維護《毛傳》舊解，敢於向挑戰《毛傳》的任何權威宣戰。注重實證，鮮有臆說，調動一切材料，通過多種途徑證成其說。如《采蘩》「被之僮僮」之「被」，《毛傳》說：「被，首飾也。」《鄭箋》引《少牢》之文釋曰：「主婦髲鬄」。好古認爲「被」即「副」，非《鄭箋》所謂「髲」。好古按曰：

> 《周官・追師》：王后首飾，有副編次三等。毛公解被爲首飾，則通副編次三者。今以義求之，被訓覆，副之言覆，義相符。則此經之被，即《周官》所謂副也。《君子偕老》篇：副笄六珈。傳曰：副者，后夫人之首飾，編髮爲之。是也。《祭義》曰：夫人副褘立於東房。言祭時也。此經所言祭時之首飾，其爲副也明矣。《鄭箋》爲髲鬄之髮者誤矣。

又曰：

> 鄭讀被爲髲鬄之髮，以髲鬄非祭時之首飾，曲爲之說曰：前夕視濯溉，早朝視饎爨，及祭畢釋祭服而服被。牽強迂迴尤甚，諸儒多從之何居？鄒肇敏辨之曰：特牲之視濯，宗人職之；少牢之溉鼎溉甑，饔人廩人職之；以至王之正祭視滌濯，逆齌省鑊，則大小宗職之。俱於婦職無與。《楚茨》曰：執爨踖踖，爲俎孔碩。而君婦則止於爲豆而已。即如《特牲》所言饎爨，亦安得謂之在公。況詩人若美夫人奉祭，不應捨其祭時之敬恪，而但述其祭前祭畢戴被之景。是以諸說雖極意揣摩，齟齬而難合。

好古採用訓詁的手段，訓「被」作「副」，用內證、外證雙重證據證明「副」是「首飾」，與《毛傳》解正合。後駁斥鄭玄的曲說，明儒鄒忠允已經發現其齟齬難通，然而缺乏有力的實證。好古從詩義上下文揣摩，鄭說亦難以成立。整個論證過程有據合理，他的博洽，及多角度考據的作風，之前我們鮮能見到。《甘棠》篇「蔽芾甘棠」，《韓詩》作「蔽茀」，《玉篇》作「蔽市」。《斯干》詩「朱芾」，古本（足利本，筆者按）作「朱茀」，好古由此認為「芾」「茀」「市」三字通用，以《我行其野》、《周語》及夫人之車翟茀為例，說明「芾」的本義為「遮蔽」，「蔽芾」即為茂盛遮蔽義。而《毛傳》解「蔽芾」為「小貌」。好古認為「小」字是「尗」之訛。言之有理。《泉水》詩「毖彼泉水」，《毛傳》釋「毖」曰：「毖然流也」。好古疏通毛解，《說文》引《詩》「毖」為「泌」，李善《文選注》曰：毖與泌同。毖，《說文》解說：「水駛流也。」故有「毖然流也」的傳解。以上好古用《詩》異文，訓釋文字。《大叔于田》：「兩驂如手」之「如」，《毛傳》說：「進止如御者之手」，鄭箋說：「如人左右手之相助。」好古從「如」字的形體作為突破口，如字從女從口，《說文》、徐楚金、《白虎通義》皆釋「如」為「從」。故好古說：「如手，言兩驂進止隨從御者之手所牽制也。毛解得古義，不可易也。」從字形入手，探求「如」字本義，給予經文合理的解釋，不失為一種有益的嘗試。好古還通過音訓的方法釋字，疏解《毛傳》和經義。《陟岵》篇「猶來無止」，《白華》「之子不猶」，《毛傳》訓「猶」皆曰「可」。好古引《釋言》文：「猷，肯，可也。」猷與猶又同字，故說：「猶，可也。猶來無止者，言義當來歸則當無止，不欲苟免而歸也，故曰父尚義是也。」《綢繆傳》曰：「子兮者，嗟茲也。」好古按：茲與嗞通。嗞，《說文》：「嗟也」。《管子》桓公曰：「嗟茲乎，聖人之言長乎哉。」《說苑》管仲曰：「嗟茲乎，我窮必矣。」皆同。

關於名物考證。名物考證是《詩經》考據學無法繞開的重要組成。好古在這一領域同樣表現出過人之處，常常能從繁多雜亂的材料中，層層抽絲，直至探明《詩》中名物的真正含義。《匏有苦葉》篇「濟盈不濡軌」之「軌」就是一典型的例子。《毛傳》解釋為「由輈以上為軌」。鄭玄無解，孔疏亦欠明晰，朱子又解為車轍。好古明確指出：「軌，轊頭也。」後詳加說明：

> 軌有兩義。一則車轍，《說文》云：軌，車轍也。《中庸》曰：
> 車同軌。《匠人職》曰：經途九軌。是也。一則轊頭也，《釋文》曰：
> 軌，龜美反，謂車轊頭也。此經曰：濟盈不濡軌。《曲禮》曰：驅塵

不出軌。《少儀》曰：祭左右軌。是也。故賈公彥考《軸人疏》曰：
軌車旁九，轍之廣爲軌，轂末亦爲軌。是謂軌有兩義也。《禮·少儀》
曰：祭左右軌範，乃飲。鄭注云：《周禮·大馭》祭兩軹，祭軓，乃
飲。軌與軹於車同，謂轊頭也。軓與範聲同，謂軾前也。按《少儀》
與《大馭》之文，事同而字異，故以《少儀》之「範」，當《大馭》
之「軓」，以《少儀》之「軌」，當《大馭》之「軹」，並其文而解其
義，是鄭亦以軌爲轊頭也。祭則轂末軸端共在一處，而有軌軹轊頭
三名也。《毛傳》曰：由輈以上爲軌。謂轊頭也。鄭無箋，則亦從毛
義，爲轊頭也明矣。

可能是異國學者的原因，好古對於中國的印象幾乎全部來自文獻記載，因此
文獻證據是其考據最有力的支持，在論證中體現出其全面佔有資料的特點。
他沒有實物形象的干擾，專注於文獻考證，從各種材料中辨析其異同，找到
適合疏通經義的名物意義。這是其作爲一名日本漢學者的劣勢，也是其優勢。
好古有時會用本國的名物作爲旁證，如《北風》篇「莫黑匪烏」之「烏」，《小
爾雅》、《本草綱目》說「烏」至少有兩種，一則「慈烏」，一則「雅烏」，亦
名「老鴉」，《北風》詩之「烏」是「老鴉」。好古補充說：「皇國亦有二種，
皆純黑，形有大小耳。純黑而形小者，即《小爾雅》所謂慈烏。純黑而形差
大巨喙者，人最惡之，即《類考》所謂老雅。白脰烏者，間有之。慈烏又謂
之孝烏。」好古所述與《小爾雅》所言一致，表明中日兩國「烏」種大致相
通。今天，烏鴉仍然成群飛翔於東京的上空，是國家的保護動物，也是最常
見的鳥類。好古的補證，再次肯定了《北風》之「烏」爲「雅烏」。前已言之，
《補傳》帶有顯著的集注性質，不僅體現於闡釋詩旨上，也體現在名物訓解
中。《詩》中多次提到一種名「鴞」的鳥，《墓門》篇「有鴞萃止」，《泮水》「翩
彼飛鴞」，《鴟鴞》詩「鴟鴞鴟鴞」，《瞻仰》詩「爲梟爲鴟」，加之《毛傳》、《爾
雅》、《郭注》、《刑疏》的注解，出現幾十種鳥名。雲裏霧罩，讓人摸不著頭
腦。大部分傳注家頭疼醫頭，腳疼治腳，問題得不到根本的根治。好古將有
共性的問題放到一起辨析，常常予人豁然開朗的效果。他認爲「鴞」類凡四
種。曰流離、曰鴞、曰鴟鴞、曰梟、曰鳥鴞、曰鸋鴂，曰土梟、曰鵩，一物
八名，統稱爲「鴞」。曰鴟、曰怪鴟、曰鴟鵂、曰角鴟，一物四名，統稱爲「鴟」。
曰鶬、曰鶌鵙、曰鵂鶹、曰鴟鵂，曰車載板，一物五名，統稱爲「鵂鶹」。最
後一種稱「萑」。《詩》中言及兩種，鴞與鴟。除《瞻仰》詩中提到的「鴟」

屬第二種外，其它全部歸屬於「鴉」類。只是別名太多而已。好古還詳細介
紹了各種「鴉」類的外形、習性，及其相關的風俗，洋洋灑灑，用字近千。
總之，凡與制度禮俗相關的器物，好古似乎都特別熟悉，與其精研禮經是分
不開的。

仁井田好古補傳《毛詩》，重在疏解。他是一位傳統的儒者，宗毛宗序，
最大程度地維繫《詩經》政教風化的價值理念。觀點相左之處，不是簡單地
否定，另立新說，而是努力尋求《毛傳》的合理內核。他生活於江戶時代行
將結束的前夕，之前二百年的學術紛爭，爲他積纍了豐厚的學術資源，使他
有條件集眾家之長，自成一家之學。最重要的是，他更多地吸收了中國自明
朝發軔，清代繁盛的考據學方法，靈活地運用到《補傳》中，使這部著作較
之前期大大地前進了一步。

安井息軒《毛詩輯疏》是江戶末期最優秀的一部《詩經》考據學著作，
也是整個江戶時代最富價值的《詩》學成果。

安井息軒（1799～1876），名衡，字仲平，號息軒，日向人（今宮崎縣人）。
他的家鄉地處偏僻，民風簡樸，多數人不喜歡讀書識字。息軒獨自發奮，少
有鴻鵠之志。稍長至江戶入昌平黌，拜松崎慊堂門下。慊堂是當時的名儒，
對他的徒弟說，安井衡是古人，我豈敢待之以弟子。有時考訂石經，也向安
井衡詢問。曾做過飫肥侯侍讀，生逢亂世，多參與藩政。後聚徒講學，四方
俊秀聞名集於門下。聲名遠播海外，清朝江蘇按察使應保時，讀衡所著《管
子纂詁》、《左傳輯釋》，稱其精審，並爲其寫序。清黃遵憲說：「余未渡東海，
既聞安井息軒先生之名。逮來江戶，則先生歿既二年，不及相見。余讀其著
作，體大思精，殊有我朝諸老之風，信爲日本第一儒者。物茂卿、賴子成輩，
恐不足比數也。〔註65〕」朝鮮李朝參議金綺秀訪日，未及見安井衡，深表遺
憾，親筆書「息軒」二字贈之。息軒篤心好古，鑽研經史，尤用力於漢唐注
疏，參以眾說，考據精覈，能發先儒所未發。息軒生活於江戶末明治初，親
身經歷了日本歷史上由封建社會向資本主義社會轉變的過程，空有報國之
志，可惜不得志於世。說：「吾治《六經》，欲開物成務。不幸吾道不行，託
之文字，則當求知己於天下後世。若夫區區毀譽，不足以置齒牙。」著有《管
子纂詁》十二卷、《左傳輯釋》二十一卷、《論語集說》六卷、《息軒文鈔》四

〔註65〕安井息軒，讀書餘適〔M〕，東京大學總合圖書館藏刊本。

卷、《戰國策補正》二卷、《睡餘漫筆》三卷等〔註66〕。《詩》學著作有《毛詩集說》、《毛詩輯疏》。《輯疏》作於息軒的晚年明治初年，因爲作者大部分時間生活在江戶時期，我們姑且將之歸爲江戶末期的著作。

東京大學漢籍中心藏《毛詩輯疏》未完，終至《大雅・文王有聲》首章。現日本國立國會圖書館藏安井息軒《毛詩集說》一種，不分卷，寫本，完整本。二書實爲一書，《集說》粗成梗概，大量堆砌材料，鮮有己見，且按語帶有極大的隨意性，往往根據情況隨感而發，像是隨筆。《輯疏》則已經是結構完整，規範統一，觀點鮮明的一部成熟的《毛詩》傳疏。但也不能完全抹殺《集說》的價值，沒有《集說》的前期思考，不可能誕生《輯疏》這樣一部優秀的著作。且《輯疏》是未完本，《集說》是完整本，《大雅・文王有聲》篇之後，《集說》不乏一些閃光的見解。如果說《集說》是框架結構初成的一座爛尾樓，《輯疏》則是經過精心修葺後外表美豔內在舒適，宜於居住的成品樓。大體言之，息軒全錄經文、《毛傳》、《鄭箋》，擇取清儒之說較至當者，如焦循《毛詩補疏》、段玉裁《毛詩詁訓傳注》、《詩經小學》，李黼平《毛詩紬義》、戴震《毛鄭詩考正》、吳周惕《詩說》、陳啓源《毛詩稽古編》、阮元《毛詩注疏校勘記》八種，附於《鄭箋》下，輔翼《毛傳》。不足者則下以按語，考證精密，議論平易，要言不煩，一針見血。黃遵憲稱其爲日本第一大儒，此言不虛。《輯疏》是江戶時期近三百年間不多見的優秀之作，可以說是日本江戶時代最富價值的《詩》學成果。

息軒生活於江戶末期，受清儒影響頗深，尤長於考據學，如訓詁、名物、天文、地理、歷史、制度、古韻、校注等方面，常能發先儒所未發。關於《詩經》的考證，大約有以下五個方面的內容。

關於文字訓詁。文字訓詁是息軒考據學中最擅長的手段，也是《輯疏》中最出彩的部分。息軒絲毫不懷疑《毛傳》的訓詁，而是在尊毛的前提下多有所發揮，進一步佐證《毛傳》。《毛傳》之外，息軒沒有權威，訂正《鄭箋》，還常常評點清儒的得失。如《終風》篇「願言則懷」，《毛傳》訓「懷」爲「傷」，陳啓源附和說：「蓋言思及此，則傷心也。」息軒認爲「懷」與「壞」音同意也同，「壞」與「傷」又皆可訓「毀」，故「懷」與「傷」也可互訓。且說：「陳

〔註66〕安井息軒生平參考松村操，近世先哲叢談正編〔M〕，東京大學總合圖書館藏版，卷下41～45。

說迂甚，不可從矣。〔註67〕」陳解富於想像，有望文生義之嫌。安井解則通過訓詁的手段科學地發現「懷」與「傷」之間的隱形聯繫。《擊鼓》篇「死生契闊，與子成說」，《毛傳》釋「說」作「數」，段玉裁說：「今俗語云數說。」息軒認為「說」義訓為「數」，「說之即是數之，故引申訓數，段云「數說」是也。」《關雎》篇「左右流之」，息軒解「流」曰：「流猶趣也，凡人意趣所好，趣必求之，是流有求意也。」釋「寤寐思服」之「服」曰：「凡著用身心者，皆謂之服。思人者，服之心而不忘，故云服思之也。」《小星》篇「寔命不同」，《毛傳》訓「寔」為「是」，《朱傳》訓為「實」。息軒說「寔」是今文，「實」是古文，二者可互訓。「實」與「是」義通也可互訓，故「寔」也可訓為「是」。結合語境，此處訓「是」為佳。《兔罝》篇「施於中逵」，《毛傳》訓「逵」作「九達之道」，後儒據此以為是四通八達的官道，息軒釋為「兔徑」，即田野間多歧路之道。《雄雉》篇「泄泄於飛」之「泄泄」，《鄭箋》曰：「奮迅其形貌」，《朱傳》曰：「飛之緩也」。息軒認為，《孟子》：泄泄猶沓沓，《說文》解「沓沓」為「語多貌」，故此詩之「泄泄」意是「鼓翼多貌」，與《鄭箋》意合。《匏有苦葉》篇「深則厲」之「厲」，《毛傳》曰：「以衣涉水為厲，謂由帶以上也。」息軒認為水的高度超過腰帶，過水則需褪下褲子，僅剩上衣，所以《毛傳》說「以衣涉水」。又涉深水是危險的事情，故取名為「厲」。戴震訓為「梁」，息軒以為不妥。此解頗具有想像力，也合乎情理。《泉水》篇曰：「有懷於衛，靡日不思。」《毛傳》於「懷」字無解，《鄭箋》訓「懷」曰「至」，陳啟源以為鄭解不妥，當訓作「思」。息軒折中說，「懷」與「思」意通，在此解作「思」不無道理，與詩意正符。但「懷」與「思」意思不完全相同，「懷」有「念念在此」意，如有女懷春，懷字則不可解作思。鄭箋訓「懷」作「至」也不為過，鄭意實為思之至也。《二子乘舟》詩「願言思子，中心養養」，《毛傳》訓「養養」曰「憂不知所定。」息軒認為「養」與「瀁」音通可假借。瀁瀁意為水搖動貌，該詩的意思是思念二子，心為之瀁瀁然搖動，不知何時能平靜下來。《七月》篇「八月剝棗」，《毛傳》訓「剝」為「擊」，息軒說：「棗就樹擊之，其聲剝啄，故訓剝為擊耳。」《載馳》篇曰「不能旋濟」，《毛傳》曰：「濟，止也。」息軒說《爾雅》濟謂之霽，日本部分地區稱

〔註67〕 安井息軒，毛詩輯疏〔M〕，東京大學人文社科系漢籍中心藏《崇文叢書》本，11。

雨止爲霽，故濟可訓爲止。他運用文獻記載，民俗方言二重證據證明濟字有
止意。大部分情況下，息軒都在疏解《毛傳》，如果把文字訓詁比作一件事，
《毛傳》只是簡單交待了事件的起因和結果，息軒則按圖索驥，通過事件的
起因和結果去還原事件的經過。類似於警察根據犯罪現場去推理犯罪過程，
需要建立在可靠的證據和科學的判斷基礎之上。運用考據的方法無論是維護
舊說還是發現新意都具有同等重要的價值，都需要淵博的知識和嫻熟的方法
作爲生發的土壤。在某種程度上講，維護舊解較開發新意顯得似乎更難於操
作。息軒文字訓詁，難能可貴的是處處結合詩境，有音訓，有意訓，著眼於
多重證據的發掘，方法靈活，思路活絡。因此多有創獲，富有啓發意義。

　　關於異文校注。文字訓詁和異文校注是《輯疏》中兩項重要的內容。息
軒非常熟悉中日兩國《詩經》的各種版本。他校勘文本主要有兩個渠道，一
是根據日本傳自隋初的足利古本，校訂經文、《毛傳》和《鄭箋》。如《小雅·
車攻》篇：「徒御不驚，大庖不盈。」今本《正義》、《阮校》、《朱傳》皆以「驚」
字不誤，息軒據足利古本認爲「驚」爲「警」之誤字，應從「警」。《輯疏》
和《睡餘漫筆》皆指出了這一點。說：

　　　　《毛傳》云：不警，警也。不盈，盈也。盡矣。今本「警」誤
　　　作「驚」，朱熹改之曰「不驚」，言其比卒事不喧嘩也。不盈，言取
　　　之有度，不極欲也。此詩美宣王復古，因田獵而選車徒，而贊之以
　　　少獲。古今雖殊，修辭之道，恐不當如此。且上章云：不失其馳，
　　　捨矢如破。語射御之極其善也，而獲反少，何以爲善。況《正義》
　　　解此文云：徒御豈不警戒哉？警，戒也。今本亦作警。即以《正義》
　　　爲誤，與戒字熟用，其不爲驚字明甚〔註68〕。

日藏足利古本曰「警」，《正義》《釋文》亦用「警」，置於詩中，較之《朱傳》
說，語意貫通。因此「驚」字極有可能是「警」之誤字。《野有死麕》篇，《鄭
箋》曰：「無禮者，爲不由媒妁。」息軒從足利古本「爲」作「謂」。《殷其靁》
詩「何斯違斯」，《毛傳》曰：「何此君子也。斯，此。」《正義》說「何此君
子」四字釋詩中「何」字。息軒以爲不妥，足利古本中《毛傳》原話爲「何
此此君子也。」較今本多一「此」字，《毛傳》原本釋前一「斯」字，非《正
義》所謂的釋「何」。息軒的說法要更符合當時的語境。他認爲足利古本要善

〔註68〕安井息軒，睡餘漫筆〔M〕，東京大學總合圖書館藏大正十年（1921）刊本，
　　　27。

於《正義》本，足利古本傳自隋初，從年代上早於孔穎達作《正義》。其次日本學人不像中國學人一樣隨意竄改文字，日本古本更多地保留了版本的原貌。息軒校注文字的第二個渠道是從歷史上出現的各種異文中受到啓發，運用考據的手段訂正文字。如《終風》篇曰「願言則嚏」，《毛傳》曰：「嚏，跲也。」息軒說「跲」是訛字，本字當爲「欰」，梁崔靈恩《毛詩集注》即作「欰」。欰，欠也。《說文》解欠爲「張口氣悟也。」徐鍇釋「悟」曰：「解也。氣壅滯，欠去而解也。」該詩意爲思念至極深則呼吸不暢，呼吸不暢則要「欠」。故本字當爲「欰」，陸本作「劫」者，形近而誤。「劫」與「跲」同聲，故又訛爲「跲」。《邶風・柏舟》篇曰「慍于群小」，《毛傳》曰：「慍，怒也。」段玉裁指出此「怒」字當爲「怨」字。息軒舉例證成段說，《論語・衛靈公》：「子路慍見章」，皇侃釋「慍」作「恨」，《說文》：恨，怨也。故皇侃釋「慍」作「怨」。又《學而》篇「人不知而不慍」，息軒說：「世豈有人不知，而遽怒諸哉？作「怨」即柳下惠遺佚而不怨之意，故曰不亦君子乎。若唯不怒，又何足稱君子哉？故知其爲怨。誤也。」《駟鐵》詩「駟鐵孔阜」，《毛傳》曰：「鐵，驪」，息軒以爲「鐵」本作「驖」，「鐵」原本是「驖」的注文，後人遂訛爲鐵。猶如以「揚」釋「楊」，時間長了，後人遂改「揚州」爲「揚州」，也即是語言學中的反客爲主現象。以上看出，滿足上下文語境的需要，進而更好地疏通詩意，是判定異文是非的根本標準。

關於名物考證。息軒在《七月》篇中曾坦言說：「凡草木禽蟲之屬，不止彼此異名，其彼有而我無，我有而彼無者亦多。予粗於物產之學，今皆不能的知其物，姑擇古說近理者而載之。」《詩經》中名物繁雜，加之中日兩國地理環境的差異，對日本學者而言，《詩經》博物學無疑是難上加難。從以往的經驗來看，因爲他們缺乏眼見爲實的眞實感受，不得不從文獻記載中耙梳線索揭示名物。這是日本博物學的一個特色。不過息軒也作了不少有益的努力，如果是他親見親聞的名物，必以本國的名物坐實。如釋「關雎」，先引孔疏、戴震、焦循說，然後折中諸家之說：

> 雕鷲之鷲，尾翼六七尺。陸云大小如鷗，則亦不謂雕鷲之鷲。以其擊魚食之，或謂之鶚，或謂之鷲，或謂之魚鷹。詳其所說，蓋皆同物也。戴據《春秋傳》，以雎鳩爲鷲鳥。陳啓源亦云，江淮之鳥，未可以證《周南》。然雕鷲之屬，率居深山，未嘗在河洲和鳴。況陸所云鷲，非雕鷲之鷲者。蓋以其能捕魚耳，戴說非也。王雎，我邦

所至江海皆有焉。扇波出魚，擊以食之。陳云江淮之鳥未可以狀《周
南》，駁《朱傳》類鳧鷖也。然江淮食魚之鳥，不妨其亦在河洲食魚，
未得遽以此相難也。

息軒辨析諸說，認爲關雎並非翱翔於深山峽谷中的雕類，而是經常活動於水
上岸邊的以食魚爲生的一種水鳥，或名鴡，或名鷲，或名魚鷹。同物而異名。
息軒於眾說有所取有所不取，表現出獨立思考的可貴精神。郭璞釋「芣苢」
曰：「江東呼蛤蟆衣。」相信很多非江東人氏不明白「蛤蟆衣」爲何物，息軒
聯繫本國的民俗作出確解，說：「蛤蟆死，以芣苢葉包之，即蘇矣。我俗謂之
蛤蟆葉，江東呼蛤蟆衣，蓋亦以此。」用芣苢葉包裹死蛤蟆的風俗，當是中
日兩國共有的民物習俗，從民俗的視角解決《詩經》名物的相關問題，不愧
是回歸根本的精確之論。《汝墳》詩「魴魚頳尾」，歷來關於「頳尾」聚說紛
紜，眾聲難調。息軒則從漁父的言論中，得出了全新的結論，說：「魴，鰱類
也。嘗聞之漁者，鰱將產子，從流而泝，擇緩流細沙之地，雄掉尾鑿之，雌
既產，則復掉尾掩之。故既產之鰱，身瘦尾赤，其價減半，於是益服古人之
博物也。」以上說法，言之鑿鑿，又出自於漁父之口，較他說爲善，可信度
極高。《雄雉》篇之「雉」，陳啓源釋雉說不能遠飛，高不過一丈，長不過三
丈。息軒通過考證，聯繫實情，認爲陳說不確。他以爲「雉」乃「豕」之假
借，《說文》：豕，牽牛繩，其長蓋三丈。三丈是長度，並沒有說其高一丈。
息軒說：「雉實不能遠飛，然亦能逾於數十步之處，蓋陳未實驗也。」文獻與
經驗相結合，其說較陳說可靠。《溱洧》篇曰：「贈之以勺藥」，《毛傳》解「勺
藥」爲香草，《鄭箋》以爲即是今天的芍藥，息軒以爲有待商榷，說：「今驗
之吾邦，藥草勺藥，當春水方渙渙之時，抽苗僅三四寸，未堪以相贈。《詩》
所云勺藥，必非此物也。」釋《黍離》篇「稷」爲高粱，說：「即我俗稱高粱
者是也，五月火中而種，七月暑未退而收，其種之與收皆在暑時，故名粱。」
《邶風·谷風》篇曰「采葑采菲」，《毛傳》釋「葑，須也。」息軒釋爲油菜，
並說：「大芥者近是，芥即油菜。根小如指，而細根旁出如須鬚。初生，並根
葉而茹之，或以爲羹。稍長，則其根不可食。須古鬚字，古人蓋資其根而名
之。」息軒雖然說自己不長於名物訓詁，但也盡力以自己身邊親見親聞之物
與《詩經》名物相比附，務必使其具體化，生活化，形象化。因爲皆來自於
生活，其眞實性及可信度較高。他堅持科學的態度，理性的精神，知之爲知
之，不知爲不知，避免隨意附會，而探求事物的本眞面目。如其於上文「采

尌采菲」之「菲」字不解其意，即坦言說：「菲未詳爲何菜，相距萬里，或我邦無此菜也。」決不妄下結論。

關於天文地理。息軒的博識也體現在其對天文地理知識的舉重若輕上，在《左傳輯釋》中就有出色的表現，糾正了前儒的諸多成說，清儒應保時在序言中稱讚不已。其在《毛詩輯疏》中同樣有著不俗的表現。如《七月》篇計月的方法，自鄭玄始皆有成說，息軒不從舊說，提出全新的理解：

> 一之日，二之日，傳云：十之餘也。則謂十一月之日，十二月之日，固以夏正言之。戴（戴震，筆者按）云：子月可云一之日，丑月可謂二之日。是本於宋儒一陽之日，二陽之日，而小變其說。其云言日言月，詩辭之體當然，則得之。《正義》以日月分配生成，根據於漢儒五行之說，執泥甚矣。傳云夏正月、殷正月、周正月者，先舉三正，因以明周兼用夏正也。必明之者，此詩全用夏正，恐後人惑之也。《堯典》記舜攝位曰：正月上日，受終於文祖。鄭玄云：堯正建丑，舜正建子，此時未改堯正，故云正月上日。即位乃改堯正，故云月正元日。然則武王伐紂，即改殷正，不待周公製作禮樂也。周雖以十一月爲正，祭祀田獵之屬，凡以時舉行者，及表示民事，則皆用夏正。案《周禮》其用周正者，月而不時，《冢宰職》正月之吉始和之屬是也。用夏正者，時而不月，《小宰職》正歲帥治官之屬，及《大司職》春蒐夏苗，秋獮冬狩，《媒氏》仲春之月，令會男女之無夫家者之類是也。故隱元年經，書元年春王正月，而左氏釋之曰：春王周正月，王爲周王。則王正月爲周正月可知矣，而傳必釋之者，傳中舉夏正者，不一而足，故加一周字而斷之，曰《春秋》所書之月皆周正，非夏正也。以明傳所書或用夏正，其示後人可謂深切著明矣。周公作此詩之時，周既改正朔矣。然《七月》之篇，專說民事，於法當用夏正紀時。但改正未久，專用夏正，或惑民聽。故以一之日紀周正，次殷正，又此夏正，四之日即周四月，辭句既勻，改正朔之意又明。下乃依夏正，以月紀之。傳知其意所在，故以三正及周四月解之。洵非後儒所能企及也。

息軒意爲《七月》詩中計月的方法暗藏著夏曆向周曆轉換的歷史背景，沒有深厚的天文學知識儲備，很難窺探到古書措辭背後印刻的歷史社會烙印。這一經驗客觀上印證了孟子「知人論世」說的重要性，如果充分了解了《詩》

產生的文化生態環境，往往能從《詩》的字句中感知到屬於那個時代特殊的歷史氣息。正如上詩，息軒憑藉其對月曆的敏感嗅覺，可以推出《七月》詩大致產生的年代，即周曆製作完成不久。《王風‧揚之水》詩寫周平王不安撫百姓，而遠戍其母家申國，周人諷之。經文三章分別說「不與我戍申」「不與我戍甫」「不與我戍許」，《孔疏》以爲平王僅戍申國，甫國與許國是《詩》重章變文的需要，其實不戍甫與許。息軒以爲不然，經考證，許國在申國的東面，甫國在申國的東面，相鄰爲唇齒關係，戍甫、許即是戍申，三國又同爲姜姓，故序只言「母家」而未言「申國」。事實上是三國並戍，勠力拒楚。《擊鼓》詩曰「土國城漕」，息軒認爲「國」是衛國的都城邶邑，在黃河的西面。漕在河東的鄘邑。該句意爲在都城大興土木，又新修漕城。息軒從該詩句中看到了衛國的軍事策略，漕城泊近鄭國，新修漕城是爲攻伐鄭國而作戰前準備。《輯疏》大約寫於作者 75 歲高齡之際，之前詳注《左傳》，積纍了深厚的先秦歷史文化知識，因此在閱讀《毛傳》的過程中常常發現與《左傳》相契合的地方，《詩經》與《春秋》形成互補的關係，因此息軒總能發現新問題，提出新的見解。

　　關於古音韻。息軒有關音韻的論述並不多，但僅有的幾條也足以看出其對音韻頗有研究。如《甫田》曰：「我取其陳，食我農夫，自古有年。今適南畝，或耘或耔，黍稷薿薿。」息軒說：「箋以取陳食農，爲古來豐年之法，乍見可怪。然求之韻，此三句一截，其說洵是也。今以自古有年，今適南畝二句一聯，句法似順，而韻理全乖，非說詩之道也。」他用韻腳斷句求意。《大雅‧常武》篇曰：「赫赫明明，王命卿士，南仲大祖，大師皇父。整我六師，以修我戎；既敬既戒，惠此南國。」舊說「戒」與「國」字韻。息軒考證認爲「國字與東冬部相韻」，具體到該詩，「國」字與「戎」字亦韻。說：

　　　　證之《詩》《易》，戒字本有是音。然以韻法而言之，第六句不當不押韻。因參考諸書，《管子‧牧民》篇曰：毋曰不同國，遠者不從。上下皆韻語，不容此句獨無韻，則國字蓋與從韻矣。《老子‧五十四章》：修之於鄉，其德乃長。修之於國，其德乃豐。國與丰韻。《易坎卦象傳》：惟心亨，乃以剛中也。往有尚，往有功也。天險不可升也，地險山川丘陵也。王公設險，以守其國。蒸登古音與東冬鍾江相近，音近者交互合用，則此國字蓋與中功升陵相韻。然則《常武》國字，亦與戎韻審矣。蓋古者不分四聲，韻之大分，約有十七

部。國字一音，與功相近，故與東冬部字相韻耳。獨疑以段玉裁之深於古音，猶從舊說，甚著《六書音韻表》，未嘗一言及於此。豈古音精微，段玉裁亦未能究其韻乎〔註69〕。

《詩》韻有諸多變化，不可一概而論。息軒認爲《殷其雷》、《騶虞》、《文王有聲》篇韻法一致，皆採用「獨韻之法」。《北門》篇韻字全是「我」，息軒說：「韻在我字上，亦是一體。」等等。

孟子有感於世道之變，曰：「王者之迹熄而《詩》亡，《詩》亡然後《春秋》作。」息軒身處江戶明治易代，政治風雲變幻莫測之際，獨注《左傳》、《毛傳》，其用意不難揣測也。他說：「《詩》蓋言乎情者也，《春秋》言乎義者也，義出於道，道生於情，聖人所以爲天下後世製作者，亦不過欲使夫人各得其情耳。〔註70〕」雖說言孔子，又何嘗不是在表達自己心中的治世理想！也就不難理解息軒在風燭殘年，百病纏身之時，依然念念不忘《毛詩輯疏》寫作的行爲。說：「有志於斯世者，《詩》豈可不學乎哉？〔註71〕」再次傳達出其用世的抱負。只可惜天不假年，《毛詩輯疏》還是成爲作者永遠的遺憾。不過，儘管《輯疏》作爲一部有殘缺的著作，卻難以掩蓋其突出的《詩》學貢獻。尤其在文字訓詁、異文校注等方面成就卓著，堪與清儒相媲美。總之，《毛詩輯疏》是經過江戶近三百年學術積澱，彙集三百年之精華凝聚而成的一部最優秀的《詩》學著述。

然而，今天的研究者對考據學派的評價並不高。王家驊說：「日本的考證學派與中國清代的考證學派有所不同。首先，日本的考證學者更爲尊信古典，而缺乏中國清代考證學派那種疑古辨僞的精神。其次，日本考證學派的考證還不能說徹底，其考證的成果與中國清代考據學不可同日而語。〔註72〕」永田廣志說：「在不能脫離古典而自由進行思維這一點上，具有著和古學派相同的缺陷，同時，它又未能像清朝的考證學那樣，達到考證地批判古典的地步。〔註73〕」他們對考據學派「尊信古典」的認識不無道理，這一點可以從考據

〔註69〕 安井息軒，睡餘漫筆〔M〕，東京大學總合圖書館藏大正十年（1921）刊本，10～11。
〔註70〕 安井息軒，詩亡然後春秋作說 // 安井息軒文集〔H〕，國立國會圖書館藏寫本。
〔註71〕 安井息軒，詩亡然後春秋作說 // 安井息軒文集〔H〕，國立國會圖書館藏寫本。
〔註72〕 王家驊，儒家思想與日本文化〔M〕，杭州，浙江教育出版社，1990，145。
〔註73〕 王健，儒學在日本歷史上的文化命運：神體儒用的辨析〔M〕，鄭州，大象出版社，2006，185。

學派的《詩經》研究中得到證實。但由此認爲日本考據學派缺乏像清儒一樣的「疑古辨僞」精神，筆者以爲這並不是缺陷。考據的終極目標在於探求經典古義，而不是否定前人成說。實際上，從操作層面而言，運用考據學的研究方法維護舊說比再設新解更不容易做到。筆者認爲，從某種意義上講，考據學派是江戶末期乃至整個日本《詩經》學史上成就最高的流派。一些重要的學者如安井息軒堪與清儒相媲美。

第五節　《詩經》名物學研究

　　日本《詩經》名物學研究興起於江戶中期，繁盛於江戶中後期，爲便於整體把握江戶時代《詩經》名物研究的概況，本節特別將江戶中期的名物學成果放在一起論述。按照現代學科門類理解，《詩經》名物學橫跨經學與名物學兩個似乎互不搭界的學術領域，經學家需要兼顧名物學知識，名物學家需要具備經學的修養。其學科本身即對研究者提出較高的要求。而《詩經》學的研究文本與基本精神，千百年來雖有所變化，僅是一種緩慢的略微變化，具有相當的恒定性。名物學則不同，從進化論的角度而言，名物學無疑是一種變化活躍，常變常新的學科。一場大的氣候變化或者地質災害，都有可能造成成千上萬的物種的天壤轉變，有的名物古有今無，有的古無今有，有的古今異名。《詩經》中的名物，在一千多年的時間裏經歷了無數次的異變，如何將《詩經》中的名物很好地古今對接，成爲中國研究者面臨的最大困難。而對於生活於大海彼岸的日本研究者而言，更可謂是難上加難。他們不僅要面臨中國學者同樣的難題，由地理差異造就的物種差異也是其無法迴避的新的挑戰，或彼存此亡，或彼亡此存，或彼此異名。也就是說，他們既要古今對接，更要彼此轉換。日本研究《詩經》名物的著述者大多在書中提出過這樣的苦惱。

　　日本《詩經》名物研究的專著晚在十八世紀初期才產生。寶永六年（1709）稻若水的《詩經小識》寫本開啓了日本《詩經》名物研究的先河，此時距離《詩經》初傳日本的時間已經整整過去了至少一千二百年。它的出現是時代多種因素交織的結果。一是江戶前期百餘年的《詩經》學積澱，爲名物學的發生打下了厚實的經學基礎。江戶幕府立國以來，朱子學被奉爲官學，良好的文教環境中孕育出一大批飽讀詩書的漢學家，他們著述立說建構朱子學思

想體系，最終在十七世紀後半期完成朱子學的日本化進程。尤其值得一提的是，以伊藤仁齋爲代表的古學派的興起，標誌著日本經學自覺時代的全面實現。名物學又是《詩經》學中不可忽略的一個重要方面，因此緊隨《詩經》學自覺時代的到來，日本社會急需一部符合本民族思維習慣和心理特徵的名物學專著。《詩經小識》的誕生標誌著日本《詩經》名物研究自覺時代的到來。二是江戶前期一百年本草學研究也獲得長足的進步，爲《詩經》名物學的發生夯實了本草學基礎。早在慶長乙酉年間大路道三著《宜禁本草》三卷，講明本草，首唱物產學，成爲日本本草學研究的鼻祖。繼之而興者有向井靈蘭、岡本一抱、貝原益軒、江村訥齋等都有本草學研究的專著。醫生成爲當時謀取生活很常見的一種職業。冢田虎說：「而今之世，則大都邑一街之中，亦有數醫在。而邊鄙之民，亦不乏乎醫。〔註 74〕」三是「儒醫」這一新型職業的流行，爲日本《詩經》名物學的發生準備了人力資源。稻若水之前的《詩經》學與本草學成雙線發展的態勢，進入江戶時代以後，社會上盛行一種名爲「儒醫」的新型職業。顧名思義即儒生與醫生的合二爲一。伊藤仁齋曾有專文論述，他這樣描述：

> 世俗有儒醫之稱，蓋醫而窺儒者，自恥其爲小道，且與巫覡賤工伍，而竊欲列於儒以表見其名。〔註75〕

《娛語》曰：

> 今世就儒師受學者，醫家之子爲多，浮屠次之，士人次之，商賈又次之。蓋學醫者，不粗通訓詁，則不能讀其書。且旁借記誦文辭，粉飾其術，以爲射利售名之圖。〔註76〕

如貝原益軒、祇園南海、室鳩巢、藤井懶齋等都是儒醫。正是他們的出現使日本專門的《詩經》名物學研究成爲可能。稻若水集二學於一身，使二學交織，於是誕生了日本《詩經》學史上第一部名物類專著。

　　稻若水《詩經小識》雖然一直以寫本的形式流傳，但影響深遠。繼踵而起者有松岡恕庵的《詩經名物考》、江村如圭的《詩經名物辯解》、小野蘭山的《詩經名物辨解正誤》、藤沼尚景的《詩經小識補》、淵在寬的《陸氏草木

〔註74〕冢田虎，隨意錄〔M〕//關儀一郎，日本儒林叢書，東京，鳳出版，1929，240。

〔註75〕伊藤仁齋，儒醫辨//古學先生文集〔O〕，京兆玉樹堂，享保丁酉年（1717），卷三 1。

〔註76〕摩嶋松南，娛語〔M〕//關儀一郎，日本儒林叢書，東京，鳳出版，1929，4。

鳥獸蟲魚疏圖解》、岡元鳳的《毛詩品物圖考》、井岡洌的《毛詩名物質疑》、三谷樸的《詩經草木多識會品目》、茅原定的《詩經名物集成》、細井徇的《詩經名物圖解》等一大批名物類著作，掀起一股《詩經》名物學研究的高潮。茅原定說：「東邦升平百世，世闃文明之化，豪傑互興，天下之學，無不究者。名物多識極纖悉，其說亦各有所據，而發先進之未發。〔註77〕」

由於江戶時期漢學的盛行，掀起《詩經》研究的高潮，必將帶動《詩經》名物學的興起與發展。如果從更深層次的心理層面考慮，主要有兩方面的原因。

一是出於學習經典知識的需要。就《詩》的功能及實際功用而言，孔子曰：「小子何莫學夫《詩》？《詩》可以興，可以觀，可以群，可以怨。邇之事父，遠之事君，多識於鳥獸草木之名。」（《論語・陽貨》）這段話包括三個方面的內容，第一在情志方面是「興觀群怨」，第二在倫理方面是「事父事君」，第三在知識方面是「多識於鳥獸草木之名」〔註78〕。這三個方面有從宏觀到微觀，從抽象到具體的層次感。最低一級就是僅限於知識認知的「多識於鳥獸草木之名」。看起來稀鬆平常的一句話，它卻直接關係到後世《詩經》名物學的形成。草木鳥獸等名物，在早期社會是初民重要的食物來源。特別是在生產力水平低下的中國古代，掌握鳥獸蟲魚等方面的知識，對於延續人們的生命至關重要。孔子的意思也即在此。而到後世，《詩經》中的草木鳥獸因孔子的言論變成一種必須知道的經典知識。不是它本身重要，而是因為它是經典中的一部分變得重要。日本學者多出於經典知識的學習而撰述名物學著作。如藤沼尚景在《詩經小識補題辭》中談日本首部《詩經》名物學著作誕生的原因時，說：「寶永己丑之歲，若水稻君嘗繇白石君之需，而乃品題毛詩草木鳥獸蟲魚者，蓋有據多識於鳥獸草木之名之教也。」〔註79〕井岡洌《毛詩名物質疑自序》曰：「是以不學詩則已，苟欲學詩，必先從事於鳥獸草木，則思過半矣。」〔註80〕他把弄清名物視作求得詩人比興之旨的首要條件。角田九華更認為名物學有療救人心的意義。曰：

〔註77〕茅原定，詩經名物集成〔O〕，內閣文庫藏平安書肆文化五年（1808）刻本，序。

〔註78〕劉毓慶、郭萬金，從文學到經學──先秦兩漢《詩經》學史論〔M〕，上海，華東師範大學出版社，2009，65～66。

〔註79〕藤沼尚景，詩經小識補〔H〕，內閣文庫藏明和七年（1781）序寫本，1。

〔註80〕井岡洌，毛詩名物質疑〔H〕，國立國會圖書館藏寫本。

　　　　吾醫修本草之學，以辨明動植之名狀是非，欲誇博而鬥奇也。
　　唯要知其功用以治人之疾疹耳。儒者講毛詩之學，以疏證鳥獸草木
　　之名物，亦豈貪多識而誇博文乎哉？要在去其興象，以正人之性情
　　焉。夫治人之疾疹以躋壽域，正人之性情以入聖域。其事雖異，而
　　其理則同。是故詩三百，要思無邪稱；本草三百六十種，要身無疾
　　稱。人身無疾而民心無邪，則太平鼓腹之治，聖賢所願，豈出此外
　　乎？是故云不爲良相則爲良醫，蓋以其理相類也。〔註81〕

沒有《詩經》經學光環的輝映，草木鳥獸等微物何以承擔如此沉重的文化負
荷！

　　二是出於複製經典背景的需要。日本《詩經》名物學有個特別有意思的
現象，他們都關注名物在日本的意義。伊佐貞《多識會品目》、松岡恕庵《詩
經名物考》、小野蘭山《毛詩名物圖說の和名問答》、小島知足《毛詩名物倭
名》、春木煥光《詩經名物訓解》等都具有這一特徵。他們說明名物在日本的
和名、分佈地域，或者它的來歷、與之相關的風俗和故事。也就是說期間存
在意義轉換的環節，目的無非是要在日本本土找到《詩經》名物的對應物，
即經典知識的本土化，或者說是經典意義的落實。聯繫我們前面談到的日本
學人不滿中國注疏，爭奪《詩經》「正統」地位的種種表現，可以得出日本名
物學家的這一做法，有著複製經典背景的努力，從而使經典更加貼近生活，
以便更好地發揮《詩經》在日本文化價值構建中的作用。

　　現存日本江戶《詩經》名物學著作多達三十餘部，可稱道者有稻若水《詩
經小識》、藤沼尙景《詩經小識補》、岡元鳳《毛詩品物圖考》、茅原定《詩經
名物集成》。

　　稻若水（1655～1715），名宣義，字彰信，號若水，通稱正助，本姓稻生，
江戶人，仕於加賀侯。其父名稻生恒軒，因家貧學醫，師事古林見誼，著有
《螽斯草》。恒軒生有二子，若水爲長子。若水治本草學，與其家庭的影響不
無關係。少年時專治朱子之學，以發揮義理爲主，議論每出人意料。源白石、
室鳩巢評價甚高，稱其爲「我土未曾有之學識」。世人只知其精通本草學，不
曾知其經學也翹楚一時。年二十三歲，始留意本草學。講經的餘暇，涉獵歷
代名物學著作，最終以本草學名聞天下。小野蘭山在《本草綱目啓蒙序》中
說：「是以我邦前輩有轉以辨物產別爲一家者，如若水稻氏，最稱閱覽君子。」

<hr>

〔註81〕徐鼎，毛詩名物圖說〔O〕，宮商閣，寶翰堂文化五年（1808）刊本。

另外值得一提的是，稻若水是日本歷史上發現地方志文獻價值，並將中國各地方志介紹到日本的第一人。後來日本官方大量徵求海外地方志的行爲，與若水的倡導有著直接的關係。東條琴臺詳細地記錄了這段史實，「我土諸儒多未知講究地理，故於郡國州縣城府山河都會等之諸志，見若贅龐。夫地志記載人物、風俗、物產、境域，尤裨益聞見，而史學中之一佽助也。若水與室鳩巢相議，建議而言，地理之書，博聞見，資考證，不唯知各地風俗與古今沿革，而亦可以知造化之榮枯，物產之異同矣。加賀聽之，盡錄其書目，遍求於清商。於是不惟府城州縣之志，河渠漕運水利山嶽道程通路之諸志，前後輻輳矣。後及享保中，官聞其事，又徵求地志著書於海外，皆起於若水之所建議云。〔註82〕」若水著述多爲本草類，如《詩經小識》、《左傳名物考》、《本草圖翼》、《本草別集》、《庶物類纂》、《採藥獨斷》、《皇和物產品目》、《炮炙全書》等三十六種〔註83〕。

　　《詩經小識》是新井白石爲適應教學的需求，邀請稻若水執筆的日本《詩經》學史上第一部名物學著作。約成書於寶永六年（1709），之後一直以寫本的方式流傳於學人之間。現在日本國各圖書館藏有大量不同時期的寫本，寫本之間的差異較大，以內閣文庫藏藤沼尚景校勘本爲佳，今天即以此本作爲研究的底本〔註84〕。尚景基本保留了《小識》的原貌，只是在若水的考證後附加了自己的補充內容。若水仿照唐陸璣的分類方法將名物分爲七類共八卷，草屬略兩卷，其餘六卷分別是木屬略、羽屬略、毛屬略、鱗屬略、蟲屬略、退屬略。於陸璣的六分法之外增加一退部，所謂退部指的是聽上去似乎是名物而實質上並非名物的一些文字組合，如《邶風‧旄丘》「流離之子」之「流離」，《衛風‧伯兮》「焉得諼草」之「諼草」，《魏風‧碩鼠》之碩鼠，《豳風‧東山》「熠熠宵行」之「宵行」，《小雅‧南有嘉魚》之「嘉魚」五種。若水淵博的學識，嚴謹的態度在《詩經小識》中得以充分的體現，爲日本《詩經》名物學的全面展開打造了一個高的平臺。

　　第一，不求標新立異，尊崇《爾雅》《陸疏》等傳統的解釋。在《小識》

〔註82〕東條琴臺，先哲叢談續編〔M〕，東京大學總合圖書館藏松永堂明治十七年（1884）刻版，卷四 14～15。

〔註83〕東條琴臺，先哲叢談續編〔M〕，東京大學總合圖書館藏松永堂明治十七年（1884）刻版，卷四 4～20。

〔註84〕藤沼尚景，詩經小識補〔H〕，共七卷拾遺一卷，內閣文庫藏明和七年（1781）序寫本。

中，《爾雅》、《陸疏》是首選的文獻參照物。有的條目僅列舉陸疏一條材料予以疏解，《爾雅》《陸疏》不足以說明問題，則採用後世之說相輔助，再不足者則加以按語補充。

第二，徵引文獻精審，不拘泥於材料，能夠凌駕於文獻之上，站在一個較高的位置論辯諸家是非，駁正古今差謬，顯示出高屋建瓴般的學術格局。如解卷耳曰：

> 俗名捏事密那滅滅山城州。又名捏谷那滅滅備前州。

> 晉郭璞《爾雅注》：蒼耳，苓耳。《廣雅》曰枲耳也，一名胡枲，一名苓耳。江東呼爲常枲，或曰苓耳，形似鼠耳，叢生如盤。

> 唐陸璣《毛詩草木鳥獸蟲魚疏》：卷耳，一名枲耳，一名胡枲，一名苓耳。葉青白色似胡荽，白花細莖蔓生，可鬻爲茹，滑而少味。四月中生子，如婦人耳中璫，今或謂之耳璫草。鄭康成謂之白胡荽，幽州人呼爵耳。

> 宋鄭夾漈《爾雅注》：蒼耳，苓耳，舊說蒼耳非也。此即蒼菜，葉如連錢，細蔓被地。

> 宋鄭夾漈《昆蟲草木志略》：詩曰「采采卷耳」，可以其茹也，即今蒼菜，葉如連錢者是也。若蒼耳但堪入藥，不可食也。

> 　按：卷耳，葉形似鼠耳，細莖白花，叢生如盤，與蒼耳全別也。

> 《本草》以爲蒼耳大誤也。鄭夾漈謂葉如連錢者，亦欠比較〔註85〕。

若水的按語言簡意明，針針見血，彷彿是對以上討論的補充總結發言，使對卷耳的說明更趨於精準。又如甘棠，若水僅僅引出《陸疏》和《毛詩集解》兩條文獻，大致講明了甘棠的基本情況。接著下按語說：「棠梨花有紅白兩色，其紅者絕似海棠花。鄭夾漈《通志》云：甘棠謂之棠梨，其花謂之海棠花，其實謂之海紅子。夾漈此說，不知海棠、棠梨有別，誤似爲一種。」若水的按語已經不是單單固著於甘棠的解釋，而是運用自己的知識對後世產生的誤解進行糾正。他避免了人云亦云的單調重複，也沒有在大量的文獻中抽繹線索，完全依憑的是自己的判斷。當然這種判斷不是主觀臆斷，它是生發於深厚的本草學知識土壤之上而開出的朵朵奇葩。再如「隰有遊龍」之「龍」，陸

〔註85〕藤沼尚景，詩經小識補〔H〕，內閣文庫藏明和七年（1781）序寫本，卷一3，以下凡未標注稻若水引文出處者，皆出自該書。

璣以為龍又名馬蓼，陶隱居以為龍與馬蓼為二物，若水則認為龍與黑記草俱有馬蓼的稱呼，因此陸璣和陶隱居的說法皆無誤，只是各舉一端而言之，有失偏頗。黑記草的提出是解決矛盾的關鍵，然沒有豐富的本草學知識儲備的人解決這一問題又談何容易。本草學程度的高下，大致有兩種境界，一種是能清楚地知道物種的形態、顏色、習性及成長環境等一切與物種緊密相關的知識，並能夠辨認。這是一種淺層次的認識，其水平僅限於對名物本身的認知。另一種是能夠熟練地掌握物種的性質和功用並加以利用。這是一種較高層次的認知。若水撰有近千卷的《庶物類纂》，不僅對紛繁複雜的物種爛熟於心，而且熟悉它們的醫用價值。深厚的本草學積澱使其《詩經》名物研究遊刃有餘，舉重若輕。

第三，態度嚴謹，務求親見親聞才加以疏解，否則不措一辭。他在跋言中說：「及今年夏得少閑暇，於是略記飛潛動植耳目之所親究者。至於其所不識之品，與此方不有之類，則存而不論也。」若水於每條名物都標出日本各地不同的稱呼。如《邶風·谷風》篇「采葑采菲」之「葑」，攝津州曰挨各地，和泉州曰思各莫拔姑，伊勢州曰思各拔姑，讚岐州曰紫貌忽索。《衛風·芄蘭》之「芄蘭」，駿河州稱果姑各眠，常陸州稱白禿各密，築前州名各卜奈，備前州稱肥哥乃皿。若水是根據日本當地的發音用漢字音譯過來的。不同地方的不同稱呼顯係作者長期走訪調查親見親聞而得知。有些名物的按語甚至詳細記載了作者聞見此物的經過。如《曹風·下泉》篇「浸彼苞蓍」之「蓍」，若水按曰：

> 蓍，世不有識之者，以眠禿己、各賴搖貌己之類當之，用其莖為筮。義少知其非是，每登高望遠，輒睨於平原長洲之上，欲一遇其真，而不可得也。前年赴北土，道經越前州，遠見阜陵上，有叢生條直，迥異於眾蒿者，意其非凡草。駐輿往覽，乃知益其為近真也。據《圖經》謂花紅紫，今所見花色白，此獨為不相合也。凡物皆有赤白，變態不一，則此固不足以病其花色之不合，然亦未敢決其為真也。在金澤之日，常致奇卉異草，以此自適，終獲紅紫花者，喜之甚，攜歸植之後園，斷然知其為真而無疑也。蓋物色三十餘年，得知難哉。

又如《召南·鄒虞》「彼茁者蓬」之「蓬」，若水曰：「此草水次洲中多有之，苗葉似瞿麥及鐵杆蒿葉，花形如未開菊花，頭展盡則作絮飛。」《豳風·七月》

詩「七月烹葵及菽」之「葵」，若水曰：「葵菜，周文化以箭杆菜當之，姜應麟以甜菜爲葵，皆誤也。余嘗過紀伊州、和泉州，原野間甚多。大葉小花，與戎葵、錢葵微異也。其子入藥，世人稀識者，採錢葵子，用之非是。」若水的審慎是本草學賦予他的一種科學態度。他透過本草學的眼鏡看待《詩》中的名物，運用本草學的知識和方法解決經典中的名物問題，鏡片下的名物不再是一個普通的物體，更不是意象，而是本草學家觀照的特定對象。《詩經小識》中的「詩經」二字喪失了其作爲經學所擁有的神聖光環，褪去了其作爲文學的華麗外衣，僅僅作爲一個限定名物的範圍而存在。麟、騶虞、鳳凰等一批被世人虛構出來的事物，若水實話實說爲「未詳」。一切虛幻的象徵之說被理性的思維、科學的表述所替代，凡被若水指名道姓的名物都變成了現實生活中能看得見摸得著的事物，並且他會告訴你什麼名物在什麼地方。這樣的態度對於名物本體的研究無疑是有益的，但對於解詩不一定是好的通途。

科學的態度、理性的精神、親耳所聞親眼所見的擇選標準，導致《詩經小識》的一些不足，以及許多只存條目不置一辭的空白，留下有待後世修正和填補的必要性。時隔六十年後，藤沼尚景有慨於此，作《詩經小識補》，彌補了這一缺憾。

與《詩經小識》比較，《詩經小識補》強化了名物詩學的色彩，將《毛傳》、《鄭箋》、《朱傳》等《詩》學領域權威著作的疏解大面積充實到名物的研究之中，擴大了《詩》學範疇下著作的話語權。他深刻地感受到本草學家與詩學家視野下名物理解的差異且嚴格區分。如《周南·樛木》篇「葛藟累之」之「藟」，尚景按曰：「藟葉似薜荔，厚而滑澤，纏綿樹上，經冬不枯，故有常春、千歲之稱。《本草綱目》常春、千歲別爲二條者，蓋後世本草家言，而不敢與古詩家言也。〔註86〕《鄘風·載馳》言「言采其蝱」，尚景釋「蝱」曰：「諸家以蝱爲今藥中貝母，諸說許多，其源出於《爾雅》。蝱與莔同，郭璞云葉似韭，陸璣云其葉似括樓而細，《本草》蘇恭云葉似大蒜，蘇頌云葉似蕎麥葉，說起苗葉者各異也。模寫其形容者，蓋後世本草家言，而弗關係詩家者也。」釋「稷」曰：「黏者爲黍，不黏者爲稷，是物產家言，而不敢與古詩家言。」他一改稻若水純本草學的科學研究方法，向詩學的一邊靠攏，爲解詩的方便而解名物，詳盡名物的工作放到了其次

〔註86〕 藤沼尚景，詩經小識補〔H〕，內閣文庫藏明和七年（1781）序寫本，卷一4，
以下凡未標注藤沼尚景引文出處者，皆出自該書。

的位置。他說：「蓋詩之所詠，雖非索搜其形狀之具，則至區別其名物，略摭諸家一二之說，以示兒童，亦非詳之全相也。」從稻若水到藤沼尚景的**轉變**，可以看到兩種截然不同的《詩經》名物研究的類型，一種以《詩》為本，以名物為末；一種一名物為本，以《詩》為末。也就是經學家與本草學家兩種視角不同的研究方法。從《詩經》研究的角度而言，以《詩》為本，以名物為末的研究類型才是正途，而以名物為本，以《詩》為末的研究則走向了偏離根本的歧途。

其次，從綱及目，由點到面，按類釋物。尚景關注的不是某篇詩中某個具體的名物，他關注的是《詩》中所有同類的一批名物。因此他常常彙聚《詩》中出現的同類名物集中考釋，由一點而旁及其餘。如馬：

1、《周南·卷耳》章：我馬虺隤　我馬玄黃　我馬瘏矣

  《毛傳》曰：虺隤，病也。玄馬病則黃。瘏，病也。

  《朱傳》曰：虺隤，馬罷不能升高之病也。玄黃，玄馬而黃

    ，病極而變色也。瘏，馬病不能進也。

2、《周南·漢廣》章：言秣其馬　言秣其駒

  《毛傳》曰：秣，養也。六尺以上曰馬，五尺以下曰駒。

  《朱傳》曰：秣，飼也。駒，馬之小者。

3、《鄘風·定之方中》章：騋牝三千

  《毛傳》曰：馬七尺以上曰騋，騋馬與牝馬也。《朱傳》同。

4、《鄭風·大叔于田》章：乘乘馬　乘乘黃　乘乘鴇

  《毛傳》曰：四馬皆黃。驪白雜毛曰鴇。《朱傳》同。

5、《秦風·車鄰》章：有馬白顛

  《毛傳》曰：白顛，的顙也。

  《朱傳》曰：白顛，額有白毛，今謂之的顙。

6、《秦風·駟驖》章：駟驖孔阜

  《毛傳》曰：驖，驪。阜，大也。

  《朱傳》曰：駟驖，駟馬皆黑色如鐵也。孔，甚也。阜，大也。

7、《秦風·小戎》章：駕我騏馵　騏駵是中　騧驪是驂　俴駟孔群

  《毛傳曰》：騏，綦文也。左足白曰馵。黃馬黑喙曰騧。驪，黑

    色也。俴駟，四介馬也。

《鄭箋》曰：赤身黑鬣曰騮。中，服也。驂，兩騑也。

《朱傳》並同。

8、《豳風·東山》章：皇駁其馬

《毛傳》曰：黃白曰皇，騮白曰駁。《朱傳》同。

9、《大雅·大明》章：駟騵彭彭

《毛傳》曰：騮馬白腹曰騵。《朱傳》同。

10、《魯頌·駉》章：駉駉牡馬　有驈有皇　有驪有黃　有騅有駓　有騂有騏　有驒有駱　有騮有雒　有駰有騢　有驔有魚

《毛傳》曰：駉駉，良馬腹幹肥張也。驪馬白跨曰驈。黃白曰皇。純黑曰驪。黃騂曰皇。倉白雜毛曰騅。黃白雜毛曰駓。赤黃曰騂。蒼祺曰騏。青驪驎曰驒。白馬黑鬣曰駱。赤身黑鬣曰騮。黑身白鬣曰雒。陰白雜毛曰駰。彤白雜毛曰騢。豪骭曰驔。二目白曰魚。《朱傳》並同。

11、《魯頌·有駜》章：有駜有駜　駜彼乘黃　駜彼乘牡　駜彼乘駉

《毛傳》曰：駜，馬肥強貌。青驪曰駉。《朱傳》並同。

尚景按：詩之所賦馬之色相，凡二十有七品，傳箋皆本於《爾雅》釋之，亦以《釋畜》詳之，文多不載於此。且欲細別之色相者，莫若就牧師馭夫而辨之，不肯拘古詩家者，故弗論列焉。

最後的按語沒有提供更多的信息，顯得並不是十分重要。重要的是尚景運用統計的方法，材料之間無形中形成互釋的關係，提供給讀者一個全面而直觀的認識，具有工具書的性質和功用。一般的名物學著作至多解釋「馬」的總稱，尚景卻細化到《詩》中所有與馬相關的文字。也可以看出，他更多地傾向於解《詩》的宗旨。且再次提到了詩人眼中的馬與牧師馭夫眼中的馬還是存在一定的距離。又如羊，據尚景的量化，《詩》中有十一篇涉及到「羊」。尚景按曰：「羊族亦多，詩之所詠羔、羜、牂、達、羝、羖，皆一物也。以有牝牡之別，及所生遲速之異，而分其稱呼者耳。摘其要而言之，則羔羊子，夏生曰羜，秋生曰達，黑白雜毛曰羖，牝曰牂，牡曰羝又曰羖。蓋羖牯同音，牯即牡也。」從教學的角度而言，這樣的總論非常適合於讀者的學習。其它

如荼、犬、鳩等在《詩》中出現的頻率極高，《詩》中同名異實的「荼」有三種，集中比較辨析的認識方法不失爲一種好的途徑。

第三，日本民族文化觀念的閃現。有些名物所融入的文化因子中日兩國具有共通性，常常引起尚景的共鳴，他常常將日本本國的一些文化觀念也體現在名物的疏解當中。如狐，尚景按曰：「狐之爲性，多疑審聽，千妖萬怪，變化百出，不可得而詳者，人之所能知也。今或事幻術者，畜養之，使令之，能使人眩惑，可憎之甚者也。國之所謂巫蠱，蓋相若矣，莫若以狗御之。至於其如禮北斗，聽冰，抱媚珠，尾生磷，死首丘，庶幾乎不誣。」其中人養狐惑人的惡俗與以狗御狐的經驗，當是日本當地的風俗。釋「狸」曰：「狐、貉、狸三物，其性相類，俱爲妖獸，能媚人也。」《小雅·采薇》篇曰「象弭魚服」，尚景釋「魚」曰：「或曰大魚經數百年化爲獸也，其皮可爲褥，潮信晴雨，坐可知者。俗間名禿禿。諺曰：凡物之所終極謂之禿禿者。蓋取名於此。亦海獸之一耳。其毛蒼褐黑白相雜也，惟見其皮，未見其獸。」釋「蟋蟀」曰：「由是觀之，歲月漸促，風冷數至，肌膚將寒，是以蟋蟀近於人家，在堂入床。今以時候試之果然。且以和歌《蛩鳴》「霜夜狹筵」等辭較之，則合符詩意也。雖然和名古今相反，蓋今稱谷和魯己者，古呼己裏己裏思，是《蛩鳴》和歌可以證焉。或曰不然，蟋蟀振古和名古保呂伎，呼紀利紀利須誤也。是《萬葉》可以據焉。」詩「蠶」曰：「食桑者，惟神矣。」隻言片語中可以了解到日本的一些風俗觀念。

不過，從尚景對一些名物的判斷中，也可以看出日本學人研究中國名物存在一些認識上的缺陷。有些名物經過了國人的虛擬化或神話化，尚景面對這些神異的事物，往往表現的語焉不詳，不知所措。「麟」是一種先人虛構的靈物，尚景曰：「爲聞而不可見者，而況至愚不肖，詎敢議焉？」於騶虞說：「嗚呼！騶虞也，麟也，爲聞而不可見者，則未能詳其形狀而已。」於黃羆說：「此族我東方未嘗有者也。如麒麟、騶虞、虎、象、兕、貔、羊、援亦然，且及論其有無，均之風土之殊，氣交之異，豈啻此類而異乎？庶品亦然。」將麒麟、騶虞與羊相提並論，說明尚景認爲麒麟、騶虞是確實存在的，只是因爲身處異地不曾見過罷了。但是，對於中國有些玄而又玄的說法，一向持有科學精神，理性思維的尚景還是能夠發現其中的破綻的，直指爲誣言。尚景就不相信龍的真實存在，《陸疏》釋「鸛」曰：「泥巢其旁爲池，含水滿之，取魚置其中，以食其雛。」《禽經》又說鸛生三子，其中之一爲鶴。尚景批評

爲「近乎兒戲之言」。其解「兔」說：「或曰兔望月而孕，口中吐子。恐未經實驗，雖博文茂才，何其言之誣耶」。

第四，名物研究中的歷史觀，指出名物在長期的歷史過程中內涵的古今演變。如匏，尚景曰：「《毛詩》匏、《論語》匏瓜、《國語》苦匏，在古則匏瓠通稱而已。如後世別其形容，分其甘苦，則不與於詩，故弗論列也。匏瓠壺宜通呼者，今俗間謂勿忽皿、盧索哥、異胡各和知族是耳。」意思是匏瓠壺在《詩經》的時代無別，今天則有別。清楚其古今的差異，注意不同場合的靈活運用。其它如「荷」，古稱荷的果實爲蓮，今稱蓮指荷花。很早以前烏鴉通稱烏，今分烏鴉爲二物。《爾雅》釋蝮虺爲一物，至《本草綱目》分爲二物。名物內涵的古今差異是客觀存在的事實，每個時代的認識都受到當時歷史條件的限制，執意用後世的研究成果去套用早期的名物，勢必造成早期文獻與後世文獻的對立，因此我們不可以輕易地否定傳統的文獻，應該立足早期文獻，從中找到合理的內核。

藤沼尚景在學識上不及稻若水，不過其所作《詩經小識補》糾正了《小識》純本草學研究的偏差，迎合了《詩》學名物研究的實際需要。且充實了《小識》的內容，填補了稻氏遺留的太多空白。

與上二書不同的是，岡元鳳著《毛詩品物圖考》是一部專意針對初學者的名物簡編本〔註87〕。因爲其圖文並茂、簡明易學的特點，流傳甚廣。我國現有刊本流行。

岡元鳳（1737～1786），字公翼，號魯庵，又號白洲，名元鳳，大阪人。幼時喜讀《唐本草》，人稱神童。長大從醫，嗜好物產學，庭院中置一小塊地，種植各種藥草。擅長詩文，每出一篇，人皆傳誦。起初片山北海結混沌詩社，岡元鳳與葛蠹庵以詩詞警拔聞名，而葛蠹庵有時傷於纖巧。爲人寬厚溫和，不與人爭。家法嚴正，不妄交友。著《毛詩品物圖考》〔註88〕。約言之，有以下特點。

其一、《圖考》與其它著作最大的區別即在於採用圖文結合的方式闡釋名物。可以說是日本《詩》學史上第一部圖文並茂的名物學專著。但他並不是第一個用圖畫的形式呈現名物的人，在他之前尾田玄古著有《五經圖解》，將

〔註87〕 岡元鳳撰，橘國雄圖，毛詩品物圖考，共七卷三冊，東京大學總合圖書館藏平安杏林軒、浪花五東堂天明五年（1785）刻本。

〔註88〕 岡元鳳生平參考角田九華，續近世叢語〔O〕，東京大學總合圖書館藏文海堂、寶玉堂弘化二年（1845）刻本，卷二17～18。

名物圖鑲嵌在朱熹《詩集傳》中，名曰《詩經圖解》〔註89〕，不作一句按語，整個一部附圖本的《詩經集傳》。岡元鳳正是基於日本缺乏一部適合於國人閱讀的既有圖畫又帶有民族特色注解的名物類著作，才萌生寫作《毛詩品物圖考》的想法。岡元鳳的友人藤世衡在《圖考跋》中言：「吾日本嘗有稻若水先生者唱多識之學，始有《小識》之撰，其徒相續有纂述，未見圖畫其形狀者也。友人岡公翼有慨於茲，說《詩》之暇，遍索五方親詳名物，使畫人橘國雄寫其圖狀，繫意辯說，裝爲三冊……」〔註90〕。而同類著作在中國一直可以上溯至魏晉時期，晉明帝著有《毛詩圖》，之後有南朝梁《毛詩圖》三卷、唐程修己《毛詩草木蟲魚圖》二十卷、宋馬和之《毛詩圖》等。今天皆不傳。以後一直到清乾隆辛卯年（1771）徐鼎著《毛詩品物圖說》九卷。《圖說》在日本翻刻本很多，流傳甚廣。小野蘭山曾把其中名物翻譯出和名。岡元鳳《圖考》約成書於天明四年（1784），跟徐鼎《圖說》相隔僅 13 年時間，幾乎是同時期的兩部中日圖解名物成果。岡元鳳之後，有細井徇《詩經名物圖解》步其足跡繼續探索。

其二、以《毛傳》、《朱傳》爲旨歸，略作補充，羽翼二傳。每條名物的疏解大致有三條材料組成。第一二分別是《毛傳》、《朱傳》，第三或採用別說或下己意。如《漢廣》篇「言刈其蔞」之「蔞」：

> 《傳》：蔞，草中之翹翹然。《集傳》：蔞，蔞蒿也。葉似艾，青
> 白色，長數寸，生水澤中。○《集傳》依《陸疏》，數寸下當補入高
> 丈餘三字。蔞蒿和謂之沼蒿，又名伊吹艾，江州伊吹山多生。

圓圈後是岡氏的按語，力求簡明，以達到一覽無餘的效果。避免了大量堆砌材料，眾口難調的局面，省去了辨析的過程。這是由本書特定的閱讀對象決定的，《圖考》面對的閱讀群體極其明確即幼童。同時建立在毛、朱基礎上的名物闡釋，避免了偏離《詩》學的本草學研究。毛朱取意一致，岡氏則稍作增補。毛朱產生矛盾時，岡氏一般駁近從古。如《邶風·谷風》「誰謂荼苦」

〔註89〕 《詩經圖解》，別名《書傳》，尾田玄古著（？～1715），上下二卷，築波大學中央圖書館藏刊本。分上下兩欄，正文前全錄朱熹《詩集傳序》，欄上有尾田玄古注釋，引文全部源自先秦典籍，以證朱熹詩序之淵源有自。正文部分，下欄抄錄《詩經》原文，欄上摘抄朱熹注釋，並附名物圖。整個一部附圖的朱熹《詩集傳》。

〔註90〕 岡元鳳撰，橘國雄圖，毛詩品物圖考〔O〕，東京大學總合圖書館藏平安杏林軒、浪花五東堂天明五年（1785）刻本。以下凡未標注岡元鳳引文出處者，皆出自該書。

之「荼」，《毛傳》曰：「荼，苦菜也。」《朱傳》曰：「苦菜，蓼屬也。」岡氏說：「《集傳》蓼屬恐與《良耜》荼蓼混。」《召南·騶虞》篇「壹發五豝」之「豝」，《毛傳》以爲牝豕曰豝，《朱傳》以爲牡豕曰豝，岡氏引陳潛室觀點認爲《集傳》牡字當改爲牝字。《豳風·七月》詩「一之日于貉」，《毛傳》曰：「于貉，取狐狸皮也。」《集傳》曰：「貉，狐狸也。」岡氏引《埤雅》說：「詩一之日云云，言往祭表貉，因取狐狸之皮爲裘，故《傳》曰「取狐狸皮也」。直曰「貉，狐狸也。」覺牽混難說。」《衛風·淇奧》「綠竹猗猗」之「綠竹」，《毛傳》分解爲「王芻」「扁竹」，《朱傳》合而解曰綠色的竹子，岡氏說：「綠竹之解，《集傳》爲勝，但毛氏之說不可不存焉。」表明岡氏不敢輕易否定舊說的心態。這與早期尾田玄古的《詩經圖解》截然相反。不過從二者的比較中，也能夠發現日本《詩經》學在江戶中期短短一百年時間裏發生的明顯變化。

其三、稻若水《詩經小識》影響的痕跡較深。有些是直接引用稻氏的觀點，如「隰有遊龍」之「龍」解。又岡氏解《野有死麕》篇「麕」，引稻若水說：「此方無獐，水藩嘗致自朝鮮，放之於野，是以常山有獐焉。」《小雅·小弁》「弁彼鸒斯」之「鸒」，岡氏說：「稻氏云：石磨矢耶烏革落思，出加賀白山中，腹下白即此也。未詳。」既標曰「未詳」，又引稻氏解，說明岡氏在沒有十足把握前仍然依從稻說。其它還有《防有鵲巢》「邛有旨鷊」之「鷊」，《汾沮洳》「言采其藚」之「藚」，《東山》「熠熠宵行」之「熠熠」，《魚麗》「魚麗於罶鱨鯊」之「鱨」等。有些雖然未標出「稻氏云」三字，但顯係參考《詩經小識》後得出的結論。如《騶虞》「彼茁者蓬」之「蓬」：

> 稻氏按曰：此草水次洲中多有之，苗葉似瞿麥及鐵杆蒿葉，花形如未開菊花，頭展盡則作絮飛。

> 岡氏按曰：蓬生水澤，葉如瞿麥，花如初綻野菊花，後作絮而飛，所謂飛蓬也。

《唐風·鴇羽》「不能蓺稻粱」之「稻粱」：

> 稻氏引《埤雅》曰：稻，一名稌。然有黏者不黏者，今人以黏者糯，不黏者爲秔，然在古則通得稻稌之名。

> 又引《本草綱目》曰：自漢以後，始以大而毛長者爲粱，細而毛短者爲粟。今則通謂粟，而粱之名反隱矣。

　　　　岡氏曰：稻一名秫，秔糯之通稱。粱通粟之名，後世粟顯而粱
　　隱矣。

《邶風・燕燕》「燕燕於飛」之「燕」：

　　　　稻氏引《嘉祐補注本草》曰：燕有兩種，有胡有越。紫胸輕小
　　者是越，不入藥用。有斑黑聲大者是胡燕。俗呼胡燕爲夏侯，其作
　　巢喜長，人言有容一疋絹者，令家富。

岡氏按曰：身輕小胸紫而多聲名越燕。斑黑臆白而聲大名胡燕。

　　岡氏略改他說以爲己說，有抄襲的嫌疑。另外如《山有扶蘇》之「扶蘇」、
《定之方中》「椅桐梓漆」之「梓」、《凱風》「吹彼棘心」之「棘」等等，徵
引與稻氏完全相同的材料。一條兩條可視作巧合，但經常的暗合則表明岡元
鳳《圖考》參考稻若水《小識》的必然性。我們簡單回顧一下岡元鳳之前《詩
經》名物研究的歷史，這一點也就不難理解。稻若水首倡《詩經》名物學，
其後活躍在這一領域內的學者大多是他的徒子徒孫。就名家而言，松岡恕庵
是稻若水的學生。小野蘭山、江村如圭又是松岡恕庵的學生。其它一些名氣
不甚大的與稻氏名物學更有著剪不斷理還亂的關係。因此，稻若水在日本《詩
經》名物學上的地位無疑就是後人瞻望的一座豐碑，他的影響幾乎無處不在。
《詩經》是中國第一部詩歌總集，同時也規定了後世詩歌發展的方向。稻若
水《詩經小識》在日本《詩經》名物學研究的地位跟《詩經》在中國詩歌史
上的地位有著異曲同工的效果。《圖考》中隨處可見的稻氏影子也就見怪不怪
了。

　　其四、與以往的同類書比較，《圖考》中的民族元素愈加突顯。一是岡氏
開始重視本國前人的研究成果，和中國的著作一道作爲參考文獻。除稻若水
《小識》外，江村如圭的《詩經名物辨解》以及松岡恕庵的部分觀點在《圖
考》中頻頻採用。這在以前是不曾出現的現象，以往的名物書中幾乎看不到
日本學者的名字。二是由中國名物向日本名物的思維轉換，介紹日本國同類
名物的情況成爲《圖考》內容的重要組成部分。如《周南・葛覃》「黃鳥如飛」
的「黃鳥」，岡氏曰：「吾國黃鳥希見，南海山中有之，大於紫寓密。頭背黃
綠，腹淡白，有眉黑色。國中古來通以報春代充黃鳥，取其音圓活，亦可賞。」
《關雎》「參差荇菜」之「荇菜」，解曰：「此方荇葉圓而稍羨，又不若蓴之尖
也。彼中書多言，蓴似荇而圓。蓋土產之異也。」釋《漢廣》「言刈其楚」之
「楚」曰：「享保中來漢種，今多有之。其葉頗似參，故俗呼參樹，形狀如時

珍所說。」釋《召南・羔羊》「羔羊之皮」之「羊」，釋曰：「羊生海島者爲綿羊，剪毛作檀，此云索異那哥埋。」日本學人拘囿於中國文獻的研究，永遠是以一個局外人的視角打量中國，屬於純學術理論探討，通俗地講就是紙上談兵。而脫離了實踐的純粹的形而上的學術活動，無疑會走上被邊緣化的絕路。正如馬克思主義必須與中國的現實相結合才能永葆其生命力。因此名物研究中體現民族元素的趨勢是一種學科健康發展的必然之路。而《圖考》中最具價值的地方也正在於此。

《毛詩品物圖考》一書，特殊的著述宗旨和讀者群體，給本書帶來了略嫌簡單武斷的弊端。茅原定評價說：「近世一二注家，就毛鄭及《集傳》，以臆斷見，往往雜數語。要之遊辭居多，望洋向若，如《圖考》尤覺鹵莽……〔註91〕」但我們不可以簡單地將《毛詩品物圖考》與《詩經小識》和《詩經小識補》等著作放在同一個平臺上比較優劣。從作者創作意圖著眼，《毛詩品物圖考》實現了他簡明扼要、一覽無餘及中日轉換的目標。百花齊放的花圃中，《毛詩品物圖考》只是擁有自己特別芬芳的那一棵。

茅原定對岡元鳳的《毛詩品物圖考》頗有微詞，所著《詩經名物集成》恰與其志趣相反。《圖考》務求簡明，《集成》力求全備。茅原定（1774～1840），名定，字叔同，號虛齋，別號長南、茅窗，中國人。江戶末期的醫師、本草家。著有《九經輯異》〔註92〕、《詩經名物集成》、《茅窗漫筆》、《東藩日記》等。其生爲中國人，然《集成》談及中國及中國人，稱之爲漢土、漢人，提及日本則稱曰吾邦、本邦。這種錯把柳州作揚州的行爲，暫不清楚他身上有著怎樣的曲折經歷。《集成》一書，集眾家優勢於一體，有著《詩經小識》居高臨下的大手筆，有著《詩經小識補》彙集綱目而注的體例，有著《毛詩品物圖考》中日兼顧的國際視野。又兼備學貫中日的學術優勢。所有這一切成就其成爲日本《詩經》名物學研究的又一高峰。可以用「博」、「精」、「新」、「詩」、「事」五字來概括其特點。

「博」指的是抄書最富，徵引最博。茅原定歲歷十年，稿凡五易，成書名曰《詩經名物集成》，本身就透露出其彙輯百家而注的著述訴求。據書前的引證書目統計，僅中國著述就高達五百七十五種之多，廣涉字書、醫術、地

〔註91〕 茅原定，詩經名物集解，內閣文庫藏平安書肆文化五年（1808）刻本。凡例3，以下凡未標注茅原定引文出處者，皆出自該書。

〔註92〕 茅原定，詩經輯佚 // 九經輯異〔H〕，國立國會圖書館藏寫本。

志、史書、經書、諸子、類書、筆記、總集、別集等等。凡與名物相關者無不採用，顯示出作者淵博的學識，更體現出作者不拘一格的研究格局。具體到每條名物的異名、俗名，定竭澤而漁，網羅無遺，甚至於出現在詩歌當中的藝名也一併收羅。以「荷花」爲例，別名有：

> 《西溪叢語》溪客，《三柳軒雜識》《事物紺珠》淨客，《留青新集》《三餘贅筆》《華夷草木考》靜客，《花鳥爭奇》禪社客，《名花譜》禪客，《名畫譜》靜友，《增補通考全書》《事物異名》淨友，《群書拾唾》《留青新集》《三餘贅筆》浮友，《群芳譜》水芸，《田家五行》水花魁，張潛詩《水宮仙子鬥紅妝》《典籍便覽》水宮仙子，《典籍便覽》水且，《典籍便覽》水芙蓉，《格物叢語》《事物異名》草芙蓉，《事物異名》《彙苑詳注》芬陀利，范石湖詩《瀛圭律髓》凌波仙子，《事物紺珠》凌波仙，《事物紺珠》紅幢，《事物紺珠》佳人，《事物紺珠》霞冠，《活人心法》霞片，東坡詩《事物紺珠》云錦，《三餘帖》《潛確類書》玉環，曹植詩《朱華冒綠池》朱華，白居易詩銀囊，《本草必讀》《醫學正傳》佛座須，郭震詩《碧玉盤中養水靜》碧玉盤，《留青新集》君子，周茂叔《愛蓮說》花君子，《書言故事》花中君子，郭璞贊里草。

紛繁複雜的名物，雜亂無章的稱呼，致使後人混淆不分、諸說紛紜。因此爲事物正名就顯得格外重要。定網羅古今別名附著於正名之下，各種名物由此昭然若揭，清晰易見。其彙輯之功，辨析之明，中外名物學家鮮有能出其右者。

「精」指的是辨異訂同，考據精審。如《防有鵲巢》「邛有旨鷊」之「鷊」，自《爾雅》以來，只言其爲綬草，五色成文，因其似鷊而得名，不曾言及綬草的詳細情況。《本草綱目》蓋草下引《漢書》云諸侯鱉綬，晉灼注曰鱉草出瑯邪，似艾可染，因以名綬。定據此認爲蓋草即是鷊。他從文獻中尋求蛛絲馬蹟，提出鷊、綬草、蓋草異名同實的新觀點，鷊也因此變得具體化。《伯兮》曰「焉得諼草」，世傳諼草即萱草，一種食之令人忘憂的草。定曰：

> 忘憂亦人之所能假，而李陵詩「願得萱草枝，以解饑渴情。」謝惠連詩「積憤成疢痗，無萱將如何。」宋石延年詩「移萱樹之背，丹霞間縹色。我有憂民心，對君忘不得。」轉用頗多矣。然又羅願曰「安得諼草，言樹之背。諼，忘也。言安得易忘之草，樹之背堂，

使我睹之而忘憂也。」然世豈有此物也哉，蓋亦極言其情。說者因
萱音之與諼同也，遂命萱以爲忘憂之草。此亦諸儒附會之語也。據
此說，詩人託辭，非特謂萱，極有味也。

他認爲無論諼草還是萱草，都是詩人意想之中的忘憂之草，不必當眞。《東山》
言「果裸之實」，《毛傳》釋曰栝樓，定曰：「栝蔞即果裸二字音轉也，時珍說
爲得。」《東山》又曰「熠耀宵行」，《朱傳》以爲「宵行」是蟲名，定駁曰：
「張華《勵志》詩：「涼風振落，熠耀宵流。」唐李白藥詩：「不辭逢露濕，
只爲重宵行。」此等爲明據。」其它如臺、莞、綠、薇、鯉、皁蠡、蟋蟀、
猱等，定於諸家說法中，輯其精刪其繁，辨明其是非得失，體現出作者淵博
的學識。且將文字訓詁的手段運用到名物的考據當中，多有新意。

　　「新」指的是作者對一些名物有新的認識，提出不同於別說的新見。《漢
廣》篇「言刈其楚」之「楚」，《毛傳》曰：「雜薪之尤翹翹者。」《朱傳》曰
「荊屬」。定同意以上二說，不過其運用文字學知識的疏解別有趣味，曰：「楚
非一種木名，謂雜薪也。古者刑人以荊杖，故字從荊。荊杖成叢而疏爽，故
謂之楚。從林從疏，假曰痛楚，曰濟楚。時珍以爲牧荊之名，恐非。」《靜女》
「自牧歸荑」之「荑」，《毛傳》釋曰：「茅之始生也。」定以爲：「荑非特茅
也。《大過》：九二，枯楊生稊。康成注作荑。又《後漢·徐登傳》：復次禁枯
樹，書即生荑。據此則草木皆有荑。」草木初生皆曰荑。《邶風·谷風》曰「誰
謂荼苦」，《毛傳》解荼爲苦菜，一般皆以爲荼菜味嫌苦。定曰：「誰謂荼苦，
非謂味之苦，所謂淡薄也。《通雅》茗名苦荼，《漳州府志》芸薹曰苦荼，亦
同意。」解雎鳩曰：「本邦叡嶽最多，狀如鷗，鳴聲亦相似，好食魚，而不能
入水。翺翔水上，以翼扇魚，急取之。其厭魚多在厭窟之間，里人謂之鶚鮓。」
《何人斯》「爲鬼爲蜮」之「蜮」，《毛傳》曰：「蜮，短狐也。」《朱傳》曰：
「江淮水皆有之，能含沙以射水中人影，其人輒病，而不見其形也。」定依
據日本的地情提出一種可能，說北越地區有一種毒蟲，看不見其形體，常常
藏匿於沙中。等聽到人的腳步聲，則向人的影子噴射一種氣體。開始人不覺
疼痛，稍後則感到憋悶心煩，類似於傷寒病。定以爲有可能是蜮。《鄘風·定
之方中》曰「樹之榛栗」，定解「栗」曰：「《綱目》蘇頌說，及《事林廣記》、
陸璣《疏》等言，倭韓國諸島上栗，大如雞子。先輩以爲邦產丹波栗，實其
然。」此解是中日博物學家間接對話成功的典範。科學或者說名物學是沒有
國界的，日本古代名物學著作的發掘與研究，以及中日名物學家的國際交流，

必將推動《詩經》名物學研究有一個質的飛躍。摒棄偏見，加強溝通，彼此借鑒已經成爲時代的要求。

「詩」指爲解詩而解名物。定認爲《詩》中名物皆是詩人隨見隨聞隨想的身邊事物，因此解名物忌諱鑽牛角尖，求簡不求繁。他說：「聖人修《詩》，一一覈其物乎？三百餘篇，多皆民間里巷之言，不擇雅語野諺，各取其政教之可喻者。名物方言，從其國之稱呼。苟以此疑聖人則不翅不知《詩》之本旨，毀先哲者而抑末也。」如《汝墳》章言：「魴魚赬尾，王室如燬。」《毛傳》曰：「赬，赤也。魚勞則尾赤。燬，火也。」後儒多從毛解。定曰：

> 魴魚赬尾，説者不同。張子曰：水淺魚搖尾多，則血流注尾，故尾赤也。呂氏曰：鯉魚赤，魴魚白，今魴魚亦赤則勞甚矣。《養生經》：魚勞則尾赤，人老則髮白。朝榮《詩經存固》云：魚勞則尾赤，人勞則形瘁。是皆寓意於赬尾，故云爾。《詩》之比興也，不拘魚之赤白，言其所見耳。《釋器》云：再染謂之赬。赬，淺赤色。不論魴鯉，火燬之則其尾皆淺赤。王室之酷烈，如燬魚於火中，其民皆困瘁。蓋以魚比民，以赬喻變瘁，豈亦拘魴鯉之赤白乎？可見古注不解魚名，尚簡之故也。

魴魚僅僅是詩人偶然間看到的魚而已，魴魚與赬尾之間沒有特別的聯繫，凡是經火烤後的魚尾巴盡顯赤色。定解名物常常結合詩意，從上下文語境著眼來確定名物的含義。《采薇》篇「象弭魚服」，《毛傳》曰：「魚服，魚皮也。」《朱傳》曰：「魚，獸名，似豬。東海有之，其皮背上斑文，腹下純青，可爲弓韣矢服也。」後世解魚有海牛、海豹、海驢、鮫等說，將關注點集中到魚身上。定以爲魚對於理解詩意意義不大，魚服的正確闡釋才是關鍵。他解曰：「《吳都賦》扈帶鮫函，注鮫魚甲可爲鎧，凡此等之類，皆可謂魚服也。本邦兵器，受矢者謂之箙。古制有逆頰箙者，以獸皮斑文爲之。暗與魚服合。」看來，魚服就是用獸皮做成的用於戰爭的一種器具。避開魚的繁瑣考證整體訓解魚服，透射出定以解詩爲宗旨的價值取向。有些名物說法不一，定乾脆不問誰是誰非，直言適合詩意者爲優。如解「蝱」云：「三說各異，難爲優劣矣。《詩》詠本以不得志而言，不必拘種類也。」解「鰥」曰：「諸說紛紜無確義，視者可從詩義之優。」解「嘉魚」曰：「諸家紛紜無確的，從詩義之優爲善。」

「事」是用事解物。敘事與說明相結合，枯燥的名物說解變得意趣橫生，也披露出一些日中、日朝名物交流的史實。如釋虎曰：「自有豐公朝鮮之役，彼國多貢獻。今又漢人舶湊其皮，武人製爲文菌重裘矢服弓韣，至觀美。」《皇矣》「其檉其椐」之「檉」，定曰：「檉柳無邦產，近世得舶來之種，往往栽之……」，並用大段篇幅詳細記述了發生在日本歷史上的有關檉柳的一場瘟疫。又如解象曰：

> 漢土無象，特嶺南有之，多出西域及占城、束捕塞、爪哇等之國。享保己酉之夏，廣東人舶獻生象。比之古畫，形稍異，或言灰象也。羈於洛中浪華苑，久之致江府，未幾而斃。其所通歷，人多群見。或詩歌、或國畫、一時爲之紙貴。好事者纂爲小冊子形於世，余每繙之，感愛不已。嗚呼！吾邦升平德化到海隅異域，珍禽奇獸，入貢不少。聖教之所波及，豈不恭畏乎。

日本本土無象，享保年間由中國廣州運來的一隻大象，在日本引起強烈反響，洛中一時爲之紙貴，給日人留下難以忘懷的精彩瞬間，後世傳爲佳話。從定的語氣中可以想見那份驚喜與感歎。

總之，日本《詩經》名物學研究，雖然取得豐碩的成果，但其不足之處也是顯而易見的。如束縛於草木鳥獸蟲魚的六部範圍，沒有向更廣闊的博物領域延伸，諸如服飾、宮室、車輿、兵器等仍顯空白。六部之中偏重於草木兩部，取得的成就也較大，其餘四部比較之下略嫌遜色。又由於他們缺乏清儒那樣的小學功底，因而徵引有餘，辨析不足。不過從《詩經小識》的初探，到《詩經名物集成》的「集大成」之作的出現，呈現出日本《詩經》名物學成長的百年足跡。猶如一隻小鳥從雛鳥漸漸變得羽翼豐滿，具備了不同於別鳥的獨有的特點。進入 20 世紀以來，以青木正兒爲代表的一批日本博物學家取得了享譽世界的成就，既有來自於西方現代新視角、新方法的催生，更與其江戶時代以來前輩的積澱難以割裂。

第四章　江戶《詩》風的餘聲

　　從江戶到明治，不僅僅是朝代更迭，更是伴隨著社會形態的巨大轉型。西學強勁，漢學消退的歷史背景下，明治《詩經》學發生了根本的轉變。一方面承幕末漢學之餘緒，出現了帶有總結性質的集大成之作《毛詩會箋》。另一方面借鑒西學新的研究方法，完成了《詩經》學由傳統注疏向多視角、全方位綜合研究的現代轉型。總之，在新的時代背景下，江戶《詩經》研究的盛況難以爲繼。其外在表現是，注疏《詩經》的專著急劇減少，今天能看到的也就幾部而已。除竹添光鴻《毛詩會箋》依然延續傳統注詩的範式之外，上田元沖《說詩小言》、山本章夫《詩經新注》已經發生了微妙的變化。預示著一種有別於傳統注釋的新的研究理念正在孕育。

　　王曉平在《毛詩會箋解說》中說：「《毛詩會箋》可以說是一首日本經學舊注疏的輓歌。」又說：「從明治時代《詩經》研究的總體情況來看，竹添光鴻的《毛詩會箋》無疑是代表當時最高研究水準的著述。」〔註1〕竹添光鴻（1842～1917），字漸卿，號井井居士，肥前人。著《論語會箋》、《左傳會箋》、《毛詩會箋》、《棧雲霞雨日記》等。光鴻曾任日本駐華領事，精通漢語，與中國學者交往甚廣，經學造詣頗深。俞樾在《棧雲霞雨日記序》中言：「山水則究其脈絡，風俗則言其得失，政治則考其本末，物產則察其盈虛。此雖生長於斯者，猶難言之。而井井航海遠來，乃能於飲風衣日之際，紙勞墨瘁之時，歷歷指陳，如示諸掌。〔註2〕」正如俞樾所言，《毛詩會箋》也偏重訓詁，其對於中國名物制度、文字訓釋的熟練程度，令人難以置信，堪與之前的胡承

〔註1〕 王曉平，毛詩會箋解說，王曉平博客。
〔註2〕 竹添光鴻，棧雲霞雨日記〔M〕，東京，奎文堂，1897，序。

珧《毛詩後箋》、馬瑞辰《毛詩傳箋通釋》、陳奐《詩毛氏傳疏》一較高下。

　　《毛詩會箋》二十卷，最早由上海商務印書館出版。之後有 1920 年的東京排印本，1928 年的松雲堂本和 1970 年的臺北大通書局本。這些都以商務印書館本爲底本。現山西大學國學研究院藏有東京大學藏本複印本。《毛詩會箋》，顧名思義，服膺《詩序》、《毛傳》，不滿足於《鄭箋》對《毛詩》經傳的解說，融彙諸說，重新箋釋《毛傳》。中國學者江瀚爲之序說：「雖以《毛傳》爲主，實兼採漢宋，不立門戶，務在平心靜氣，融會貫通，往往有所闡明，深得詩人言外之旨，其於名物訓詁詮釋亦極詳悉。〔註3〕」光鴻自序曰：「其體例一沿《左氏會箋》，以求合於諷喻之義。他經說苟有步《毛詩》者，隨得隨採，復者刪之，散者屬之，綜貫諸家之說，以期於會通。」一言蔽之，《詩序》、《毛傳》是其根，會通是其杆，訓詁是其枝葉。《毛詩會箋》於詩旨上獨依序說，創獲無多。其成就主要表現在名物制度考釋和文字訓解上。

　　假借以索義。通過假借的途徑索求文字涵義，是《毛詩會箋》最爲常見的箋釋方式。箋爲傳服務，因此《毛傳》的結論成爲光鴻訓解文字的最終歸宿。《毛傳》言簡義奧。將經文和《毛傳》緊密地統一起來，是擺在光鴻面前最大的難題。光鴻運用通假的手段很好地解決了以上矛盾。如《日月》詩「報我不述」之「述」，《毛傳》曰：「述，循也。」《鄭箋》以「不循禮」足成毛義。問題的核心是「述」和「循」之間存在怎樣的聯繫。光鴻以爲「述」與「術」皆從「術」聲，故二者可通用。「術」字在文獻中可釋作「法」或「道」，而「法」「道」和「循」意義接近，故《毛傳》釋「述」作「循」是有依據的。《邶風・谷風》篇「我躬不閱」，毛訓閱爲容。閱即說之假借，說與悅又相通，悅有容義，故閱也可釋容。《旄丘》篇「何誕之節兮」，誕與覃通假，覃，延也。毛訓誕爲闊，即延字引申之義。《泉水》篇「毖彼泉水」，毖者泌之假借。泌從必聲，必、畢、鬻三字同韻通用。毛傳鬻爲沸泉出貌。《玉篇》曰：「潷，泉水出貌。」《說文》曰：「泌，水駛流也。」《毛傳》曰：「泉水始出毖然流也。」正是泌「湧出駛流」的意思。《泉水》又曰「不瑕有害」，瑕是遐之假借，《爾雅》曰：「遐，遠也。」故毛訓瑕作遠意。假借迂迴索義是清儒發現的一種重要的訓詁手段，可以有效地解決前人許多懸而未決的難題。不過，它自身又帶有極大的隨意性，運用不妥當，很容易流於盲目附會的弊端。同

〔註3〕竹添光鴻，毛詩會箋〔M〕，東京大正九年（1920）據上海商務印書館本印本，序。以下凡未注明竹添光鴻引文出處者，皆出自該文。

時，光鴻又不完全依從《毛傳》的訓解，而相信自我考釋的結果。如《邶風·柏舟》曰「耿耿不寐」，《毛傳》訓耿耿作儆儆，即戒懼之貌。光鴻認爲耿耿通作炯炯，當作明亮解。《終風》篇「終風且曀」，傳曰：「陰而風曰曀。」光鴻認爲雲蔽日曰曀，不必帶風。《谷風》篇：「習習谷風，以陰以雨。」傳曰：「興也。習習，和舒之貌。東風謂之谷風。陰陽和而谷風至，夫婦和而室家成，室家成而繼嗣生也。」意即風調雨順，室家和睦。光鴻不以爲然，結合下文，認爲「始之以習習谷風，終之以以陰以雨，悲夫之意之變也。」意即始亂終棄。《式微》篇之「中露」「泥中」，《傳》以爲衛國邑名。光鴻則認爲是「露中」和「中泥」的倒文。《旄丘》篇曰「必有與也」，又曰「必有以也」。《毛傳》以仁義功德解「與」釋「以」。光鴻則認爲此解「全無文理」「絕少意味」，「與」當解爲「爲國謀議經營之事」，「以」當解作「必乞師於他國，有可爲其所以者。」遵《毛傳》而又不盲從，體現出《毛詩會箋》訓詁的獨立性。

　　同例相求也是《毛詩會箋》訓詁的又一特色。同例相求，即運用《毛詩》經傳中的相似語料互相求證。光鴻訓詁以徵引詳實取勝，其中《毛傳》中的相似語料是其材料徵引的重要補充。如《日月》詩「逝不古處」，《傳》訓「逝」作「逮」，光鴻認爲無論「逝」或「逮」皆是發語辭，無實在意義。《碩鼠》詩「逝將去女」，《桑柔》詩「逝不以濯」，「逝」皆語詞。《傳》訓爲逮，逮與肆通用，肆又可釋作遯，逮、肆、遯三字可通用。《有杕之杜》詩「噬肯適我」，《時邁》詩「肆於時夏」，《昊天有成命》詩「肆其靖之」，噬、肆全是語詞。所以《傳》訓作逮和《會箋》訓作語詞並無二致。《擊鼓》詩「擊鼓其鏜」，與「零雨其濛」、「兄觱其褮」句法相似，皆先言事而後狀其態。故《毛傳》訓「鏜」爲擊鼓的聲音。《凱風》詩「睍睆黃鳥」之「睍睆」，或釋爲形容顏色鮮美，或釋作描寫聲音動聽，不能一致。《杕杜》詩「有睍其實」，《大東》詩「睍彼牽牛」，睍皆爲狀貌，故《凱風》之「睍睆」也不能例外。《谷風》詩「不我能慉」，慉即畜之別體。《我行其野》詩「爾不我畜」，《日月》詩「畜我不卒」，《節南山》詩「以畜萬邦」，畜字《鄭箋》並云「養也」。故《毛傳》釋慉也作「養也」。《泉水》篇「聊與之謀」之「聊」，與《出其東門》詩「聊樂我員」及《素冠》詩「聊與子同歸兮」之「聊」同意，故《毛傳》皆作「願」講。《北風》詩曰：「莫赤匪狐，莫黑匪烏。」因「莫」「匪」二字生出諸種解釋。光鴻則以爲過於複雜，參照《小弁》「莫高匪山，莫濬匪泉」例，此句意

思其實再簡單不過。同例互證的方式是釋經的一種重要手段，但也要避免盲目使用，語境的略微變化都可能導致結論的大相徑庭。

除訓詁外，光鴻穿插其間，偶有感發的藝術點評也爲《毛詩會箋》增色不少。如評《泉水》曰：「本是意不可歸，卻始終不肯說出，只虛擬去反，竟用「不瑕有害」四字逗轉。末章又以淡寫輕描之筆結之，蘊藉柔厚，此爲絕調。」評《氓》之三章曰：「此處應作轉筆，卻另從寬處提起，迂曲遲回，以欲歙出之，立意絕妙。」評《河廣》曰：「通篇只說河非廣，宋非遠，而不可往之意，自在言外。並欲往之意亦說不出。章法神品。」評《木瓜》曰：「三章一意，並虛擬之詞。言有人貽我以木瓜，其恩意感刻不忘，我欲報之以瓊琚也。惠有大於木瓜者，卻以木瓜爲言，是降一格襯托法。瓊瑤足以報矣，卻說匪報，是進一層翻剝法。」類似的評價不時出現在繁瑣的考據中，常給人以耳目一新的感受。光鴻側重於對詩歌立意、章法的賞析，並對詩中飽含的濃濃情意體味至深。

假借索義，同例互證的訓釋方法，奠定了《毛詩會箋》的學術價值。瞬間閃現的藝術靈感爲《毛詩會箋》注入新的視角。正如清代《毛詩後箋》、《毛詩傳箋通釋》、《詩毛氏傳疏》三書共同鑄就《詩經》研究的又一高峰一樣，《毛詩會箋》憑藉其不俗的表現，爲日本江戶以來的《詩經》傳統注釋畫上一個圓滿的句號。

承江戶《詩》風產生的著作還有上田元沖的《說詩小言》和山本章夫的《詩經新注》。

上田元沖生平不詳。《說詩小言》，顧名思義，用最簡略的語言概括詩篇大意。功能類似《詩序》，卻比《詩序》簡略的多，大多數情況下，只有一句話。姑且稱之爲元沖序。元沖序大約有三個來源：《詩序》、《朱傳》，還有元沖本人對詩旨的獨特理解。從這三百條評語中，約略可以看出《詩經》研究由江戶時代進入明治時代所發生的悄然變化。

先看元沖序對《詩序》的改造。元沖序中有一部分源自《詩序》。如《螽斯》：頌大姒無妒心，子孫繁多也〔註4〕。《采蘩》：夫人奉事祭祀也。《草蟲》：內人以禮自守也。《采蘋》：內人奉事家廟也。《甘棠》：頌召公之遺恩也。《行露》：南國浴王化，而男女以禮自守也。《摽有梅》：愆期之婦人猶要納吉也。

〔註4〕上田元沖，說詩小言〔H〕，岩瀨文庫藏寫本。以下凡未注明上田元沖引文出處者，皆出自該書。

《江有汜》：媵妾不遇而無怨也。《何彼襛矣》：美王姬下嫁也。等等。源自《詩序》又不盡相同，說明元沖對《詩序》有所改造。《詩序》較詳細，不僅有對詩文本事的敘述，更有針對事件本身向前向後雙向的深度發掘。經文的本意僅僅是起點，而導致產生這一詩歌的政治時代背景，和詩歌的教化意義，才是《詩序》關注的焦點。這是典型的經學闡釋。元沖序僅有對詩文表意的探求，是文學闡釋的具體表象。如《雄雉》篇，元沖序曰：「刺衛宣公宣淫也。」《詩序》曰：「刺衛宣公也。淫亂不恤國事，軍旅數起，大夫久役，男女怨曠，國人患之而作是詩。」元沖繼承了《詩序》對本事的判斷，而對「淫亂不恤國事，軍旅數起」的想像之辭不置可否。《詩序》中的「刺」與「美」相對，帶有明顯的入世精神。元沖序中偶而也提及「刺」，卻與《詩序》之「刺」截然不同。元沖序中的「刺」，只是就宣公淫亂一事的不屑，並沒有像《詩序》一樣更廣泛的含義。《將仲子序》曰：「刺莊公也。不勝其母，以害其弟。弟叔失道而公弗制，祭仲諫而公弗聽，小不忍以致大亂焉。」小序與經文雖有牽連，但肯定沒有像小序所言內容豐富。小序是借經文發揮，從《左傳》中總結歷史經驗。結果是小序離經文愈行愈遠。所以元沖乾脆講：「莊公自訴不能制弟也。」反而更貼近詩文的語氣。《著序》曰：「刺時也。時不親迎也。」鄭箋曰：「時不親迎，故陳親迎之禮以刺之。」詩文所言本合禮制，小序刻意說成借古諷今，以達到其「美刺」的意義指向。元沖序直接從詩文出發，曰：「喜親迎有禮也。」這裡並沒有肯定元沖而否定小序的意思，它們產生在不同的文化背景下，有著各自不同的價值取向。小序偏重經學闡釋，追求豐富的文化意蘊。元沖序偏重於詩文鑒賞，希望透過文字表意領會到詩人的喜怒哀樂。

其二、元沖序對《詩集傳》的接受。元沖序很大部分是受到朱子「詩」學的啟發。如《卷耳》：大姒懷文王之遠征不歸也。《考槃》：賢者隱遁也。《木瓜》：男女相好之辭也。《君子于役》：思大夫之從役也。《葛藟》：居民離散也。《采葛》：思念淫人也。《遵大路》：寄舊情人之辭也。《山有扶蘇》：淫女戲所私也。《褰裳》：淫女調所私也。《出其東門》：賢者自安陋室也。《野有蔓草》：情人相會相悅之辭也。朱子「詩」學最引人矚目的成果，是發現了大量所謂的淫詩。元沖《說詩小言》幾乎全盤接受。事實上，元沖正是沿著朱熹開創的廢序說詩、就詩論詩的思路繼續延伸。如《子衿》，朱熹含糊其辭地說為「淫奔之詩」，元沖將其具體化，曰：「淫女寄所思也。」《防有鵲巢》詩，朱熹以

為寫小人離間戀人。元沖以為男女約會，結果發現所愛之人有第三者。其它如《女曰雞鳴》、《豐》、《東方之日》等，朱熹不以為淫詩，元沖反以為淫詩。可見朱熹「淫詩」說對元沖影響之深。

其三、元沖自我對詩意的開拓。《說詩小言》既有對傳統《詩》說的繼承和改造，還有相當部分是元沖領會詩意的獨特感受。這一部分最能看清楚元沖的《詩》學觀。如《桃夭》元沖序曰：「婦人正其家也。」是因為詩中反覆提到「之子于歸，宜其室家」。《唐風·揚之水》元沖曰：「桓叔封曲沃，邦人歸心焉。」是因為詩中有「從子於沃，既見君子，云何不樂？」《綢繆》曰：「久役初到，內人喜之也。」是因為「今夕何夕？見此良人」句。《葛生》曰：「婦人喪夫，自誓之辭也。」元沖以為「葛生蒙楚，薟蔓於野」一句，是對墳場荒涼場景的描寫。「予美亡此，誰與獨處」，是寫女子丈夫安葬於此。故有此解。一旦擺脫前人成說的干擾，就詩論詩，就會產生各種各樣千奇百怪的說法。好比一首詩，不考證它產生的具體時代背景，一百個人會有一百種解釋。元沖對《詩經》的處理，顯然脫離了它所產生的歷史背景，而是從經文的字面意思去揣測當時的情景。這是對「詩」的文學解讀。

從《說詩小言》中，看不到《詩》作為經的神聖，看到的是形形色色的人們為生活瑣事而寫的一些詩歌。這是《詩》由「經」向「詩」的蛻變。進入明治時代以後，日本人看《詩》的眼光發生了變化，它不再是一部影響日本歷史長達千年的文化經典，而是鄰國早期的一部詩歌總集。繼承與新變，是誕生於明治時代的《說詩小言》留給我們的兩大印象。無獨有偶，寫成於二十世紀初期的山本章夫《詩經新注》也有相似的表現。

山本章夫在生命的最後一年終於完成《詩經新注》的寫作〔註5〕。回顧中國《詩經》學史，有勇氣題名「新注」的有兩個時期，一個是宋代，如王安石的《詩經新注》。另一個就是上個世紀的大量湧現。既敢標曰「新注」，則含有顛覆舊說、再造新學的無限魅力。總體而言，《詩經新注》對朱熹《詩集傳》多有繼承，更值得稱讚的是，它沿著朱熹開闢的方向有許多全新的嘗試。

認清《詩經新注》（以下簡稱《新注》）與《詩集傳》的關係，對於把握《新注》的宗旨大有裨益。《新注》體例仿《詩集傳》如出一轍，甚至連內容也大量照搬。如不細加甄別，很容易誤將朱熹的言論視作章夫的原創。章夫對朱子「詩」學的繼承是有目共睹的。如此推崇的原因在於章夫對《詩經》

〔註 5〕山本章夫（1827～1903），號愚溪，著《論語補注》等。

學史的深刻思考。曰：「小序之辭多不達者，後儒信而不疑。或以爲子夏之文，子夏以文學見數，豈可有不達之辭乎？千載之後，獨韓愈見之卓越，朱熹精義入神，僅有所覺。然韓子於序無取捨之說，朱子取捨之說，有所未盡。則擬小序之作，非得止而不止者也。〔註6〕」又曰：「兩漢以後學者，見最高者，莫逾韓愈、程頤、朱熹。非曰其議論經解盡得聖人之意，唯其不膠於先人之言，直探先聖閫奧，非自他學者膚淺之所能及也。」眾多《詩》學前輩中，章夫獨推崇韓愈、朱熹。韓愈開宋學風氣之先，朱熹集宋學之大成，影響中國乃至東亞以後數百年歷史。其貢獻不言而喻。章夫有志於上承韓、朱，嫌朱子《詩》學「有所未盡」，故纂集《新注》，重建《詩》學話語體系。鑒於此遠大抱負，《新注》從多個方面對《詩經》進行新的思考。

新意一：撰「擬小序」，變《詩序》之「美刺」爲「哀樂」。朱熹廢序說詩，章夫另擬小序。擬序與《詩序》存在諸多不同。最大的區別是將《詩序》中的美刺字眼轉變成喜怒哀樂愛惡欲。這不僅僅是個別文字的轉換，而深藏著一種價值觀的改變。章夫曰：「小序以美刺括三百篇，美刺止於愛惡之二，所以不得詩人本旨者居多也。《關雎》樂而不淫，哀而不傷。詩人之情，發於哀樂者爲多，小序一取斷於美刺。美刺與哀樂不同，哀樂公而美刺動流於私。公者正也，私者邪也。故以美刺概三百篇，負夫子思無邪之言矣。」美刺是經過理性思考之後的價值判斷，具有強烈的教化色彩。哀樂是感性認知後的情緒流露，具有明顯的感化功能。從「美刺」向「哀樂」的轉變，說明章夫對於《詩經》詩歌本質的清醒認識。曰：「發於情。情，七情也。離情無詩。」「三百篇無不發於情者。非古人獨有七情，今人亦有七情，推吾七情逆詩人七情，是謂以意逆志也。」「予今新注詩，原於發於情三字。舉三百篇，盡配七情，擬小序作題辭。」七情是打開《詩經》心靈之門的管鑰。把握住了人情，就會發現《詩經》不同於其它四經的另一種美。

新意二：增加對《詩經》的文學評論。如評章法。《兔罝》篇曰：「此篇三章，爲一節深於一節之體。」《殷其雷》曰：「凡詩押韻者，詞之華；不押韻者，情之實。如斯篇，上四句押韻，下二句不壓韻，且通三章無一字變換，則下二句爲本旨所在。與前《漢廣》詩同章法。」《竹竿》篇曰：「此篇通四章述懷舊之意，而一語不及爲禮所局之事，至末章言寫憂之方，微示其意，

〔註6〕山本章夫，詩經新注〔M〕，眞下正太郎，1903，緒言4，以下凡未注明山本章夫引文出處者，皆出自該書。

亦善言者也。」如評詩眼。《猗嗟》曰：「按此篇「展我甥兮」，《君子偕老》「子之不淑，云如之何。」《載驅》「齊子豈弟」，皆冷語聳人，所謂綿裏針者，讀者宜著意看。」頗有評點的意味。「詩三百」也不全是優秀的詩篇，章夫直言不諱地指出其缺陷。《相鼠》篇曰：「此篇取比拙劣，且造語淺露率直，似欠溫柔含蓄之氣象。」章夫還借《詩經》的藝術成就擡高日本和歌的地位。《豐》曰：「按此篇亦淫風之一，而造語巧妙，有足誦者。豈本朝伊勢和泉式部之流乎。」《河廣》曰：「漢歌之於國詩，發於情而止於禮者爲同一固矣。如此作全篇僅三十二字，而無所不盡。三百篇中，可謂尤近似國詩者矣。」對《詩經》章法、句法評點的大量出現，還是第一次。這是明治以後《詩》學研究的新亮點。不過，章夫畢竟是明治以來維護傳統的一派，《詩經》的用世價值才是《新注》重點闡發的部分。

新意三：闡發《詩經》之警世效用。《詩》作爲經學載體之一，不同歷史時期不同的人對《詩》都有不同的價值判斷。歷經千年，《詩》的價值功能無限延伸，匯流而成《詩》學思想史。章夫假借孔子編詩之旨，大力宣揚《詩經》的警世功能，常常用一個「戒」字概括詩篇意義。他在《鶉之奔奔》篇曰：「所謂變風者，而刺淫奔之作，聖人錄之，使人知所戒者也。」《氓》曰：「按此篇言盡淫婦心情無遺，似非實歷者不可作。蓋詩人有所感備一人之始末，以爲戒者也。夫子錄之者，所謂善者師之，而惡之改焉之意耳。」《大叔于田》本寫共叔段漠視君臣之禮、兄弟之情，收買人心以圖野心。雖有違「思無邪」的宗旨，然共叔段順應民心，減免賦稅，使域內百姓安居樂業的客觀事實，卻有「戒後之爲人上而暴斂不仁者」。《還》詩本寫齊國境內尚獵成風，誇耀成習。章夫認爲其中深藏警戒人君的大意。曰：「雖無淫靡之弊，急於功利以詐僞爲賢之俗，隱然見乎其間。其後齊國所以爲天下強國原於此，齊國所以爲世臣篡奪，亦原於此。」反覆出現的「戒」字，強化著《詩》引以爲戒的意義指向。對於無法起到警戒功能的淫詩，章夫認爲《國風》中有十二篇，它們本不在孔子編詩的範圍，主張刪除。聯繫章夫其它的《詩》學觀，可以清晰地梳理出他解《詩》的途徑，即以人情爲起點，以風俗爲事實，以警世爲歸宿。

新意四：對部分詩旨的全新解讀。這樣的例證很多。如《素冠》，舊說以爲世風日下，兒女不能爲父母守三年喪禮。章夫解爲人君奢靡，爲臣者擔憂恐懼，又不能規諫，故與朋友相謀以離間。《鳲鳩》詩，舊說以爲諷刺在位君

子無均一之德。章夫解爲人君母子心繫一德，國人祈禱壽考萬年。《伐柯》詩，舊說以爲朝廷惑於管、蔡之言，不能以禮待周公。章夫則以爲詩人歡喜歸家以後能以禮成婚。不一一例舉。其詩旨闡發帶有極大的隨意性，尊重自我的閱讀感受，但又鍥刻有《詩序》的深深烙印。

《詩經新注》上承傳統注釋舊風，下啓現代研究新風，帶有過渡時期的雙面性格。紮根於傳統注解的厚實土壤中，注重闡發《詩經》有用於世的價值功能，同時又適應生態的新變化，增強對《詩經》文學靈動之美的賞析，並不斷拓展詩旨新的空間。

結　語

伴隨江戶時代社會主流文化思潮的變遷，日本江戶時代《詩經》學分別經歷了朱子「詩」學的獨尊、《詩經》研究的多元化及漢學的復興三次變化。如果我們把江戶時代主流文化思潮看作是助推江戶《詩》學演進的內部因素，那麼中國《詩經》學則是促進江戶《詩》學轉變的重要外部因素。仔細分析這三次變遷，會發現一個有趣的現象，即日本江戶時代的《詩經》學恰好與明清兩代的《詩》學走向相吻合。這不是一個偶然現象。實際上，江戶時代《詩經》學在整個過程中一直深受中國《詩經》學的影響。

江戶初期朱子「詩」學的獨尊是在宋學東漸的文化大遷移中發生的。德川幕府爲實現文教治國的政治方略，大力引進東方鄰國的朱子學以建構本國的意識形態話語。成書於明朝晚期的筆記小說《五雜組》云：「倭奴重儒書，信佛法，凡中國經書，皆以重價購之。〔註1〕」反映出當時中國文化對日本的強大吸引力。由於朱子學享有幕府官方學術的地位，《詩經》研究受朱子學的影響自然無以比擬。朱熹《詩集傳》迅速以絕對優勢壓倒了《毛傳》、《鄭箋》，成爲日本學人重點研討的對象。江戶末期學者仁井田好古曰：

> 明氏科舉之制，於詩獨取朱一家，著爲攻令，於是天下無復他學。此風延及皇國，毛鄭雖存，皆絀而不講，古義湮晦莫甚於此。
> 〔註2〕

〔註1〕冢田虎，隨意錄〔M〕//關儀一郎，日本儒林叢書，東京，鳳出版，1971，10。

〔註2〕仁井田好古，上金紫光祿大夫伏原清公書 //仁井田好古，樂古堂文集〔H〕，國立國會圖書館藏寫本。

此時產生的著述《詩經》的專著有林恕的《詩經私考》、松永昌易的《頭注詩經集注》和中村之欽的《筆記詩集傳》等。它們將《朱傳》當經文闡釋，《朱傳》中的一字一句無一遺漏，詳細注解。且幾乎沒有多少新意，大量徵引晚明羽翼《朱傳》的《詩》著代己立說。較受歡迎的有許天贈的《詩經講意》、陳元亮的《鑒湖詩說》、黃文煥的《詩經嫏嬛》、何楷的《詩經世本古義》、徐奮鵬的《詩經刪補》等。以上除何楷的《詩經世本古義》廣收博覽，訓詁詳明，典據精確外，無一不是爲滿足明朝士子考取功名而產生的應時之作。尤其是明永樂年間官修的《五經大全》，雖然在今天看來沒有多少新意，但是江戶初期的學者卻奉若至尊。林羅山就曾親自訓點《五經大全》向日本推介宋學。林恕讚譽《詩經大全》說：「永樂諸儒纂修《大全》，以《朱傳》爲主，是天下之公論也。〔註3〕」林恕所撰《五經私考》其實就是以《五經大全》爲範本製作的一部日本化的「大全」。中村之欽的《五經筆記》也受到《五經大全》的諸多啓示。由此看來，江戶初期的《詩》風主要延續的是明前期百餘年的餘緒。從《五經大全》的編纂到江戶初期朱子「詩」學的發生，其間大約相隔二百年。

　　江戶中期《詩經》的多元化闡釋，主要承接的是明朝中晚期的《詩》風。江戶中期正是中國歷史上所謂的「康乾盛世」，在其強大的影響力下，江戶學者慕華成風，一切向中國看起。朱謙之說：「康熙、乾隆二朝當日本寬文至寬政之間。當時日本因眩於清朝統一中國的大勢力，又向來崇拜中國，呼中國爲大國上國，這時更一切均欲模仿中國，採用中國文化。甚至固有名詞的姓名地名官名，皆求模仿中國作風。……又求詩文書畫於來長崎的中國人，或託人送詩中國人以得其和以爲光榮。又以接待東渡日本之中國人誇爲一世名譽。〔註4〕」當時日本學者爲追求時髦，模仿中國姓氏，改複姓爲單姓。長崎作爲中日海外貿易唯一開放的港口，受華風薰習最深，連當地的娼妓都懂漢語。在此優越的文化氛圍中，明朝中晚期學風姍姍來遲，入主江戶中期。恩田廷頌在《題朱學辨首》中曰：

　　　　爰及明清，學風復一變，喜新奇嫌踏襲，於是乎，僻說紛湧而宋學衰。流弊漸被我東方，近世儒者，多設新說欺學者，自稱古學，各立門戶相高。〔註5〕

〔註3〕林恕，詩經世本古義辨 // 鵝峰文集〔H〕，國立國會圖書館藏寫本，卷四九7。

〔註4〕朱謙之，日本的朱子學〔M〕// 朱謙之文集，福州，福建教育出版社，2002，95～96。

〔註5〕鎌田柳泓，朱學辨〔M〕// 關儀一郎，日本儒林叢書，東京，鳳出版，1971，2。

由此江戶初期朱子學一元獨立的社會思潮逐漸分化，向著多元化趨勢發展。西山拙齋在描寫當時日本的學風時說：「方今海內之學，四分五裂，各自建門戶胥，失統歸久矣。有黜《六經》廢《學》、《庸》，歧堯舜孔子為二致者，有外性理混王霸蔑視思孟程朱者，有陽儒陰佛妄唱心學者，有稱神道而薄湯武者。或枯單說道，或雜博論學，或抵掌談經濟，或抗顏騁詞壇，惟新奇是竟，異言百出，迭相驅扇。動輒著書炫世，以自欺欺人，釣名罔利，遺毒後昆，實繁有徒。青衿子弟，俍俍乎無所適從，逐臭吠聲，不陷於此，必陷於彼，滔滔者天下皆是。噫學之失統，未有甚於此時也！〔註6〕」具體到《詩經》學，江戶中期的《詩》學也表現出與江戶中晚期《詩》學驚人的相似。朱子「詩」學獨尊的時代一去不返，代之而起的是各種流派的齊頭並進。如以伊藤仁齋、太宰純為首的文學研究；以中井積德、皆川願為首的異學研究；以岡白駒、戶崎允明為代表的漢學研究。同時，日本《詩經》名物學也於此時誕生並迅速走向繁榮。由此可見，江戶中期《詩》學主要延續的是明朝中晚期的《詩》風。從王陽明「心學」的提出，到江戶中期以伊藤仁齋為首的「異學思維」的出現，其間大致相隔二百年。

江戶末期《詩經》漢學的復興，是在清代漢學回歸的影響下出現的《詩》學新轉向。十九世紀以後，中國文化對日本的衝擊依舊保持強勁的勢頭。摩嶋松南曰：「清商之至長崎，往往有吟詩書字者，然皆市井賈豎，拙劣不足論，況有學識之可稱乎？而邦人慕之，乞其詩求其書，以為清玩。或有名之儒生，亦有以與之唱酬為榮者。〔註7〕」從一個側面反映出中國文化在日本江戶末期的受歡迎程度。伴隨清朝社會主流文化思潮的變遷，江戶末期的學風再次發生轉向。此時的學者不再醉心於江戶中期以來標新立異的學術風氣，而是從清代考據學中充分汲取其理性精神，秉持一種科學的態度對待學術研究。東條耕曰：

> 清人考據之說盛行，而人爭知搜索元明以上之古鈔影本者，實自篁墩始。

> 今按篁墩之所為，多與近世清人盧見曾、畢沅、孫星衍、段玉裁、戴士震、阮元等諸家之所言，暗合者多矣。蓋考證精覈，

〔註6〕朱謙之，日本的朱子學〔M〕//朱謙之文集，福州，福建教育出版社，2002，245。
〔註7〕摩嶋松南，娛語〔M〕//關儀一郎，日本儒林叢書，東京，鳳出版，1971，64。

　　雖使氣運之然，先鞭之見，隔地而相同，眞可謂卓絕矣。〔註8〕
而將考據學自覺地運用到《詩經》研究之中並取得豐碩成果的大田錦城，則
曰：「與得明人之書百卷，不如清人之一卷也。〔註9〕」王家驊先生通過對大
田錦城的研究得出了如下結論，說「大田錦城的考證學，明顯受到中國清代
初期的考證學者顧炎武、閻若璩，毛奇齡等人的影響。〔註10〕」由此不難得
出，江戶末期漢學之風的興起是在清朝漢學回歸的帶動下而出現的。具體到
《詩經》學，時至江戶末期，清代前中期的《詩經》著述逐漸成爲日本治《詩》
者關注的焦點，如陳啓源、毛奇齡等人的著作都曾引起轟動效應。江戶末期
的《詩》學界大體呈現出三種走勢。一是尊序派的《詩經》研究，如諸葛晃
的《詩序集說》、八田綏的《詩經古義解》、龜井昱的《古序翼》和《毛詩考》
等。二是折衷派的《詩經》研究，如東條弘的《詩經標識》、古賀煜的《朱子
詩傳思問續編》、冢田虎的《冢注毛詩》等。三是考據派的《詩經》研究，如
大田錦城的《詩經談》、仁井田好古的《毛詩補傳》、安井息軒的《毛詩輯疏》
等。從清初復古思潮的興起，到江戶末期（十九世紀前中期）漢學的全面回
歸，其間相隔大致也是二百年。

　　江戶時期《詩經》研究的歷史與明清《詩經》學息息相關，不可分割，
他們之間自然形成一種此消彼長的連鎖反應模式。在一定程度上說，江戶《詩
經》學史就是明清《詩經》學史的一個濃縮版。

　　　西土學術文風百年內外必罩被於我，邦人一染之後不輕變，非
　　如西土易遷。〔註11〕

　　　　　　　　　　　　　　　　　　　　　　　　——古賀侗庵

　　　我邦與漢土，相距萬里，劃以大海，是以氣運每衰於彼而盛於
　　此者，亦勢所不免，其後於彼，大抵二百年。〔註12〕

　　　　　　　　　　　　　　　　　　　　　　　　——江村北海

〔註8〕　東條耕，吉田篁墩傳 // 關儀一郎，日本名家四書注釋全書〔G〕，東京，鳳出
　　　　版，1973。
〔註9〕　朱謙之，日本的古學與陽明學〔M〕// 朱謙之文集，福州，福建教育出版社，
　　　　2002，341。
〔註10〕王家驊，儒家思想與日本文化〔M〕，杭州，浙江人民出版社，1990，145。
〔註11〕古賀侗庵，侗庵新論〔H〕，東京大學總合圖書館藏寫本，卷三十四，第 131
　　　　條。
〔註12〕江村北海，日本詩史〔M〕// 蔡鎮楚，域外詩話珍本叢書，北京，北京圖書
　　　　館出版社，2006，卷四 501。

　　　　西人之知，深於創韌；邦人之才，巧於模仿。凡百器物方技術
　　數之類，無不悉然，至文章經義尤甚。夫器物醫曆之類，苟有益於
　　我，雖剽竊前人之工夫，何害於義。唯文章經義，則人各有其聞見，
　　後者竊而得名，前者蔽焉。且攘人之力，而省我之勞，以昌一時之
　　譽，大有害於心術，斷不可爲也。近上國一聞人，喜竊西人之說，
　　人詰之，輒曰：暗合而已，因號曰暗合先生。夫邦人巧於模仿，故
　　自然雷同。雷同不已，自然剽竊。雷同與剽竊，其名雖異，皆因不
　　勞於己而易取譽也。是以古學行，則舉世談禮樂；宋說行，則舉世
　　談性理。明詩行，則舉世壯聲豪語，好述宦情；宋詩行，則舉世廈
　　影寒色，每寫野趣。前之學者多狂行，而後之學者多狷心。前之詩
　　人多五馬乘車者，而後之詩人多獨步曳杖客。前之世界多青雲明月，
　　而後之世界多淡煙微雨。其間相距，僅三四十年。〔註13〕

　　　　　　　　　　　　　　　　　　　　　　　　——廣瀨旭莊

關於江戶學風的流變帶有中國文化思潮起伏的印痕，古今中日學者多有論
及，只是在時間差的推斷上有所差異。比如以上三則材料，古賀煜認爲中國
學術一百年內必波及日本，江村北海則認爲是二百年，廣瀨旭莊則認爲是三
四十年。從江戶《詩》風的演變情況而言，江村北海的二百年似乎更有道理。
因爲空間的阻隔，此間存在一定的時間差是客觀存在的事實，時間差的長短
取決於兩國的外交政策和交通運輸的水平。祈曉明說：「無論是日本或是朝鮮
接受中國文化時，由於其文化土壤、社會環境的不同，其從引進到消化吸收
的過程或長或短，因爲與中國不同步而形成時間上的相對滯後，這一點的確
是應該承認的客觀事實。〔註14〕」正如廣瀨旭莊所言：「西人之知，深於創韌；
邦人之才，巧於模仿。凡百器物方技術數之類，無不悉然，至文章經義尤甚。」
雖然是籠統而言，同樣也適用於日本的《詩經》研究。當然模仿不等於簡單
重複，正如一個原創於他國的模型，經過日本人的加工之後變得更加精製適
用一般。明清時期新的《詩》風傳入日本之後，這種風氣會根據日本民族的
特點，作出相應的調整，使一部來自於西土的經典在本國環境下煥發出璀璨
別致的民族之光。

〔註13〕廣瀨旭莊，途說〔M〕//關儀一郎，日本儒林叢書，東京，鳳出版，1971，
　　　　18。
〔註14〕祁曉明，江戶時期的日本詩話〔M〕，北京，中國社會科學出版社，2009，111。

參考文獻

日本文獻：

1. 林恕，詩經私考〔H〕，自筆本。
2. 林恕，詩經別考〔H〕，自筆本。
3. 林恕，羅山林先生集〔M〕，平安考古學會，1921 年。
4. 林恕，鵝峰文集〔O〕，1689 年。
5. 林恕，鵝峰林先生集〔O〕，1689 年。
6. 林恕，詩書序考〔H〕，稿本。
7. 林恕，詩訓異同〔O〕，1670 年。
8. 中村之欽，筆記詩集傳〔O〕，1764 年。
9. 松永昌易，詩經集注〔O〕，1664 年。
10. 山口景德，詩三說合錄〔H〕，寫本。
11. 稻生宣義，詩經小識〔H〕，寫本。
12. 太宰純，朱氏詩傳膏肓〔O〕，1746 年。
13. 太宰純，詩書古傳〔O〕，1758 年。
14. 太宰純，聖學問答〔O〕，江都，書肆嵩山房，1736 年。
15. 太宰純，文論詩論〔H〕，寫本，1881 年。
16. 岡白駒，詩經毛傳補義〔O〕，1746 年。
17. 赤松弘，詩經述〔H〕，寫本。
18. 中井積德，古詩逢源〔H〕，明治寫本。
19. 中井積德，古詩得所編〔H〕，明治寫本。
20. 皆川淇園，詩書繹解〔O〕，平安書肆，1812 年。

21. 皆川願，書經繹解〔O〕，平安書肆，1812 年。

22. 皆川願，問學舉要〔O〕，皇都書林，1774 年。

23. 皆川願，願文集〔H〕，寫本。

24. 諸葛蠡，諸葛詩傳〔H〕，寫本，1796 年。

25. 諸葛蠡，鬢髮山人集二編〔H〕，寫本，1808 年。

26. 諸葛蠡，唐宋詩論二編〔H〕，寫本。

27. 齋藤高壽，復古毛詩序錄〔H〕，寫本。

28. 戶崎允明，古注詩經考〔H〕，寫本。

29. 八田鯤，詩經古義解〔O〕，1800 年。

30. 龜井昱，古序翼〔H〕，抄本，1831 年。

31. 龜井昱，毛詩考〔H〕，寫本。

32. 龜井昱，家學小言〔H〕，寫本。

33. 龜井昱，擬風〔H〕，寫本，1820 年。

34. 諸葛晃，詩序集說〔H〕，寫本。

35. 藍澤祇，詩經講義〔H〕，寫本。

36. 野呂道庵，述經隨筆毛詩辨誤〔H〕，寫本。

37. 豬飼彥博，詩經集說標記〔H〕，寫本。

38. 東條弘，詩經標識.抄本〔H〕，1850 年。

39. 古賀煜，朱子詩傳思文續編.寫本〔H〕，1863 年。

40. 日尾瑜，毛詩諸說〔H〕，寫本。

41. 岡元鳳，毛詩品物圖考〔O〕，平安，北村四郎兵衛，1785 年。

42. 藤沼尚景，詩經小識補〔H〕，寫本，1781 年。

43. 伊藤善韶，詩解〔H〕，寫本，1798 年。

44. 冢田虎，冢注毛詩〔O〕，1801 年。

45. 會澤安，刪詩義〔H〕，寫本。

46. 大田錦城，毛詩大序十謬〔H〕，寫本。

47. 大田錦城，九經談〔O〕，大阪，河內屋太助，1804 年。

48. 大田錦城，錦城全集〔H〕，寫本，1825 年。

49. 大田錦城，三緯微管編〔H〕，寫本。

50. 大田錦城，錦城漫筆〔H〕，寫本。

51. 仁井田好古，毛詩補傳〔M〕，刊本。

52. 仁井田好古，樂古堂文集〔H〕，寫本。

53. 安井息軒，毛詩輯疏〔M〕，崇文叢書本。

54. 安井息軒，毛詩集說〔H〕，寫本。

55. 安井息軒，讀書餘適〔M〕，刊本。

56. 安井息軒，睡餘漫筆〔M〕，1921 年。

57. 安井息軒，安井息軒文集〔H〕，寫本。

58. 茅原定，詩經名物集成〔O〕，平安書肆，1808 年。

59. 茅原定，茅窗漫筆〔O〕，皇都書房，1833 年。

60. 上田元沖，詩經小言〔H〕，寫本。

61. 山本章夫，詩經新注〔M〕，眞下正太郎，1903 年。

62. 竹添光鴻，毛詩會箋〔M〕，臺灣，大通書局，1970 年。

63. 角田九華，近世叢語〔O〕，慶元堂、尚書堂、松根堂，1838 年。

64. 角田九華，續近世叢語〔O〕，文海堂、寶玉堂，1845 年。

65. 關儀一郎，近世儒家史料〔G〕，東京，井田書店，1942 年。

66. 關儀一郎，儒林叢書〔G〕，東京，鳳出版，1971 年。

67. 關儀一郎，日本名家四書注釋全書東〔G〕，東京，鳳出版，1973 年。

68. 西島醇，儒林源流〔M〕，東京，飯冢書房，1976 年。

69. 柴野栗山，栗山文集〔O〕，東京，山城屋佐兵衛，1842 年。

70. 原念齋，先哲叢談〔O〕，武阪府書林，1816 年。

71. 闕名，先哲叢談遺編〔H〕，寫本。

72. 東條耕，先哲叢談後編〔M〕，松榮堂，1893 年。

73. 松村操，近世先哲叢談正編〔M〕，岩々堂。

74. 東條琴臺，先哲叢談續編〔M〕，松永堂，1884 年。

75. 林羅山，羅山文集〔M〕，平安考古學會，1918 年。

76. 林羅山，惺窩稿〔O〕，1627 年。

77. 林羅山，林羅山文集〔M〕，京都，京都史迹會.1979 年。

78. 菅玄同，惺窩稿續編〔O〕，1627 年。

79. 日本思想大系〔G〕，東京，岩波書店，1971 年。

80. 古賀精里，精里二集〔O〕，1817 年。

81. 北村可昌，古學先生詩集〔O〕，京兆玉樹堂，1717 年。

82. 中村幸彥，近世後期儒家集〔G〕，東京，岩波書店，1972 年。

83. 松崎慊堂，慊堂日記〔M〕，東京，平凡社，1970 年。

84. 鵜田惠言，東條一堂傳〔M〕，名古屋，新日本印刷株氏會社，1953 年。

85. 古賀煜，侗菴全集二集〔H〕，寫本。

86. 清原富賢，錦城百律〔O〕，弘文閣、萬笈堂，1809 年。

87. 竹添光鴻，棧雲霞雨日記〔M〕，東京，奎文堂，1897 年。

88. 古賀侗庵，侗庵新論〔H〕，寫本。

89. 小川貫道，漢學者傳記及著述集覽〔M〕，東京，關書院，1935 年。

中國文獻

1. 沈約，宋書〔M〕，北京，中華書局，1974 年。

2. 孔穎達，毛詩正義〔M〕，北京，中華書局，1980 年。

3. 朱熹，詩集傳〔M〕，南京，鳳凰出版社，2007 年。

4. 胡廣，詩經大全〔M〕，四庫全書本。

5. 許天贈，詩經正義〔M〕，四庫全書存目叢書本。

6. 何楷，詩經世本古義〔M〕，四庫全書本。

7. 黃文煥，詩經考〔M〕，四庫全書存目叢書本。

8. 顧夢麟，詩經說約〔M〕，臺北，久忠實業有限公司，1996 年。

9. 馬瑞辰，毛詩傳箋通釋〔M〕，北京，中華書局，1989 年。

10. 顧炎武，日知錄〔M〕，蘭州，甘肅民族出版社，1997 年。

11. 永瑢等，四庫全書總目〔M〕，中華書局，1965 年。

12. 邵懿辰、邵章，增訂四庫簡明目錄〔M〕，上海古籍出版社，1959 年。

13. 中科院圖書館，續修四庫全書總目提要〔M〕，中華書局，1993 年。

14. 朱謙之，朱謙之文集〔M〕，福州，福建教育出版社，2002 年。

15. 張寶三、楊儒賓，日本漢學研究續探：思想文化篇〔C〕，上海，華東師範大學出版社，2008 年。

16. 朱雲影，中國文化對日韓越的影響〔M〕，桂林，廣西師大出版社，2007 年。

17. 蔡毅，中國傳統文化在日本〔M〕，北京，中華書局，2002 年。

18. 吳廷璆，吳廷璆史學論集〔C〕，北京，人民出版社，1997 年。

19. 王家驊，儒家思想與日本文化〔M〕，杭州，浙江人民出版社，1990 年。

20. 祈曉敏，江戶時期的日本詩話〔M〕，北京，中國社會科學出版社，2009 年。

21. 蔡鎮楚，域外詩話珍本叢書〔M〕，北京，北京圖書館出版社，2006 年。

22. 葉渭渠，日本文化通史〔M〕，北京，北京大學出版社，2009 年。

23. 馮瑋，日本通史〔M〕，上海，上海社會科學院出版社，2008 年。

24. 王仲濤、湯重南，日本史〔M〕，北京，人民出版社，2008 年。

25. 孫秀玲，一口氣讀完日本史〔M〕，北京，京華出版社，2006 年。

26. 劉毓慶，從經學到文學——明代詩經學史論〔M〕，北京，商務印書館，2001 年。

27. 劉毓慶、郭萬金，從文學到經學——先秦兩漢詩經學史論〔M〕，上海，華東師範大學出版社，2009 年。

28. 劉毓慶、賈培俊，歷代詩經著述考（明代）〔M〕，北京，中華書局，2008 年。

29. 王曉平，日本詩經學史〔M〕，北京，學苑出版社，2009 年。

30. 王曉平，日本詩經學文獻考釋〔M〕，北京，中華書局，2012 年。

31. 王健，儒學在日本歷史上的文化命運：神體儒用的辨析〔M〕，鄭州，大象出版社，2006 年。

32. 劉岳兵，日本近代思想史〔M〕，北京，世界知識出版社，2010 年。

33. 趙沛霖，海外詩經研究對我們的啟示〔J〕，學術研究，2006 年 10 期。

34. 張永平，明治以前日本詩經學變遷〔J〕，安徽文學，2008 年 10 期。

35. 張永平，日本明治詩經學史論〔D〕，2005 年全國優秀碩士論文。

附錄　日本現存江戶時代《詩經》著述目錄（共 144 種）

1. 安井息軒：《毛詩集說》，國立國會圖書館藏寫本。
2. 大田元貞：《毛詩大序十謬》（附《六義考》），國立國會圖書館藏寫本。
3. 岡元鳳：《毛詩品物圖考》，卷一至卷七，國立國會圖書館藏平安北村四郎兵衛天明五年刊本。
4. 仁井田好古：《毛詩補傳》，三十卷，國立國會圖書館藏刊本。
5. 井岡冽：《毛詩名物質疑》，六卷，國立國會圖書館藏寫本。
6. 中井積德：《詩經聞書》，國立國會圖書館藏寫本。
7. 中井積德：《諧韻瑚璉》，國立國會圖書館藏寫本。
8. 中村之欽：《詩經叶韻考》，國立國會圖書館藏自筆本。
9. 西山元：《詩經考》，二十卷，國立國會圖書館藏自筆本。
10. 中村擇齋講、和氣寬筆：《詩經口義》，國立國會圖書館藏天保二年序寫本。
11. 小野蘭山：《詩經產物解》，國立國會圖書館藏寫本。
12. 小野蘭山：《詩經名物辨解正誤》，國立國會圖書館藏寫本。
13. 星野璞：《詩經四始考證》，國立國會圖書館藏刊本。
14. 田村久常：《詩經師傳》，國立國會圖書館藏嘉永五至七年手稿本。
15. 伊佐貞：《寬政己未夏詩經草木多識會品目》，國立國會圖書館藏京都未濟館寬政十一年本。
16. 松岡恕庵：《詩經名物考》，國立國會圖書館藏寫本。
17. 細井徇：《詩經名物圖解》，國立國會圖書館藏手稿本。

18. 岡白駒：《詩經毛傳補義》，國立國會圖書館藏延享三年本。

19. 諸葛蠡：《諸葛詩傳》，國立國會圖書館藏寬政八年寫本。

20. 皆川淇園：《詩書繹解》，十五卷，國立國會圖書館藏文化九年平安書肆刊本。

21. 皆川淇園：《二南訓闈》，二卷，國立國會圖書館藏寬政壬子序刊本。

22. 齋宮必簡：《周南召南次序》，國立國會圖書館藏寫本。

23. 齋宮必簡：《小雅小旻解》，國立國會圖書館藏寫本。

24. 伊藤長胤：《讀詩要領》，《紹術雜鈔》第二冊，國立國會圖書館藏寫本。

25. 茅原定：《九經輯異》，國立國會圖書館藏寫本。

26. 齋藤高壽：《復古毛詩序錄》，國立國會圖書館藏寫本。

27. 龜井昱：《毛詩考》，二十六卷，國立國會圖書館藏寫本。

28. 林恕：《詩經私考》，三十二卷，內閣文庫藏自筆本。

29. 林恕：《詩經別考》二十卷，附《詩考竟宴》一卷，內閣文庫藏自筆本。

30. 林恕：《詩訓異同》，內閣文庫藏寬文庚戌文稿本。

31. 林恕：《詩書序考》，內閣文庫藏稿本。

32. 中村之欽：《筆記詩集傳》，十六卷（卷四、五缺），內閣文庫藏明和元年刊本。

33. 中村之欽：《詩經示蒙句解》，十八卷，內閣文庫藏天明八年印本。

34. 太宰純：《朱氏詩傳膏肓》，二卷，內閣文庫藏延享三年刊本。

35. 太宰純：《詩書古傳》，三十四卷，內閣文庫藏寶曆八年刊本。

36. 古賀煜：《朱子詩傳思文續編》，內閣文庫藏文久三年寫本。

37. 中村明遠：《讀詩要領》，內閣文庫藏延享四年刊本。

38. 細井德民：《詩經古傳》，十卷，內閣文庫藏寶曆九年跋刊本。

39. 淺見安正、丸子默齋、山口景德：《詩三說合錄》（《書正統監本詩書集傳後》《考訂詩傳或問》《讀詩大旨》各一卷），內閣文庫藏山口景德編寫本。

40. 溪世尊：《詩經餘師》，八卷，內閣文庫藏寬政五年刊本。

41. 黑川蠡：《詩經一枝》，內閣文庫藏天保十五年刊本。

42. 長允文：《詩書評釋》三卷，《拾遺》二卷，內閣文庫藏明治十六年刊本。

43. 諸葛晃：《詩序集說》，三卷，內閣文庫藏寫本。

44. 小山愛司：《詩經之研究》，內閣文庫藏昭和十二年本。

45. 稻生宣義：《詩經小識》，八卷，內閣文庫藏寫本。

46. 藤沼尚景：《詩經小識補》七卷，《拾遺》一卷，內閣文庫藏安永十年寫本。

47. 江村如圭：《詩經名物辨解》，七卷，內閣文庫藏享保十六年刊本。

48. 淵在寬：《陸氏草木鳥獸蟲魚疏解》，內閣文庫藏安永八年刊本。

49. 茅原定：《詩經名物集成》，六卷，內閣文庫藏文化五年刊本。

50. 中井積德：《詩經雕題》，三卷，東京大學總合圖書館藏嘉永四年柴田溫醒述樓抄本。

51. 高橋閔愼：《詩經五聲音繹證》一卷，附《五聲音錄書目》一篇、《五聲音附言》一篇，東京大學總合圖書館藏享和三年跋刊本。

52. 大田元貞：《大小序辨》，東京大學總合圖書館藏江戶抄本。

53. 大田元貞：《九經談》，十卷，東京大學總合圖書館藏文化元年大阪文金堂河內屋太助等刊十二年慶元堂和泉屋莊次郎等買板重印本。

54. 大田元貞：《詩經口義》，一卷，東京大學總合圖書館藏文政七年上總海保元備筆記抄本。

55. 龜井昱：《古序翼》，六卷，東京大學總合圖書館藏據天保二年抄本重抄本。

56. 東條弘：《詩經標識》，八卷，東京大學總合圖書館藏嘉永三年四年抄本。

57. 山本章夫：《詩經新注》三卷，附規矩三《名物辨》一卷，東京大學總合圖書館藏明治三十六年眞下正太郎等鉛印本。

58. 無名氏：《注毛詩》，不分卷，東京大學總合圖書館藏抄本。

59. 山井鼎：《七經孟子考問補遺》，東京大學總合圖書館藏享保十六年江戶小川彥九郎等刊本。

60. 松本愼：《五經圖彙》，三卷，東京大學總合圖書館藏寬政三年京都山本長左衛門等刊本。

61. 宇野成之：《毛詩辨》，六卷，東京大學總合圖書館藏天明五年燕都書房崇文堂前川六左衛門等刊本。

62. 宇野成之：《朱注詩經標解》，五卷，東京大學總合圖書館藏享和元年江戶須原屋新兵衛等刊本。

63. 小野職孝：《詩經草木彙解殘》，存卷上草之部，東京大學總合圖書館藏天保十二年多紀安常鈔本。

64. 海保元備：《毛詩紀聞》，存卷四、七、八，東京大學總合圖書館藏嘉永二年至四年樵村居士源賴之筆錄抄本。

65. 安井息軒：《毛詩輯疏》，十二卷，東京大學人文社科系漢籍中心藏《崇文叢書》本。

66. 東敬治：《詩經彙說》，無窮會圖書館平沼文庫藏手稿本。

67. 野呂道庵：《述經隨筆毛詩辨誤》，二卷，無窮會圖書館平沼文庫藏寫本。

68. 馬淵嵐山：《誦詩要法》，無窮會圖書館平沼文庫藏寫本。

69. 岡田煌亭：《七經雜記》，八卷，無窮會圖書館平沼文庫藏精義塾藏本。

70. 佐時貞：《詩音示蒙》，二卷，無窮會圖書館神習文庫藏享和二年刻本。

71. 岡井鼎：《詩疑》，二十二卷（卷二十一缺），無窮會圖書館神習文庫藏寫本。

72. 松永昌易：《詩經集注》，八卷，無窮會圖書館織田文庫藏寬文四年刊本。

73. 野村魯嚴：《詩經訓義便覽》，十卷，無窮會圖書館織田文庫藏天保十五年序寫本。

74. 大田元貞：《詩經聞記》，無窮會圖書館織田文庫藏寫本。

75. 冢田虎：《冢注毛詩》，二十卷，無窮會圖書館織田文庫藏享和元年序刊本。

76. 海保竹逕：《詩經筆記》（《大雅》），築波大學中央圖書館藏明治四年筆記本。

77. 島田篁村：《詩經筆記》，（《秦風》《曹風》《小雅》），築波大學中央圖書館藏明治三十至三十一年筆記本。

78. 島田篁村：《詩經解》，築波大學中央圖書館藏寫本。

79. 海保漁村：《詩經聞聽錄》，二卷，築波大學中央圖書館藏明治元年寫本。

80. 無名氏：《詩經筆記》，十七卷，築波大學中央圖書館藏寫本。

81. 無名氏：《詩傳序孝經序解》，築波大學中央圖書館藏寫本。

82. 保谷玄悅：《詩經多識參考集》，二卷，築波大學中央圖書館藏享保六年序寫本。

83. 高閌慎：《詩經人物證》，築波大學中央圖書館藏文化十年序刻本。

84. 尾田玄古：《詩經圖解》，二卷，築波大學中央圖書館藏刊本。

85. 皆川淇園：《詩經助字法》，二卷，築波大學中央圖書館藏天明三年序刻本。

86. 無名氏：《詩經旁考》，二十八卷，築波大學中央圖書館藏寫本。

87. 宇野成之：《毛詩鄭箋標注》，二十卷，築波大學中央圖書館藏前川六左衛門、須原屋茂兵衛天明六年刊本。

88. 八田絲：《詩經古義解》，一卷，築波大學中央圖書館藏寬政十二年刊本。

89. 大田元貞：《三緯微管編》，三卷，築波大學中央圖書館藏寫本。

90. 伊藤善韶：《詩解》，十八卷，築波大學中央圖書館藏寬政十年寫本。

91. 戶崎允明：《古注詩經考》，十卷，靜嘉堂文庫藏寫本。

92. 日尾瑜：《毛詩諸說》，一卷，靜嘉堂文庫藏寫本。

93. 金子濟民：《詩傳纂要》，四卷，靜嘉堂文庫藏寫本。

94. 岡本保孝：《韓詩外傳考》，二卷補一卷，靜嘉堂文庫藏寫本。

95. 中井積德：《古詩逢源》，不分卷附一卷，靜嘉堂文庫藏明治寫本。

96. 中井積德：《古詩得所編》，三卷，靜嘉堂文庫藏明治寫本。

97. 豬飼彥博：《詩經集說標記》，不分卷（首缺），靜嘉堂文庫藏寫本。

98. 大田元貞：《詩經纂疏》，不分卷，靜嘉堂文庫藏寫本。

99. 安藤龍：《詩經辨話器解》，二十卷，靜嘉堂文庫藏嘉永四年序寫本。

100. 熊澤伯繼：《詩經周南召南之解》，二卷，靜嘉堂文庫藏《蕃山全集》本。

101. 平貴德：《詩經秘傳》，二卷，杏雨書屋藏抄本。

102. 平貴德：《詩經物名解》，三卷，杏雨書屋藏文雅堂寫本。

103. 四宮則□：《詩經名物考》，一卷，杏雨書屋藏享保七年自筆稿本。

104. 神吉主膳：《詩經名物考》，一卷，杏雨書屋藏寫本。

105. 阪元愼：《詩經名物正名》，一卷，杏雨書屋藏寫本。

106. 畔田伴存：《詩經名物辨解紀聞》，三卷，杏雨書屋藏自筆稿本。

107. 山本世孺：《詩經名物辨解釋義》，一卷，杏雨書屋藏寫本。

108. 山本良臣：《毛詩群類講義》，一卷，杏雨書屋藏弘化二年自筆稿本。

109. 滕知剛：《毛詩品物正誤》，杏雨書屋藏寫本。

110. 無名氏：《新增詩經名物辨解記聞》，一卷，杏雨書屋藏寫本。

111. 三宅尚齋：《詩經大意講義》，名古屋市蓬左文庫藏《道學資講》本。

112. 三宅尚齋：《詩經筆記》，名古屋市蓬左文庫藏《道學資講》本。

113. 中村習齋：《詩集傳講義》，名古屋市蓬左文庫藏《道學資講》本。

114. 皆川淇園：《詩經國風圖》，京都大學附屬圖書館藏自筆寫本。

115. 皆川淇園：《詩經小雅圖》，京都大學附屬圖書館藏自筆寫本。

116. 舟橋師賢：《詩經圖略》，京都大學附屬圖書館藏享和一年寫本。

117. 宇佐美惠：《詩書舊序》，二卷，京都大學附屬圖書館藏元文六年寫本。

118. 度會常夏：《六義口訣》，京都大學附屬圖書館藏文化十五年刊本。

119. 淺見安正：《詩經筆記》，三卷，尊經閣文庫藏享和二年寫本。

120. 藍澤祇：《詩經講義》，尊經閣文庫藏寫本。

121. 會澤安：《刪詩義》，尊經閣文庫藏寫本。

122. 伊藤善韶：《詩經韻章圖》，天理圖書館古義堂藏寬保元年松梅軒刊本。

123. 伊藤善韶：《詩解名物》，天理圖書館古義堂藏文化元年伊藤東皐寫本。

124. 伊藤蘭嵎：《小雅彙本》，天理圖書館古義堂藏自筆本。

125. 伊藤蘭嵎：《詩經古言》，天理圖書館古義堂藏自筆本。

126. 伊藤蘭嵎：《詩古言序說》，天理圖書館古義堂藏自筆本。

127. 小島知足：《毛詩名物倭名》，東北大學附屬圖書館狩野文庫藏天保十年門人伊佐岑摹寫本。

128. 草场韣：《二南毛儒の囀り》，乾卷，东北大学附属图书馆狩野文库藏天保十四年古贺煜序写本。

129. 新井君美、狩野春湖：《詩經圖》，五卷總目一卷，宮內廳書陵部藏自筆本。

130. 古賀煜：《詩說備考》，二卷，宮內廳書陵部藏古賀煜自筆本。

131. 山井鼎：《七經孟子考問》，二百卷，宮內廳書陵部藏享保十一年原本。

132. 古賀煜：《毛詩劉傳彙》，宮內廳書陵部藏自筆本。

133. 赤松鴻：《詩經述》，早稻田大學圖書館藏寫本。

134. 林外：《讀詩經》，廣瀨先賢文庫藏本。

135. 田邊匡敕：《詩經名物圖》，二卷，宮城縣圖書館小西文庫藏本。

136. 河田迪齋：《詩經插解稿本》（小雅），東京都立日比谷圖書館河田文庫藏本。

137. 無名氏：《詩經彙說》，九州大學附屬圖書館崎門文庫藏本。

138. 近藤篤：《詩經音訓考》，靜岡大學附屬圖書館藏尾阪德文化四年刊本。

139. 奧田士亨：《詩經國風詁解》，神宮文庫藏明和寫本。

140. 春木煥光：《詩經名物訓解》，神宮文庫藏寫本。

141. 小野兰山：《毛诗名物图说の和名问答》，神宫文库藏写本。

142. 無名氏：《詩經圖說》，岩瀨文庫藏本。

143. 無名氏：《詩經古注》，岩瀨文庫藏延享四年本。

144. 上田元沖：《詩經小言》，岩瀨文庫藏寫本。

後　記

　　這本小書是我的博士論文，一晃三年已過，今日得花木蘭文化出版社資助得以面世。原不打算寫後記的，但考慮到此書的成形到出版得到過太多人的幫助，感恩之心不能丟。

　　別人三年獲得的博士學位我用了六年。不是不努力，而是努力後始終達不到學校設定的畢業條件。鑒於自己的個性，加之外部環境的壓力，我緊張過，惶恐過，浮躁過，失落過，一度懷疑過自我和選擇。回頭想想，才明白命運對每個人都是公平的，在你失去一些東西的同時，其實你的收穫更多。這種精神層面上的巨大滿足，是不能簡單用時間的長短來衡量的。感謝那些年一直陪伴在我身邊的人。

　　感謝家人。家人生活在農村，經濟條件差，本期盼長大成人的我能早日承擔起家庭的重任，可我讓他們等待了太久。感激之情深埋心底多年，在此向你們道一聲辛苦，謝謝你們的支持和理解。遺憾的是，親愛的奶奶沒能看到這一天。

　　感謝恩師劉毓慶先生。我隨先生求學八年，人生當中青春年少的日子，是先生與我一起度過的。我流淌著父母的血統，承傳的卻是先生的學統。鄙人自知天賦不足，愧對先生的博學宏識。但先生治學為人的精神卻深深感染了我，浸入我的骨髓，化作我的血肉。記得先生資助我留學日本之際，與北京大學常森先生相遇，常先生說，在我身上看到老師的影子，我真有點受寵若驚。謝謝先生多年來的悉心教導，領我走上神聖的學術之路。謝謝師母張三香女士數年來如親人般的關愛。

　　論文寫作期間，還得到了多位老師的幫助。為了獲得第一手材料，我遠

赴日本留學，因爲語言不通，東京大學戶倉英美教授提供了很多便利。如果沒有她的無私幫助，我的日常生活都成問題，更談不上收集文獻，撰寫初稿。論文寫作的初期，主要得益於北京大學常森先生的指導。常老師嚴謹的學風，紮實的功底給我留下了深刻的影響。回國後，爲了獲取更多的國內信息，山西大學馮良珍教授把自己的藏書供我使用，還介紹我到南開大學日本研究院資料室閱讀文獻。論文成形後，山西大學郭萬金教授通讀全文，小到用詞不當，大到論文框架的設置，都提出寶貴的意見。在此，一併向他們表示由衷的感謝。

此外，東京大學研究生鈴木政光君、山西大學日本籍留學生堀川英嗣君，在我留學日本期間給予關照。好友宋成林先生在經濟上一直予以幫助。也向他們表示感謝。